圖說天下

西洋通史

◎主編 郭方

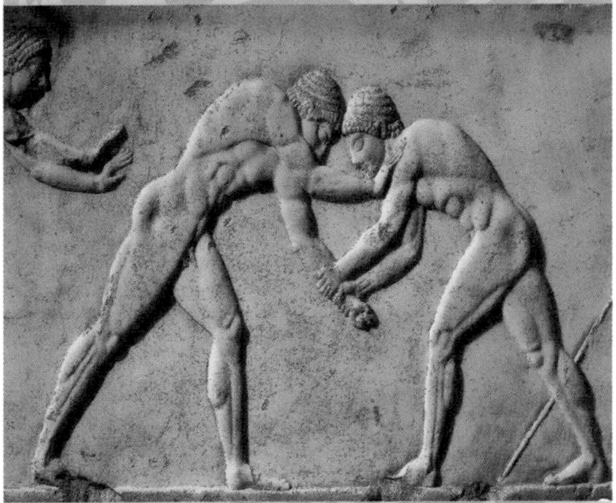

人類的文明

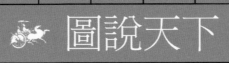

圖說天下

前言

地球，這顆蔚藍的星球在無垠的宇宙空間不過是滄海一粟，卻是孕育人類的搖籃。當人類的始祖開始用雙手製造簡陋的石器時，人類的歷史就此徐徐拉開了序幕。

學會製造和使用工具後，早期的人類逐漸在狩獵、耕種的同時，學會了保存火種、製皮爲衣，而且爲後世在繪畫、裝飾等方面留下了最初的藝術。時光飛逝，人類開始在廣袤的大自然中，櫛風沐雨，篳路藍縷，向文明邁進。原始農業的發明使得早期人類不再漂泊無定，氏族、部落的形成爲建立國家奠定了基礎。至今在最古老的文明中心之一的尼羅河畔仍留有眾多遺跡：金字塔、獅身人面像、帝王谷……述說著數千年前神祕而壯美的故事。

在由兩條大河衝擊而成的肥沃月彎——美索不達米亞平原上，文明曙光初現。先是蘇美人小國之間的兵戎相見，接著是自稱「天下四方之王」的薩爾貢一世創立的統一帝國——阿卡德，爾後又有編製出第一部成文法《烏爾納姆法典》的烏爾第三王朝。紛亂的王朝更迭中伴隨而生智慧的文明：形象生動的楔形文字、淒美的《吉爾伽美什史詩》、精妙的太陰曆等。而著名的《漢摩拉比法典》、世界七大奇蹟之一的空中花園及許多科學成就，使得巴比倫文明成爲西方文明的永恆記憶。

古希臘人在文化初期就爲人類鋪設了一條智慧之路，這一文明的足跡以神話的形式被深深包藏在《荷馬史詩》中。熱愛智慧、崇尚思考成爲希臘文明驕傲的遺產。而與希臘開放式文明不同，東方的古印度文明在神祕中彰顯。這個民族沒有記載歷史的傳統，卻有頌讚諸神的詩歌和禱文集——《吠陀》；這個國家的社會等級因爲宗教色彩而異常分明森嚴。

人類的文明史猶如一部卷帙浩繁的大書卷，每一頁都寫滿了滄桑與輝煌，而其中的每一個民族都是那樣寶貴、獨一無二。《西洋通史・人類的文明》將邀您一同回首遙遠卻親切的人類早期文明。

目次

人類的文明

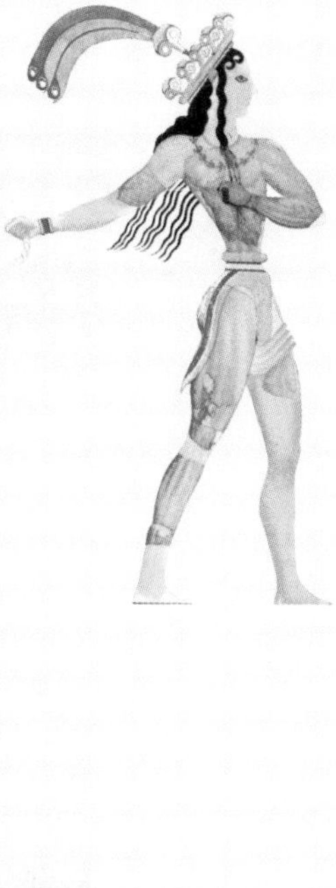

第一章 史前人類

藍色星球——人類的故鄉

浩瀚的宇宙布滿了各色各樣的星體，其間有一顆蔚藍的星球，她是那樣平凡渺小，卻承載著最為壯美的故事。生命之光在這裡綻放，賦予她獨特的氣質。她是成千上萬不同生物的美麗家園，更孕育了多姿多彩的人類文明，她就是人類的偉大母親——地球。

地球的年輪

一年的時間，對人類來說是如此珍貴，可是對於擁有四十六億年歷史的地球來說，卻是轉瞬即逝。根據天文學家和物理學家的推測，宇宙的誕生來源於一場百億年前的大爆炸，而人類的家園——地球便是那次爆炸的產物。

「大爆炸」理論認爲，大約在一百五十億年前，宇宙所有的物質都高度密集在一點，有著極高的溫度，因而發生了巨大的爆炸，於是宇宙的體積不斷擴大，溫度不斷降低，物質密度逐漸變稀，也就形成了今天的宇宙。最初的宇宙中有許多固體塵粒，這些塵粒相互結合，形成愈來愈大的環狀物，並開始吸附周圍一些較小的塵粒，進而使體積日益增大，久而久之形成了星盤。地球星盤便是數以億萬計的星盤之一，在一定空間範圍內運動著，不斷壯大著自己。於是，原始的地球形成了。

藍色彈珠（The Blue Marble）是一張在西元一九七二年十二月七日由阿波羅十七號（Apollo 17）太空船船員所拍攝的地球照片。

最初的地球，地殼很不穩定，火山活動頻繁，岩漿四處橫溢，彷彿神話傳說中的地獄一般。後來地球慢慢冷卻，有了原始的岩石圈、水圈和大氣圈。

地球的歷史被劃分爲五個「時期」，先後順序是：太古宙、元古宙、古生代、中生代和新生代。而後三代又根據特殊的地質構造進行劃分，古生代分爲寒武紀、奧陶紀、志留紀、泥盆紀、石炭紀和二疊紀；中生代劃分爲三疊紀、侏羅紀和白堊紀；新生代則劃分爲第三紀和第四紀。

生命的庇護所

地球這奇妙的星球何以能孕育生命的奇蹟？古往今來，探尋生命源起的祕密一直是人類熱情不減的話題。在蔚藍色的地球上，有學者認爲最初的生命形式類似於極端嗜熱的古細菌以及甲烷菌。

但在隨後漫長的歲月裡，原始生命的形式並沒有太多的變化，直到距今約五億四千萬年前，地球進入了中生代，門類眾多的無脊椎動物，包括節肢動物、軟體動物、腕足動物和環節動物等突然出現，古生物學上稱爲「寒武紀生命大爆發」。在此時的海洋裡，藻類和無脊椎動物空前興盛，緊接著大量的魚類開始出現，海洋遂變成了魚類的世界。後來，由於地球環境的改變和魚類基因的變異，出現了一種能夠爬行的魚，牠就是現代陸地脊椎動物的祖先。與此同時，兩棲類動物也開始出現，陸地不再是動物的「活動禁區」。陸地上的蕨類植物異常繁茂，且形態各異，有的甚至高達三十多公尺。由於氣候條件非常適宜，地面上到處林立著鬱鬱蔥蔥的植物，就連海濱和內陸沼澤地帶也不例外。

從二億四千五百萬年到六千六百萬年前，地球進入了爬行動物的時代，是龐然大物——恐龍——的世界。此時，鳥類和哺乳類動物的祖先也已經出現。但在距今約六千五百萬年時，發生了一次可怕的生物大滅絕，不僅統治地球長達一億多年的恐龍絕跡，同樣悲慘的命運還降臨到了其他生物身上。經過這場大劫難，地球上約百分之五十的生物屬和百分之七十五的生物種都銷聲匿跡了。

演化之路——人類的起源與前身

千百年來，人類一直都在不停地追尋著：我們的祖先究竟從何而來？女媧摶土捏人、普羅米修斯神（Prometheus）以泥土塑人、哈奴姆神（Khnum）用陶土造人……每個文明的動人傳說都有異曲同工之妙——與泥土緊密相連。而近代科學將演化論奉為圭臬，繪製出人類起源與演化的完整圖畫。

攀樹的猿群

本來古猿和人屬於不同的科屬，但是在中新世和上新世之際，古猿卻是現代猿類和現代人類的共同祖先。牠在體質結構的進化方向上既有可能發展爲人，又有可能發展爲猿，今日的人與猿大概就是由此分道揚鑣。

發現於埃及西南沙漠邊緣法雍（Fayyum）地區的原上猿（距今約三千五百萬年）、埃及猿（距今約二千八百萬年）是這類古猿的代表，牠們的體形大小如貓，棲居林間，跳躍自如。此外還有距今二千三百萬年的森林古猿，牠們與人相隔甚遠，卻被認爲是人類最古老的祖先。

近似人類的古猿

攀樹猿群之後的人，其演進曾是研究的困境所在，學者們苦苦尋覓，卻遲遲沒有突破，「失掉的環節」如何能尋回？西元一九三二年，耶魯

直立人　臘瑪古猿　臘瑪古猿　埃及猿

大學的研究生劉易斯（G. E. Lewis）在印度的西姆拉（Shimla）山地發現了臘瑪古猿（Ramapithecus），距今八百萬年到一千二百萬年之間，一時間震驚全球學術界，被認爲是人科的最早代表。臘瑪古猿的突出特點是齒弓成弧形，吻部後縮，犬齒變小，這些特點已近似人類。

不過，從二十世紀後半期開始，愈來愈多的學者質疑臘瑪古猿的身分，而傾向於南方古猿的代表意義。距今約四百萬年到三百萬年的南方古猿所具有的人類特徵更爲明顯，分爲纖細型和粗壯型兩種，能夠用兩足直立行走，但腦容量較小。人們傾向於認爲，人類最初就是由南方古猿的纖細種這一支逐漸演變而成。

演化完成的人類

直立行走使猿的身體逐漸趨向人類，頭部逐漸由前傾變爲垂直，脊柱托住頭部，使得視野變得更爲開闊，更重要的是，用手取食效率較高，擴大了食物的數量和種類，營養更加豐富，因而腦髓也隨之完善地發展起來。大約距今三百萬年，人在繼續進化中完全形成。

最早的猿人被稱做直立猿人，距今約二百萬至一百七十五萬年。而晚期猿人生活在約一百七十萬年到二十餘萬年前，最早的代表性化石是爪哇猿人，牠們的頭骨原始，而腿骨已能直立行走。至於在北京周口店發現的北京猿人，牠們採集天然火種，並用火取暖、照明以及燒烤食物。

以「尼人」最爲著名的早期智人生活在二十萬年到十餘萬年前，該化石最先發現於德國的尼安德塔山洞中，由此得名。早期智人的體質特徵已與現代人十分相近。

晚期智人的生存年代始於十萬年前，在歐洲的代表性人種是「克羅馬農人」。從解剖學來看，智人與現代人沒有太大的區別。考古資料證明，晚期猿人的化石分布比早期智人更爲廣泛，不僅在亞、非、歐三洲均有發現，而且美、澳兩洲也有這類化石出土。看來，那時人類的足跡已經遍布五大洲。這樣說來，到了晚期智人階段，人類的體質進化已經完成，歷史也翻開了新的一頁。

尼安德特人

克羅馬農人

恩澤後世——火的使用

原始人在黑暗與恐懼的日子裡生活了許久，餐風露宿、茹毛飲血、四處奔波，火光沖天的景象令他們毛骨悚然。終於有一天，他們在品嚐了被火焚燒味香可口的獸肉後明白，火原來並不可怕，於是漸漸摸索，開始保存火種。當他們學會使用火時，人類的歷史也有了翻天覆地的變化，文明的腳步也加快了。

認識天然火

在古猿演化到猿人之後的漫長年月裡，猿人還和其他野獸一樣，過著「茹毛飲血」的粗野生活。中國古書上有「古者未有火化，食草木之實，鳥獸之肉，飲其血，茹其毛」的記載，講述的就是原始人不懂用火的眞實情形。他們食野果、啃生肉，四處躲避寒風與野獸，夜晚來臨，也只能生活在黑暗之中。其實，能夠改變這一切的火早已存於自然界，只是猿人對它萬分恐懼，畏而遠之罷了。

自然界的火多種多樣：電閃雷鳴可以引起森林大火；火山爆發時岩漿四射可以引燃柴草和樹木；樹枝柴草易燃物堆積過厚，時間過久，在炎熱的夏季也會蓄熱自燃。山上巨石滾滾而下，互相撞擊，火花四濺，也能引燃枯草，釀成大火；還有，隕石落地也能引燃森林樹木等等。不過，最初的人類，不但絲毫不知利用這些天然野火，反而總是把那些正在蔓延的森林大火看成可怕的災難。在很久很久之後，人類才逐步地熟悉了火的本質，開始了天然火的利用。

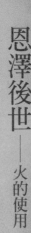

現代學者們普遍認爲：最初，當猿人看到一片火海滾滾而來，火光四射，濃煙沖天，鳥飛獸散，他們也和其他野獸一樣，被嚇得倉皇奔逃，不敢四顧。因此，這樣猛烈的大火，在那時總是被猿人視如大敵，看做無法抗拒的災難，只有遇到暴雨，才能把它澆滅。不過，最新的科學成就卻指出：黑猩猩並不怕火，牠們喜歡玩火，甚至可以從火圈裡取出牠們所需要的東西。看來猿人是否眞的怕火這個問題還值得進一步探究。

不論如何，猿人在野火燒過的山林裡發現了一些被燒死的野獸，包括野豬、野羊等，而且還聞到了熟肉的香氣。於是，某隻猿人抱著疑懼的心情，鼓起勇氣，大膽地品嚐了熟肉，牠赫然發現不但比生肉味美可口，而且也容易咀嚼和下嚥，眾人嘗過後，個個喜出望外。可能就在這個時候，猿人懷著好奇和恐懼的心情，逐步試探著接近了一些將熄的野火，發現火既可以熊熊燃燒，也可以在一定時間之內陰燃不熄。原始人頗感神奇，於是設法保存天然火種，繼續烤肉。這樣，他們懼怕天然火的心理陰影逐漸消散，開始想要利用它來改善生活，火由人類的天敵開始轉變爲人類密不可分的「朋友」了。

在一些民族的古老傳說中，反映出人類最初對野火的認識與利用過程。比如，在大興安嶺一帶過遊獵生活的鄂倫春人中流傳有這樣的故事：鄂倫春人的祖先原本不懂得使用火，他們圍追堵截、打死野獸後就那樣分而食之。後來，不知是什麼原因發生了一場山林大火，火勢過後，他們發現愈接近這片燃燒過的山林就愈感到溫暖，而且發現燒過的獸肉格外地香。此後，鄂倫春人才開始了天然火的利用。看來這些口耳相傳的故事很可能具有普遍的意義。

河南商丘燧人氏陵墓前的燧人氏雕塑

燧人氏是中國上古神話中火的發明者，據說他為上古三皇之一。

中國的北京猿人迄今仍是世界上有可靠證據的最早的使用天然火的人群，他們不但已經學會用火，還懂得管理火、控制火與保存天然火種。

天然火的保存和利用

民族學的資料顯示，不少部落長期使用天然火，設法保存天然火種，而尚未發明人工取火。當安達曼人（Andamanese）最初被發現的時候，他們已經知曉用火，但不會人工取火，也沒有祖傳的取火法。他們的火種是從大自然的寶庫中找到的，因爲得之不易，所以長期認眞地加以保存，選擇那些能夠長期陰燃不易熄滅，而又不會成焰的木柴作爲火種。直到十九世紀中期，安達曼人才學會用兩塊竹片摩擦取火。

有很長一段時間，人們認爲在人類歷史上，用火熟食是從「鑽木取火」開始的，這在中國古書上有記載：「燧人氏鑽木取火，以化腥臊」

與「太古之初……未有火化，腥臊多害腸胃，於是鑽燧出火，教人熟食……號曰燧人。」在燧人氏之前，都是「茹毛飲血民未知烹」。其實，人類實際開始用火熟食的時間，要比鑽木取火早得多。事實至少可以證明：火在猿人時代前期，或者最遲在北京猿人時期，早已成爲人類熟食和征服自然的重要武器。而「鑽」的發明或利用卻是很久之後的事情。

早在一九四七年，科學家在非洲南部德蘭士瓦（Transvaal）地區馬卡潘洞穴（Makapan Caves）的南猿化石旁，發現了許多好像被火燒過的黑角骨頭，有學者認爲是「普羅米修種南猿」（Austalopithecus prometheus，因被一些學者認爲最先用火而得名）用火的證據。伴隨新的科學發現，終有一天會證明：人類歷史上開始用火的年代要比北京猿人生活的年代更爲久遠，至少在一百萬年之前。否則，人們將無法解釋爲什麼會有那麼多燒過的鹿角、馬牙、大型哺乳類動物的肋骨、碳屑、黑色骨頭等，恰好都與百多萬年之前的古老人類化石存在於相同的地層中。

茹毛飲血的原始人

在古猿演化到猿人之後的漫長年月裡，猿人還和其他野獸一樣，過著「茹毛飲血」（吃帶毛的生肉，喝生血）的粗野生活。中國古書上有「古者未有火化，食草木之實，鳥獸之肉，飲其血，茹其毛」的記載，講述的就是原始人不懂用火的眞實情形。他們食野果、啃生肉，四處躲避寒風與野獸，夜晚來臨，也只能生活在黑暗之中。然而，能夠改變這一切的火早已存於自然界，只是猿人對火萬分恐懼，畏而遠之罷了。

不過，無論是人類在利用天然火期間，甚或在人工取火發明之後相當長的年月裡，取火都是很困難的，正因爲如此，保存火種就顯得至關重要了。那麼，原始人究竟是如何保存火種呢？僅僅依據考古資料回答這類問題是很困難的，民族學的相關資料爲人們提供了線索。至今尚處於原始狀態的原始部族在保存火種時，一般都採用篝火，由老年人專門負責看火，不斷地向火堆上放樹枝。不用火時，就用灰燼將火封住，使火陰燃；用火時，就將火上的灰燼扒開，繼續放些乾草或乾樹枝，使火再次熊熊燃燒。譬如，居住在西藏自治區的珞巴族保存火種的方法是在住屋中間設一火塘，由一位老年人看管。老人面向火堆，徹夜不眠，不斷地向火塘內加木柴，使火長燃不熄。用火時，就把柴加多，使火大燃起來；不用火時，就少加些柴，以維持火種不滅爲宜。

除此之外，聰明的古人還有一種保存火種的方法：利用菌類或朽木，如樺樹上寄生的蘑菇，曬乾之後，陰燃性能就非常理想。點燃蘑菇，插於小木棒之上，別在腰間，即可隨處攜帶。這種方法特別適用於遊牧部族，大興安嶺一帶的鄂倫春人在一九四九年前後尚用此法保存火種。甚至直到今天，安達曼群島上的賈拉瓦人（**Jarawa**）仍然不會人工取火，長年累月地在他們的居住地燃著一個大火堆，遷移營地時就隨身帶上一個火把，保持火常年不滅。

恩澤後世

天然火的利用，促進了早期人類的發展歷程，溫暖、照亮了人類前行的道路。它是猿人圍獵野獸、戰勝野獸、奪占山洞、燒熟食物、防禦寒冷、照亮洞穴，擴大食物與活動範圍的重要武器。就以居住環境來說，爲什麼早期猿人「多半住在湖濱河邊地區，晚上就在水邊地上過夜」，而晚期猿人卻可以「開始住進山洞裡」？這大概也應該主要歸功於天然火的利用。

早期猿人爲了安全，只好露宿水邊，因爲在深夜裡野獸很少願意離開森林，即使萬一有猛獸襲擊，他們也可以跳入水中躲過危險，保全性命。而開始使用天然火的晚期猿人卻不但可以住進山洞，而且還可以靠著洞口的火堆嚇跑野獸，安然地進入夢鄉。他們還會利用大火把野象趕入泥塘，弄得野象泥污滿身無法逃脫，然後設法捕獲牠們，做成一頓美餐。

火的使用在人類與自然的歷史上是一件具有劃時代意義的大事，人類逐漸掌握了一種自然力，取得了人類文化史上的巨大進步，開創了人征服自然的新紀元。告別了黑暗、寒冷、生食、疾病的日子，原始人帶著生存的法寶一步步走向光明、溫暖、健康、幸福的生活。

海南省博物館所展示的黎族鑽木取火場景。

人類的童年——石器時代

石器時代是人類開始自身的最原始的時代，在漫長無際的原始時代裡，人類用智慧的雙手製造了最簡單粗糙的石器工具，從此人類開始成為地球的主人，奠定了日後歷史發展的基礎。

人類最初使用的工具是用石頭製作的，後來才發明了銅和鐵等金屬製品。使用石製工具的時代，在考古學上稱爲石器時代。人類的石器時代歷史很長，人類的歷史有三百萬年，石器時代差不多佔了二百九十九萬．五年。這些石器製品雖然極其原始，但卻展示了人類無與倫比的創造力，具有豐富的文化內容。

石器的發展

人類最初走出森林，和猿相揖別的時候，就已經顯現出了遠大無比的發展潛力。面對強悍的大自然，他們慢慢地發現了一種比手更有力量的生產工具，那就是石器。

石器時代可以分爲舊石器時代、中石器時代和新石器時代。舊石器時代是一個相當漫長的時代，始於三百萬年前，結束於一萬年前。在這段艱難的歲月裡，最初的石器是用礫石打製成的砍砸器，製作過程簡易快捷，只需要在礫石的一端打出鋒利的缺口，便可以使用了。雖然顯得如此粗陋，但是他們的生活和動物的生活相比較卻是翻天覆地的變化。

大約在直立人階段，石器製作技術又有了更進一步的發展，出現了貌似手斧的工具，它的外形是扁桃形或者是橢圓形。一頭比較尖銳，一頭較鈍，使用的時候用手握住鈍的那一頭就可以，雖然砍起來還是很慢，但是，它的用途十分廣泛，有「萬能工具」的稱號。

隨著人類的深入發掘，石器技術有了很大的發展，形狀精巧美觀，這時在日常生活中占比例比較大的是用狹長的石葉做成的工具，這種石葉是將石片進行了削鑿和二次加工而成。

古代美索不達米亞居民用黃金打製的篩檢工具。

原始人還製造了切割器、刮削器、石矛、石刀等。這些工具的出現猶如春天裡的一聲驚雷，使人類的文明又向前邁了一大步。

大約從一萬五千年前，舊石器時代開始向新石器時代過渡，這一時期稱作中石器時代。石器的製作技藝也日臻成熟，出現了細小的、加工相對精細的石器，有石製的箭頭、石刀、雕刻器等。這些石器一般是鑲嵌在工具上再投入使用，如可以遠射的弓箭，在當時的經濟生活中是一項重要的發明，它使原始的狩獵經濟有了長足的發展，這一過渡使人類邁入了一個新天地——新石器時代。

早期人類使用的裝飾品。

新石器時代社會有了巨大的進步，在生產領域的突出表現就是陶器的廣泛應用和磨光石器的盛行。這個時期還出現了各種打製磨光的刀、斧、槌子、箭頭等工具，這些石器的表面光滑，刃部鋒利，使用效率很高。陶器在這一時期也有了很大的發展，它的出現和發展加速了農業生產的發展，農業革命來臨了，而農業的發展同時也促使人類的定居生活更加穩定。

母系氏族的產生與繁榮

在舊石器時代晚期，隨著人類自身的演變和發展，原始血緣家族內部的群婚逐漸被族外群婚代替，氏族和部落就產生了。

新石器時代是母系氏族社會的全盛時期。由於婦女在當時社會生產中具有重要作用，特別是在當時的群婚狀態下，子女只知其母不知其父，婦女在族內享有很高的地位和威望，世系也以女方計算。社會的基本單位是母系氏族，在這樣的氏族社會中，氏族首領往往由年長的婦女擔任，最高的權力和決策機構。

隨著母系氏族生產力的發展和人口的增加，族外群婚在現實生活中遇到愈來愈多的困難，於是，對偶婚出現了。對偶婚姻制度是由一對較爲確定的夫妻組成，通常是男性到女方家裡去共同生活，但這種婚姻的結合本身並不是很牢固，容易離散。由於當時的基本生活和生產單位是氏族，因而對偶婚並不具有獨立的經濟實體的意義，對偶婚生下的子女一般都屬於妻子那一方的氏族。

在母系氏族社會的繁榮時期，出現了農業和畜牧業，爲日後人類文明的繼續發展奠定了基礎。

刀耕火種——農人時代

遠古的先民一直仰賴大自然的恩賜生活，直到舊石器時代晚期，以採集為業的婦女逐漸發現了種植的奧祕，開啟了原始農業的時代。這一創舉引領人們開始在自然界中主動謀生，刀耕火種雖然粗陋原始，但它卻是人類邁向文明社會的重要一步。

農業的發明

人類最初的分工形式是自然分工，按照男女性別的特點從事不同的勞動。男子外出狩獵，女子採集果實。這樣的工作世代相傳，在漫長的歲月裡婦女們漸漸發現了一些植物的生長規律，由此開始了原始的農業，人類歷史也邁入一個嶄新的時代。

如果用一個詞語來形容原始農業的特徵，那就是「刀耕火種」。先民們用火將森林中的一些樹木燒掉，開墾出土地，用最簡陋的石刀來耕作，方法十分原始粗放。

根據考古資料來看，世界各地農業生產的發展也不平衡。西南亞一帶，即今天的伊拉克與巴勒斯坦地區，早在石器時代就已經出現人類歷史上最早的大麥、小麥栽培。考古學家在這裡年代最久遠的農業村落裡發現的石斧、石鐮、石臼和穀物等足以證明：早在西元前一萬年到西元前九千年，此地的先民就開始從事刀耕火種的原始農業了，這裡成爲農耕文明的發源地。接著氣候溫和、雨量充足、土地肥沃的東亞、南亞地區逐漸過渡到原始農業時代，時間大約是在西元前六千年到西元前五千年。遠在西半球的中美和南美地區也是一個獨立的農耕發源地，只是爲時略晚。

原始農業穩定之後，在農耕地區很快就出現了文明中心，而且手工業、商業、航海業也隨之興起，人類逐漸步入繽紛世界。

浙江餘姚河姆渡遺址出土的骨耜。

農作物之根

儘管世界各地農業發展的時間有早有晚，但許多民族或地區在農作物的培育和種植方面，都付出了不可磨滅的貢獻。

小麥最早在西亞種植，北非和歐洲也是它的故鄉；而大麥則源於西亞和阿拉伯；美洲的印第安人最先種植了玉米、番薯和馬鈴薯；印度人也不甘落後，率先播種了棉花（約與印第安人同時，五千年前開始植棉）。考古學家曾在印度與巴基斯坦古墓中，發現了五千年前的棉線與棉布的遺跡，迄今爲止，這仍是世界最古老的棉織品遺物。這樣看來，印度人曾自豪地稱印度爲「棉花的祖國」是有道理的。

彩繪陶杯

西元前六世紀的彩繪農耕和捕獵圖，出自雅典的陶器場。

中國也是世界上農耕文明先進的國家之一，最先培植了茶和山藥；穀也是中國先民最早培育成功的。它的原種是「狗尾草」，古書上稱爲「莠」或狐尾草、綠尾草。早在六、七千年之前，中國人便開始在黃河流域種植穀子，有西安半坡遺址的大量穀粒遺跡爲證。穀是中國古代最重要的農作物，眾所周知的五穀：禾（穀子）、稷（高粱或小米）、菽（豆類或大豆）、麥、稻，而穀居首位。它不僅養育了炎黃子孫，而且先後傳入阿拉伯以及歐洲各國。時至今日，中國的穀產量仍居世界之首。

營養豐富的大豆源於一種野生豆，它的故鄉也在中國，原先主要生長在中國的西南地區。遠在新石器時代，中國人就已經種植大豆，古書上稱之爲「菽」。今日，中國仍享有「大豆王國」的美譽。

玉蜀黍最早是南美洲的印第安人由野草培育而來的，栽培大約有七千年的歷史，時至今日已成爲人類最重要的糧食作物之一。原始玉蜀黍的籽粒既小又少，且包有硬殼，經過後人的長期培育、選種，今日的玉蜀黍已與原始玉蜀黍大不相同。西歐殖民者將玉蜀黍的種子帶回歐洲，廣爲種植。大約在十六世紀初期，玉蜀黍傳入中國，當時被稱爲「番麥」或「御麥」，最初只是在沿海一帶播種，後來才逐步傳入中國內地。

人類的祖先在世界不同的土地上培育出各種各樣的農作物，恩澤後世，文明史也從此真正開始，內容愈來愈豐富多彩。

敬畏中的崇拜——原始宗教

原始社會好比人類的童年時代，天真的古人對自然界的一切充滿好奇，卻也有幾分畏懼，每晚相伴的奇特夢境更讓他們迷惑不解。日月星辰、花草樹木、飛禽走獸，還有會做夢的自己，所有這些都讓他們堅信萬物有靈，輕慢不得。於是先民們在敬畏中開始了形形色色的宗教崇拜。

宗教源起

在由古猿剛剛轉化爲人的時代，生產力水準十分低下，人類的頭腦也頗爲簡單，思維還很原始。他們宛如處在一個人的幼年期，能夠分辨與適應的只是在日常生活中的所見所聞，除此之外，任何抽象的思維在那時根本不存在。再加上他們時時爲生活所迫，四處奔跑尋找食物，並未想到去解釋奇妙的自然現象，對神靈的崇拜等宗教觀念在猿人時代尚未出現。

可是，考古學家卻在尼人時代，也就是智人時代，發現了人類開始挖掘土坑埋葬祖先的屍體，而且在埋葬時屍體還有一定的擺法。迄今爲止，全世界已經發現的智人墓葬中，許多屍體的安放都有特定的姿勢，一般都是彎著腿，蜷縮著身子，還有些屍體雙手或一手屈起，掌心附於面部，很像睡覺的樣子。

在義大利羅馬城南一百公里的一處山洞裡，曾經發現過一具智人的頭骨被有刻意地安放在一圈石頭的中央；法國莫斯特（Moustier）的一個洞穴裡，也曾發現過一具智人屍骨，頭枕在一塊燧石上，屍骨四周安放著七十四件打製的石器，左側還有一把石斧，頭部和肩部都用石板來保護。

這樣看來，人類在原始時代就已經開始相信人死之後還有靈魂存在，會在另一個世界裡繼續生活，就像在這個世界日出而作，日落而息。在他們的思想中已經有世間萬物是有靈的這樣的概念，變幻莫測的大自然是如此神祕，我們的先民油然而生敬畏之情，對形形色色神靈的崇拜代表了原始宗教的產生。

自然崇拜

美妙的自然界是人類生命的庇護所，離了它，片刻不能存活。仰望天空所陳設的日月星辰，細察風雨雷電各司其職，山川河流環繞大地，先民情不自禁產生對自然的崇拜。這是人類最原始的宗教崇拜之一，與人的生活息息相關。

當原始人崇拜自然物或自然現象時，往往加以神化和人格化，將人與人之間的親情關係轉移到人與自然的關係中，使自然萬物也具有了人的思想動機、愛好和願望。

祖先崇拜

除了對自然的敬畏，古人對祖先也十分尊崇。先人離世之後，子孫們先要妥善地保存先人的遺體，然後定期加以供奉祭祀，這就是另一個重要的原始宗教——祖先崇拜。它產生於智人時代，那時人的思維逐漸發達，在睡夢中，經常遇見自己死去的祖先或首領，他們便認爲已逝者的靈魂依然活著，在彼岸世界還會對他們的現實生活加以干涉和幫助。於是，他們想著只要能把祖先的屍體保存完好，讓他們在靈的世界裡繼續生活，或許還可以在冥冥中保護子子孫孫。如此一來，原始人開始了對先輩的土葬、水葬、風葬或火葬等不同的葬法。

古人對埋葬的細節也頗爲講究，就像智人、山頂洞人那樣，根據活人的需要，爲死去的祖先陪葬工具、武器、食物和裝飾品等。接著，就是長期地爲死去的祖先舉行各種祭奠儀式、貢獻祭品。原始人之所以如此虔誠地崇拜自己死去的祖先，當然有濃厚而深沉的懷念與眷戀之情，但也懷有其他願望。比如，祈求祖先的鬼魂在他們患難和災禍降臨時暗中保佑他們。不過，人類最早的祖先崇拜首先是從崇拜女性開始的，在母系氏族時代，原始人所供奉的多半都是女系祖先，到了父權社會，他們才開始逐步地供奉起男系祖先。

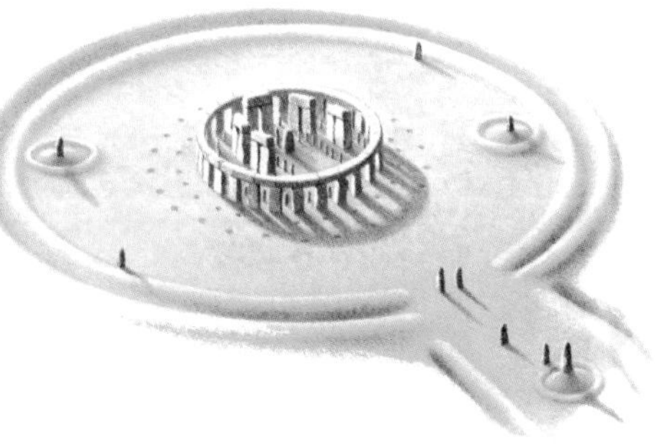

英國巨石陣（Stonehenge）復原模型

巨石陣位於倫敦西南部一百多公里處，據推測這可能是史前某個部落舉行宗教儀式的地方。在此處，神廟、石柱的組合順序似乎與太陽、月亮、行星的運行有關。

祖先崇拜的突出表現就是謳歌讚美本族傑出祖先或首領，是對本部落優良傳統的歌頌。頌揚祖先在生活中的勇敢、勤勞、機智；紀念首領們爲本族利益付出的種種功績和成就。根據《神農本草經》等書記載：「神農嘗百草，日遇七十二毒，得茶而解之。」說的就是神農氏因爲品嚐百草，在一天之內就中了七十二次毒，後來因爲吃了茶葉，才算把毒解了。

直到今天，人們還用茶葉解毒、退腫、消炎。還有，在中國婦孺皆知的大禹治水的功績和他三過家門而不入的崇高美德等等。顯然，祖先崇拜對於原始人來說，是激勵氏族共同體內部團結起來勇於與大自然共存的一種重要方式。

圖騰信仰

原始社會流行甚廣的宗教還有圖騰信仰，它產生於對自然力的動植物崇拜。圖騰觀念的產生，一般認爲是在舊石器時代晚期，或者說圖騰信仰與母系氏族是同時發生的。「圖騰」（Totem）原爲印第安人中的鄂吉布瓦人（Ojibwas）的語言，具有「親屬」之意。

圖騰崇拜主要是動植物崇拜，農業部落多以某種植物爲圖騰；而漁獵或畜牧部落多以某種動物爲圖騰。當然，原始人最初之所以把某種動物或植物當做圖騰加以崇拜，往往是因爲他們的所屬部落把這種動物或植物當做主要的生活來源。

久而久之，原始人就幻想這種動物或植物對於他們的氏族或部落有著特殊的善意、照顧和保護；幻想這些動植物一定與他們的群體有著特殊關係——是他們的保護神，抑或是他們的祖先。到了後來，就開始對這些被視爲圖騰的動植物在實行禁殺、禁食、禁用，或規定其他類似的禁忌，並且還對這些圖騰舉行崇拜儀式，歌頌其功德，祈求幸福。原始人希望能透過這些儀式、頌讚之詞來使他們與動植物之間的關係更加親密，或者增加圖騰對象的繁殖，把圖騰作爲本氏族的象徵和保護者。

生殖崇拜

遠古時代的生活異常艱辛，生產力極其低下，人類的生存條件十分險惡，常常食不果腹，不僅平均壽命很短，而且嬰兒的死亡率也很高。氏族人口的繁盛被視爲是氏族強大興旺的標誌，要求繁衍後代自然成爲當時人類的共同願望。於是，在萬物有靈的信仰基礎上，人們一旦意識到生殖器官對於人口繁衍的重大作用時，便順其自然地推演出生殖器崇拜這一宗教觀念。

生殖器崇拜經歷了一個發展變化的過程。當人類處於母系氏族——人人只知其母不知其父的時代裡，旺盛的生殖力對於氏族和部落的延續和存在具有顯而易見的作用，由此產生了對女性生殖器的崇拜這一最早的生育信仰。對女性的崇奉往往被認爲是母系氏族社會的產物，不過，女性生殖器的崇拜的事例至今仍較爲貧乏，這很可能和母系時代距離今日歲月過久，文物古蹟大量佚失有關。但是，只要努力探索，還是可以找到許多這一方面的事例，比如，中國的摩梭人從古至今都一直保存著崇拜祖先生殖器的習俗。

後來，隨著社會生產力的發展和人類思維能力的逐漸提高，人們開始認識到人自身在種族繁衍中的作用，特別是伴隨母系氏族社會的瓦解與父系氏族社會的形成時期。男女結合與生兒育女的因果關係日益爲古人所認識，生育的神祕面紗逐漸被掀開。一夫一妻制婚姻的出現，使男性在生育中的作用日益明朗，如此一來，原先對女性生殖器的崇拜也就逐步地爲男性生殖器的崇拜所替代。

原始宗教的根源就是萬物有靈論，它所包含的崇拜內容非常廣博，形式也多種多樣。除了對自然現象、動植物、祖先的崇拜外，還有英雄崇拜、巫術等等，原始社會的一切都籠罩在宗教的氣氛之中。

澳洲昆士蘭北部身著圖騰裝的土著

第二排男人的頭上有飾簇的棍子代表著圖騰柱，這象徵他擁有很大的魔力。

原始技術的傑作——冶金術的發明

石器的發明使人類告別了動物狀態，而冶金術的發明，則把人類推進到了文明時代。金屬的使用，不但促進了生產力的提高和人類社會的發展，也改善了人類自身的面貌。

金屬的發現

冶金術的發明是在新石器時代之後的金石並用時代。早在新石器時代，西歐（今愛爾蘭、法國）、北美和埃及等地就已經出現了黃金製品。因為黃金和白銀屬於稀有金屬，而且延展性相當高，因此，被人類用做裝飾品。

銅是第三種被人類所發現和利用的金屬。新石器時代人類在採集燧石時，無意中發現了天然銅，也就是綠色的孔雀石。於是，原始人就把這種天然銅當做一般的石頭來製造工具，用石斧加工錘打，製成生銅工具。這就是人類史上最早的金屬工具。

後來，原始人又發現天然銅遇到火就變了樣，石頭熔化成黃泥漿一樣的液體漏到火下去，原來的石頭不見了，卻凝結成一塊紅銅（又稱純銅或原銅）。從此，原始人就發明了鑄銅技術。接著，原始人更進一步地學會了用銅和錫（天然錫）混在一起煉出了堅硬的青銅。這就是人類史上最早的人工合金銅。

鐵是第四種被人類發現和利用的金屬。不過，人類最早發現和利用的只是天然鐵，也就是從天而降的隕鐵。因此，古代蘇美人就把鐵叫「安巴爾」（Al Anbar），意思就是「天降之火」。

最初，在原始人看來，金、銀、銅、鐵這些天然金屬，無非就是一些具有延展性的石頭。比如，易洛魁人（Iroquois）就把銅叫「紅石」。原始人使用石斧直接錘打這些天然的金屬，製成器物，這種製造金屬器物的方法就叫「冷鍛法」。

鐵器的發明

據考古資料顯示，世界上最早以銅礦石熔煉加工鑄成純銅器的地區是西南亞。可是，純銅的硬度不如燧石，所以銅器始終未能離開石器而構成一個獨立的「銅器時代」。人類歷史的這一時期，只能叫做「銅石並用時代」或「金石並用時代」。

青銅是銅和錫的合金。有八百度青銅容易鑄造，容易鍛鍊出鋒利的刃口，而且外觀美麗。和石器相比，青銅比石頭更適於製造工具、武器、各種器皿和裝飾品。因此，在相當漫長的時代裡，人類一直都用青銅作爲製造這些物品的主要原料。

在兩河流域和埃及，青銅的使用爲時最早，這時人類所用的青銅多半還是自然界現成的銅錫混合物。至於在歐洲發現的西元前三千五百年的青銅器，那只是由亞洲通過西班牙或巴爾幹半島運去的商品。

學者們普遍認爲，古希臘愛琴海地區，早在西元前三千年末期的早期邁諾斯（Minos）文化時期，即已步入青銅時代；西亞兩河流域的青銅時代是在烏爾（Ur）第三王朝時期（西元前二一一三年至西元前二〇〇六年）；中國步入青銅時代應當是在夏朝，到了商代，青銅已經更加廣泛地被製成了生產工具；其次就是古埃及，其青銅時代是在中王國時期（西元二〇四〇年至西元前一七八六年）；接著就是今日義大利北方，也於西元前二千年之初，跨入了青銅時代的門檻。

鐵是人類史上所出現的一種極爲重要的金屬。它的出現比青銅晚，因爲鐵的熔點比銅高。鐵的提煉和加工象徵冶金史上進入了新的階段。

學者們認爲，古印度開始進入鐵器時代是在西元前一千一百年，古希臘進入鐵器時代大致是荷馬時期（西元前一千一百年）；古埃及約在新王國時期（西元前一〇五八年至西元前五二五年）進入；古羅馬進入鐵器時代是在西元前一千年初期（薇蘭諾瓦文化 Villanova）；古西亞大致是在亞述帝國時期（西元前一千年末期至西元前六一二年）；中國眞正進入鐵器時代約是在春秋時期（西元前七七〇至前四七六年）。

鐵的使用爲農業技術的發展提供了有利的條件。沒有鐵斧和鐵鋤的使用，要想大規模地清除原始森林，開闢大片耕地牧場，是很困難的。不僅如此，鐵的出現也促進了狩獵業的發展。學者一致公認，鐵是歷史上發揮具有革命作用的金屬。

古埃及壁畫

加工珠寶的作坊。工匠們為寶石穿孔，他們把打磨光滑的珠子串成項鏈。圖中右下角的冶金工人在用吹管為爐火助燃。

文明初曦——文明社會的出現

人類在原始社會的漫漫長路上跋涉了許久，從漁獵採集到定居農牧，從粗糙石器到金石並用，從群婚到一夫一妻……文明宛如晨曦漸漸普照大地。生產力的發展、社會分工的進行、私有觀念的產生、文字的出現以及國家的誕生都代表一個嶄新的文明社會降臨了。

社會大分工

在人類歷史上，石器作爲生產工具的使用年代最爲長久。新石器時代末期金屬器的出現使人類步入金石並用的時代，生產的發展速度大爲提高。在適合農業種植的地區耕地面積日益擴大，耕作技術的改進使農作物產量成倍增長；而水草豐美的地方畜牧業則發展蒸蒸日上。如此一來，畜牧業與農業日漸分離，被稱爲是「第一次社會大分工」。

分工之後的兩大產業迅速發展，社會積累隨之增加，人們的生活需要也豐富起來，這些爲一部分人專門從事手工業鋪平了道路。金屬製造業、製陶、紡織、釀酒等手工業部門蓬勃興起，交換開始頻繁發生，不僅商品生產擴大，交換範圍也日益在氏族內部的氏族成員之間逐步發展起來。這便是第二次社會大分工——手工業從農業中分離出來。此時的產品交換已是先民生活中不可缺少的經常性活動，最初的物物交換也逐漸改由通過媒介來進行。當氏族首領代表氏族對外進行交換時，他們往往借助職權首先將集體財產據爲己有。接著，普通的氏族成員也隨著交換的頻繁而出現了日益激烈的貧富差距。

後來發生了第三次社會大分工，商人階層誕生，與商業密不可分的貨幣出現，除了牲畜、貝殼等之外，金屬貨幣問世。商業自然與物產的擁有直接相關，它推動了產品的私有化及私有制的發展，而且商業完全形成之時，文明社會來臨之日。

國家的產生

國家的起源乃是在新石器時代文化的後期，國家的興起可能是許多原因所造成的結果。農業的發展乃是最重要的原因之一，例如在尼羅河谷這類大河邊的地區，有許多人致力墾拓一塊有限的肥沃土地，在這種情形下，一個高度的社會組織當然是必要的，因爲必須有控制社會的措施，一個具有主權的政府就出現了。

而有一些古代國家顯然是藉戰爭行爲而興起，他們之所以建國，乃是爲了達成征服的目的、防禦或是驅逐侵略者，希伯來王國似乎就是第一個因軍事原因而產生的。另外，宗教、團體生活的自然擴張等因素，也是若干地區國家興起的原由。

奧基布娃情書

據說，一個名叫奧基布娃的印第安人女子，曾用赤楊樹皮當紙寫過一封特殊的「情書」，之所以特殊，是因爲這封情書沒有一個字，全篇由圖畫組成。在情書的左上角畫著一隻奧基布娃的圖騰——熊，左下角是她的情人的圖騰——泥鰍，道路用曲線表示，聚會的地方畫了一個有人的帳篷，表示她在那裡等候，後面有大小三個湖沼。當她的情人收到這封「情書」後，便可以根據信中所指示的路線，順利地找到自己的情人。

文字的出現

隨著原始社會生產的發達和交往範圍的擴大，人們迫切需要一種除了語言之外更爲實用的交際手段，文字就逐漸產生了。文字的產生並非一蹴而就，而是人們世世代代在社會生產和實踐中的共同創造，它經歷了實物文字、圖畫文字和象形文字三個歷史階段。

中國古代史上的結繩記事就屬於第一個階段——實物文字的範疇；而圖畫文字階段最著名的事例就是印第安人的「奧基布娃（Ojibwa）情書」，它用簡單的圖畫來表達了一個比較完整的意思；象形文字的出現顯示了人類思維的進步，它是抽取事物的最重要的成分，用最爲簡單明瞭的方式來表達較爲複雜的思想觀念。其實，從文字發展史來看，只有到了象形文字階段，才進入了眞正的文字出現，前兩個階段只是向眞正文字的一種過渡時期。

全世界早期人類發明的象形文字有三大系統：埃及的象形文字系統、兩河流域的楔形文字系統和中國的方塊字系統。但是在長時間的發展進程中，前兩種象形文字系統都已經轉化爲字母文字，只有中國的文字現在仍然保留著象形的特點，完整地保存了中國悠久而漫長的文化傳統。

文字的出現是社會生產和生活發展的要求，其發明具有劃時代的意義，是人類由原始時代過渡到文明時代的重要標誌之一，又推動了此後社會生產和生活的進一步發展，也促進了後世的科學文化與社會發展。

第二章 尼羅河傳奇

古埃及的搖籃——尼羅河

光榮啊，起源於大地的尼羅河！你川流不息，為的是使埃及再生！……你灌溉田地，使一切生物欣欣向榮。你生出大麥和小麥，好讓神廟裡歡度節日。要是你水流遲緩，植物就會停止生長，全國人民都會陷於貧困。當你河水上漲的時候，大地眉飛色舞，一切生物都歡騰，大家開口笑呵呵。

——《尼羅河頌》

生命之河

河流是古代文明的搖籃，世界四大文明古國都產生於大河之畔。埃及地處非洲東北部，由南向北、川流不息的尼羅河縱貫全境，成爲埃及的母親。埃及人的生活爲尼羅河所支配，國內降雨量極少，尼羅河是他們唯一穩定的新鮮水源。尼羅河灌溉了兩岸的大片土地，而且堆積了大片厚厚的、黑油油的沖積土，形成了非洲最肥沃的土壤。在肥沃的土壤上，埃及人一年可以進行數次收成。尼羅河的定期氾濫，供給了埃及充足的水源用於飲用和灌溉農田。尼羅河上游流經熱帶草原，當河水氾濫時，洪水攜帶大量的礦物質和腐爛植物順流而下。這些礦物質和腐爛植物在河水流經埃及境內時，逐漸沉澱下來，成爲植物生長的天然肥料。埃及人的曆書中所記載最重要的事件，就是每年夏季因衣索比亞高山積雪融化所引起的洪水氾濫。

古希臘歷史學家希羅多德（Herodotus）說：「埃及是尼羅河的禮物」。事實的確是如此，不管是過去還是現在，埃及都是尼羅河的禮

晨曦初露，偉大的尼羅河也似乎剛從沉睡中甦醒。古埃及人認為法老死後，靈魂每天清晨會坐上太陽船從尼羅河東岸升起，到神廟接受祭拜，晚上則返回西岸陵墓休息，周而復始。

物，尼羅河不僅提供了人們生活所需的河水，而且在尼羅河兩岸和三角洲上蓋上了一層肥沃的沖積土。

尼羅河也是上天賜予埃及人民的禮物，尼羅河兩岸的燦爛文明又是埃及人民對尼羅河的回饋。古埃及人對水有著特殊的感情，水給人以生命，水灌溉了土地並使土地肥沃，水能夠使萬物生長。在埃及的每一寸土地中，都蘊涵著水的恩澤、人的精髓與神的智慧。這就是古埃及人的宇宙觀。

捕獵水鳥

在古埃及壁畫中，這種捕獵水鳥的場面屢見不鮮，反映了尼羅河流域物產的豐饒和古埃及人生活的祥和與歡樂。

水就是尼羅河，火便是太陽，埃及人的生命和智慧都離不開太陽和尼羅河。他們堅信尼羅河東岸是太陽初升的地方，是活人的國度，而尼羅河的西岸是太陽落山之處，是死者的世界。因此，埃及人生活在尼羅河的東岸，而將金字塔建造在河的西岸，尼羅河成爲生與死的界限。

灌溉之源

埃及有一句諺語：「只要喝過尼羅河水的人，無論他走到哪裡，他的心一定會留在埃及。」埃及人崇拜尼羅河，他們認爲尼羅河不僅給他們提供了生活資源，而且還是神的化身。

早在西元前四千年前，尼羅河流域的居民就開始利用尼羅河水位變化的規律來發展洪水灌溉。人們知道充分利用氾濫帶來的好處，於是，土地被分成一塊一塊的，灌溉水渠縱橫其中。西元前二千三百年左右，古埃及人在法雍盆地建造了美利斯（Moeris）水庫，通過優素福（Yusuf）水渠引來了尼羅河洪水，經調蓄後用於灌溉。這種灌溉方式持續了數千年。

由於河水爲患，人們必須在河床兩邊建築高大的河堤來控制洪水，臨近的村莊必須合作起來，才能修建河堤和在汛期進行護堤工作。古埃及國家的重要職能之一就是統一修建主堤壩、蓄水池和運河等大型工程。百姓們參與挖河修渠，引水灌田，把排除水患視作自己不可推卸的責任。這種國家與百姓自覺的角色認同，意味著彼此合作的開端，也意味著組織工作、管理制度和地方政府的起源。這樣一來，地區性的統一和地方政府的最初階段在其他地區出現國家組織之前就在尼羅河兩岸出現了。

由於尼羅河定期的泛濫促進了尼羅河水利工程，進一步使得古埃及首先形成了國家組織，並有效地發揮管理和協調職能，在尼羅河三角洲上修建了縱橫交錯的河渠網絡，使農業生產迅速發展。

播種與收穫之地

尼羅河每年的氾濫十分規律，時間是每年的七月十九日。這一天，太陽、天狼星在東方地平線上升起，尼羅河亦開始氾濫，河水水量大、流速急。氾濫的水溢過河岸，淹沒了農田。兩岸大量的泥沙和有機物順流而下進入平原地區，沉積在兩岸的低地，形成了自開羅以下面積爲二．四萬平方公里的尼羅河三角洲。氾濫爲期四個月，到了十月底，河水逐漸退去，田裡留下一層厚厚的肥沃的土壤，將田埂也掩蓋住了。於是人們在河水退下去後，要重新丈量劃定田地，然後再耕耘播種。

埃及種植的農作物主要是小麥和大麥，這些也是麵包和啤酒的原料。據說播種之後，埃及人將豬羊趕進田裡。在來回奔跑的過程中，讓牠們將種子踏進土壤中。經過三到六個月的生長後，人們就會看到滾滾的麥浪。於是，大家帶著愉快的心情在麥田裡收割希望，有時候軍隊也會加入收割。有著豐富的農作經驗的埃及人非常清楚，在炎熱的夏天來臨之前，必須完成麥子的收割。只有這樣，才能在下次洪水到來之前完成溝渠的修葺。

驢子馱著收割的麥子來到打麥場，人們將麥子平整地鋪起來，趕著

開羅城中的尼羅河

泛著綠意的尼羅河從開羅城中穿城而過，點點白帆綴於其上，洋溢著現代人對於尼羅河的喜愛和享受。

驢子和牛來踐踏，以使麥粒與殼分離。農民將收割物的十分之一交給國王，然後就可以全家人聚集在一塊品味豐收，分享喜悅。

被譽爲「歷史之父」的希羅多德到達埃及後驚訝地發現，這裡的居民比世界上任何其他民族都易於不費力氣而且輕鬆地取得大地的果實。雖然農民們等到尼羅河水自行氾濫後，將種子拋撒在田裡，然後叫豬去踏這些種子此後便是等待收穫的說法未必完全屬實，但也確實反映了尼羅河給埃及人民的農業生活帶來了極大的恩惠。

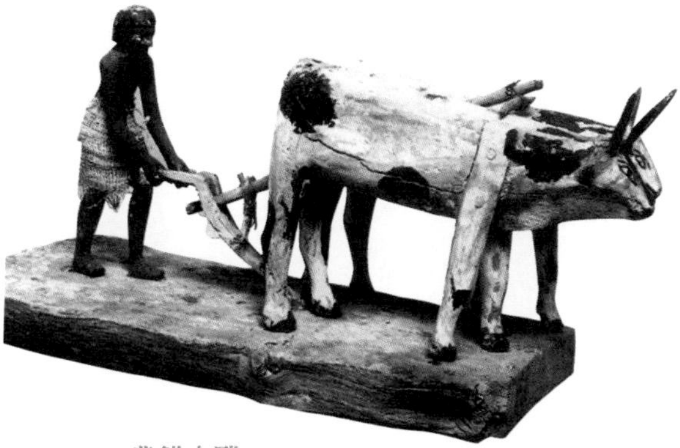

農耕木雕

這座木雕表現了古埃及人進行農耕生產的場景。

科學與藝術之源

尼羅河承載著古埃及文明史，沒有尼羅河，埃及將會是一片沙漠。沒有尼羅河，就沒有埃及。尼羅河不僅是埃及的生命之河，更是古埃及文明的搖籃。在古埃及人看來，尼羅河與太陽交融在一起，創造了囊括陰陽兩界的整個宇宙。

在這種觀念的支配下，古埃及人創造了人類歷史上最早的太陽曆。太陽曆用於計算尼羅河的漲落期，它根據尼羅河水的漲落規律，將一年劃分成十二個月，一共三百六十五天，這種紀年非常精確，所測算的一年只比現行的曆法少了四分之一天。

在劃定年的同時，埃及人還根據農作物生產和尼羅河水量情況，將一年分成氾濫、播種與收穫三個季節。第一年六月到九月是河水上漲的氾濫季。十月到第二年一月是播種季，河水退回到原來的河床，在河谷平原留下大量的沉積物，農民在肥沃的土地上耕種。第二年二月到五月是收穫季，這時氣候乾旱，河水降到最低點，作物在此季節收穫。

由於每年的實際耕作週期短，所以埃及人能夠有足夠的時間去從事宗教、宮廷重大建築和其他藝術活動，可以思索周圍的自然現象，感受和讚美尼羅河的浩浩蕩蕩、奔騰不息。人們把尼羅河看做荒漠中的甘泉和藝術的搖籃。古埃及人改造自然、發展生產的努力，爲埃及人的藝術創作帶來了極大的靈感，構成了古埃及文化的主體，對埃及文明的形成和發展產生了不可估量的推動作用。

文明的起源——古埃及象形文字

一說到「埃及」，我們就會震懾於金字塔的高大威嚴，驚歎於木乃伊的千年不衰，敬畏於法老的神祕咒語。隨著十八世紀象形文字的出土，我們也更加癡迷於對它的譯讀，那謎一樣的文字引起了眾多學者的熱情，人們渴望將這一層面紗揭去，展現出其深層的魅力。

撩起神奇的面紗

古埃及人獨特的藝術品味表現在他們豐富多樣的藝術和巨大的建築物上，巍峨的金字塔、神祕的陵墓、多彩的壁畫、千年不衰的木乃伊、令人生畏的法老咒語等等，這些都爲古埃及籠罩了一層神祕的面紗，在驚訝震撼之餘，眾多學者爲之魂牽夢繞，但在研究道路上卻舉步維艱。

終於，這些令人歎爲觀止的古文明在沉睡了數千年後，被一次意外的發現喚醒。時間要追溯至西元一七九八年，不可一世的拿破崙大軍入侵埃及。雖然這場戰爭以法國軍隊丟盔卸甲而告終，卻使得在時間長河中湮沒已久的「珍寶」得以重見天日。然而這一切還要感謝一位法國軍官，是他發現了埃及羅塞塔地區附近的西元前一九六年由托勒密王朝所刻製的黑色玄武岩石碑，敏銳的軍官還發現石碑上分別刻著古埃及的聖書體文字、世俗體文字以及古希臘文字。由此，當時就有學者假設：這三種文字所描述的是同一文獻。由於古希臘文爲人們所認識，所以只要在正確譯出那段古希臘文以後，再設法找到古希臘文字和那些象形文字之間

羅塞塔石碑

玄武岩刻製，高一・一四公尺，寬七十三公分，上刻有古埃及國王托勒密五世祭司頒發的敕令。由於石碑上用古希臘文字、古埃及聖書體文字和世俗體文字刻了同樣的內容，使得近代的考古學家得以有機會對照各語言版本，解讀出已經失傳千餘年古埃及象形文的意義與結構。羅塞塔石碑是今日人們研究古埃及歷史的重要里程碑。

的關係，就可以無障礙地解讀古埃及的象形文字之謎了。

然而世人又苦等了二十四年，象形文字才得以破譯。那是在一八二二年，後來被喻爲「現代埃及學之父」的法國語言及考古學家商博良（Jean-François Champollion）發表多篇研究論文，成功破譯出古埃及象形文字的結構，他找到了探訪神祕象形文字世界的鑰匙。從此，古埃及學應運而生。

至此，古埃及謎一樣的象形文字及其所承載的璀璨古文明才徐徐展開籠罩了數千年的神祕面紗，向人們露出了神祕千年的微笑。

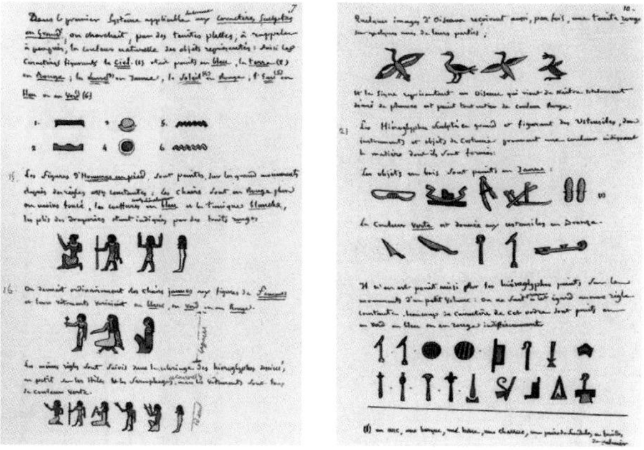

伽德納《埃及語語法》內頁圖

象形文字發展

古埃及象形文字的演變是由繁到簡，由難到易的歷史進程，它就像一部人類字體的總發展史，它的轉動也引領著時代的脈搏，爲人們展示著古文明的燦爛與輝煌。

古埃及的象形文字出現於五千多年前，早期只是爲了記事的需要，藉以簡單的筆畫描繪的圖形和符號，至西元前三千一百年左右，終於發展形成了比較完備的象形文字。由於古希臘人第一次看到象形文字時，是在神廟的牆壁上，便以爲這是專門用於寺廟中的文字，因此在伽德納（A.Gardiner）的《埃及語語法》一書中，認爲象形文字的名稱來源於古希臘文，是由「神聖」和「雕刻」組成，意爲「神聖的雕刻」。

埃及的象形文字最初是爲歌頌法老和天神而設，用於記載歷史、宗教儀式、詩歌、法典、祈禱文等，多刻於神廟的牆上和宗教紀念物上，古希臘人稱之爲「聖書體」。多年以來，古埃及象形文字的最早文獻一直被認爲是一八九〇年發現的納爾邁調色板（Narmer Palette），年代約爲西元前三千年。然後，一九八七年的阿比多斯（Abydos）卻讓人找到了更早的象形文字。一隊德國考古人員，復原了一個統治者墳塋中的幾百塊骨片，竟然從中找到了規模齊整的埃及象形文字。據考證，這一墳塋的年代更爲久遠，約爲西元前三一五〇年。

最初的象形文字是用線條描繪事物的基本特徵。

隨著時間的推移，到了古埃及歷史上的第五王朝（約西元前二四九八年至西元前二三四五年）的時候，從象形文字中演變出一種簡化的速寫草體字——「僧侶體文字」，顧名思義，這種文字僅限於僧侶使用。至西元前七百年左右，一種更爲簡化的草體從祭司體文字中演變而出，由於此種文字字體比較簡單，符號易於連寫，主要用於平時的記錄、寫信和賬目之類的世俗事務，故被稱爲「世俗體文字」。

這兩種字體一般用蘆葦筆蘸墨水寫在紙莎草紙上。紙莎草是埃及沼澤地區的一種形似蘆葦的水生植物。古埃及人經過加工，將其莖稈曬乾壓平後製成輕便的紙莎草紙，作爲書寫材料，其後迅速流行於古代地中海東部地區。

另外，古埃及象形文字從出現到發展，最有趣的莫過於象形文字的書寫方式。它的行文比較自由，可以從上向下，或從右到左，甚至相反。由於埃及人的藝術與其信仰密不可分，所以他們的文字中總透露著自由卻不失嚴謹、大氣卻不失細膩的美態。

象形文字釋讀

象形文字大致是由表意符號、表音符號和限定符號三部分構成。

表意符號　表意符號是指用圖形來表示所畫之物或與此物聯繫緊密的一些意義。比如說★能夠表示「星」的概念，波紋線〰，就能夠代表「水」。後來，表意符號還能夠表示動作的含義。如果想表達「走」的意思，就畫一前一後邁步走的雙腿，想表達「吃」的意思，就畫一個人把手放在嘴裡。除了表示動作，表意符號還能表示圖形的引申義。例如，「吃」不僅能表達「吃飯」的動作，還有「想」、「說話」、「飢餓」、「熱愛」的意思。因此，對於一些抽象概念，難以用圖形表達時，富於智慧的古埃及人民就用表意和引申相結合的辦法來表示。比如說用棕櫚樹的樹枝表示「年」，這是因爲古埃及人觀察到棕櫚樹一年只長出十二根樹枝。而「眞理」則用一根鴕鳥的羽毛來表示，這是由於鴕鳥兩翼羽毛是等長的緣故。

表音符號　顧名思義，表音符號就是以表意符號爲基礎進而能把詞語的發音表示出來的文字。由於表音符號是由表意符號發展演變而來，原本表意的意義不復存在，逐漸失去了原來圖形的含義，慢慢轉化成爲純粹的發音符號。表音符號在不斷發展中形成了二十四個單輔音，若干雙輔音及三輔音符號。埃及人所創造出的二十四個表音符號，是有史可考以來人類歷史上最古老的表音符號。因此有專家認爲，這一時期古埃及象形文字的單輔音符號實際上已經是字母產生的萌芽了。若干年後的腓尼基人以古埃及人所創造的二十四個表音符號爲基礎，才創造出世界上最早的字母文字。後來，古希臘人又以腓尼基人的二十二個字母爲基礎，增加了元音字母，最終形成了希臘的字母文字。而現在歐洲各國的字母文字又是在希臘字母文字的基礎上發展而來；由此，古埃及的象形文字在世界文明發展過程中的地位可見一斑。

限定符號　部分被置於詞尾的表意符號，就成了限定符號。限定符號具備限定某個詞是屬於哪個事物範疇內的作用，有助於準確說明文字的意思。此外，限定符號還能夠引導讀者把握文字的正確含義。比如說，「犁杖」和「朱鷺」兩個表音符號在象形文字中是相同的，因此，分別在這兩個詞後加上一個能夠表示「犁杖」和「朱鷺」意思的限定符號加以區分。同表音符號相同，限定符號也是由表意符號轉化而來。

雖然古埃及象形文字整句中既無標點亦無間隔，但只要掌握限定符號固定位於詞尾這一規律，就可以弄清楚每個象形文字的含義了。

表意符號、表音符號和限定符號按照一定的語法規則組合起來，分別表明了詞的含義、發音及所屬範疇，也說明象形文字已經成爲「音」、「形」、「義」俱全的完整文字體系。

文字是文明的靈魂，隨著對古埃及象形文字的進一步發現、破譯，文字底下蘊藏的古埃及文明得到了更好的闡釋，當然也亟待更多的人投身於對它的深入挖掘和探究。

直入雲天的方尖碑上，刻滿了清晰美觀的象形文字。

尼羅河的智慧之光——古埃及天文曆法

古埃及人創造了光輝燦爛的文化，為人類文明做出了極大的貢獻，在天文曆法方面當然也不例外。從西元前三千年，邁尼斯（Menes）統一上下埃及，到西元前三三二年馬其頓（Macedonia）王國被亞歷山大大帝征服為止，古埃及共歷經三十一個王朝。其中第三王朝到第六王朝（約西元前二千七百年至西元前二千二百年）是埃及的古王國時期，在這個時期，古埃及人在數學、醫學和天文學方面有長足的進步與貢獻。

仰望星空

最能說明古埃及人非凡智慧的是位於亞斯文（Aswan）以南二百八十公里處的阿布辛貝（Abu Simbel）神廟。阿布辛貝神廟是新王國時期埃及出現的一種新式的石窟神廟，把神廟整個建築在鑿開的山崖內部，距今已有三千三百年的歷史了。阿布辛貝神廟結構宏大，布局合理，神廟整體高三十三公尺，寬三十七公尺，有四座二十一公尺高的拉美西斯二世（Ramses II）坐像。

西元一九六三年，埃及興建亞斯文水壩，由於阿布辛貝神廟的原址將被水淹沒，於是埃及和世界各國專家決定將神殿切割，透過拍照記錄的手法將神廟遷移到新址後再重新拼接出來。精通天文的古埃及人在每年春分日和秋分日兩天，使太陽光照進拉美西斯二世神殿裡的神像群，而且只會照到拉美西斯二世和太陽神阿蒙（Amon）上面，另外一個冥界之神則永遠照不到陽光。然而，在神殿遷移後，現代天文學家儘管透過極其先進的天文儀器進行過測量，太陽照射雕像的時間卻延後了一日，而且照射的角度居然還破天荒地照到了冥界之神上。

非凡曆法

對天體的觀測，使古埃及人很早就制定出了屬於自己的曆法，成爲世界上最早的太陽曆。古埃及人透過觀測太陽和大犬座 α 星（即天狼星，古埃及稱「索普代特」Sopdet，意思是「水上之星」）的運行制定曆法。每年陽曆六月十五日（古埃及曆七月十九日）左右尼羅河潮頭到達孟菲斯，這一天在下埃及（尼羅河三角洲部分）適逢天狼星與太陽同時出現在地平線上，古埃及人將這樣的現象重複兩次的時間定爲一年。埃及人把這個週期叫做天狼星週期。

古埃及人按尼羅河水的漲落和農作物生長的規律，把一年分爲三季，每季四個月。第一季「氾濫」季，是尼羅河氾濫的季節；第二季「播種」季，是洪水退去，土地露出水面，是播種和農作物生長的大好時候；第三季是「收割」季，收穫的季節。每個季又分爲四個月，一年十二個月，每月三十天，歲末增加五天作爲節日，所以一年共計三百六十五日。這就是人類歷史上產生的第一部太陽曆。西元前一世紀古羅馬的凱撒大帝以古埃及曆法爲基礎，制定了「凱撒曆」；十六世紀經過教皇格利哥里（Gregory）的改革，產生了「格利哥里曆」，這便是今天世界上通用的「西曆」的由來。

三種主要的曆法

世界上主要的三種曆法：陰曆、陽曆與陰陽曆。陰曆，是世界上最古老的曆法，以月亮繞行地球一周的時間爲一個月，與太陽的運動沒有任何關係，所以不能反映季節寒暑的變化。

陽曆，以地球繞太陽一周爲一年，與月亮的運動沒有任何關係，它能反映季節寒暑的變化，但不能反映月亮圓缺的變化。現在世界上通用的西曆就是陽歷。

陰陽曆，這種曆法同時考慮了太陽和月亮的運動，並增加閏月以調節陰曆和陽歷年的長度。中國人使用的農曆實際上是一種陰陽歷，因爲有利於農業生產，因此一直沿用至今。

卡納克（Kanark）神廟的星座浮雕（局部）
在古埃及，當時的天文臺很多就是神廟，比如位於底比斯著名的卡納克神廟。

冥界的主宰者——奧西里斯神

傳說，奧西里斯是古埃及的一位法老。在一次宴會上被自己的弟弟謀殺，在經歷了一番離奇的遭遇之後，他竟然成了古埃及最重要的九大神明之一，成為了生產之神、豐收之神、尼羅河洪水的控制者、死者審判者和冥府之王。那麼，他到底有著怎樣的神奇經歷呢？

宗教是古代埃及文明產生和發展的重要動力。在埃及文明中宗教把古埃及社會生活及文化的各個方面串聯在一起，形成了一個巨大的文明網絡。像其他古代文明一樣，古埃及信仰的也是多神教，從日月星辰、風雨雷電到高山大川以及動植物，無一不是神靈。

宴會陰謀

奧西里斯（Osiris）是赫利奧波利斯（Heliopolis）神系九神中的一位神祇。他是大地之神蓋伯（Geb）和天空女神努特（Nut）的長子，努特和蓋伯的子女還有伊西絲（Isis）、塞特（Seth）、妮芙蒂斯（Nephtees）。再加上蓋伯和努特的父母舒（Shu）和特芙努（Tefnout），最後再加上太陽神阿頓（Atom），一共九位。

有關奧西里斯死而復生及以後成爲冥神的故事在古埃及廣爲流傳。相傳，在一個夏日的傍晚，一位高大威武、體格健壯的男子和一位俊俏嫵媚的女子來到了古埃及，他們就是奧西里斯和他的親妹妹伊西絲。田間勞作的人們紛紛放下手中的工作去觀望他們，人們被這兩人的氣質和魅力所折服。奧西里斯和伊西絲教人們播種穀物培植瓜果並和人們一起興修水利，還教導人們醫術和建築技術。後來，法老駕崩了，但他沒有留下任何子嗣。於是大臣和人們紛紛擁護溫文爾雅、恩撫相濟的奧西里斯爲新的國王，繼承江山社稷。奧西里斯在繼承法老之位

埃及亞歷山卓國家博物館所展出的奧西里斯神像。

後，便立他的親妹妹伊西絲爲后。在他們的勵精圖治下尼羅河流域變得欣欣向榮，古埃及的國勢也開始蒸蒸日上。奧西里斯將國家治理得井井有條，他爲國爲民的精神深深地贏得了古埃及人民的尊敬和愛戴。

然而，奧西里斯的親兄弟塞特生性嫉妒，狡猾狠毒。他見奧西里斯深得臣民愛戴，於是就有了陷害和篡位之心。轉眼間，幾年過去了。塞特一直沒有太好的機會下手，他這幾年結識了一大批狐朋狗友，整天仗勢欺人、魚肉鄉里。終於機會到了，奧西里斯遠征亞洲並凱旋，塞特心頭暗喜，生出一毒計。晚上，塞特來到奧西里斯的寢宮，送給他哥哥一件美妙絕倫的衣服。奧西里斯很高興，美中不足的是，衣服的大小似乎不合適。塞特說：「哥哥，看來這件衣服並不適合您，我希望能重新爲您量身訂做一下。」於是，奧西里斯就同意了，塞特叫一個裁縫過來仔細測量了奧西里斯的身體尺寸。

西元前一千四百年墓穴壁畫

奧西里斯頭頂埃及王冠，手持象徵王權的權杖和神鞭，身上如木乃伊一樣裹著白布，象徵著死亡。奧西里斯原本是農業和植物之神。古埃及人認為，奧西里斯在世時是太陽神拉的化身，死後則統治冥界。作為冥界的統治者，奧西里斯要為每一位初到冥界的死者主持審判。

幾天以後，奧西里斯舉行了盛大的慶祝宴會。當大家正在宴會上歡天喜地地慶祝勝利時，塞特和他手下的幾十個同夥同時出現，他命人抬來一個十分豪華精美的石櫃，並聲稱誰的身軀和這個櫃子大小相符，就把它贈送給誰。奧西里斯在眾人的慫恿下就躺了進去。這個櫃子正是幾天前那個裁縫按照他的身體尺寸製作的，當然他躺進去就正好合適。於是塞特和他的手下立即展開行動，將蓋子釘死，把奧西里斯封死在箱內，然後拋入尼羅河中。

重生之路

這個櫃子被滾滾尼羅河水沖入了大海，最後漂到了今日黎巴嫩的海岸上，被一棵小樹擋住了。說來也怪，那棵小樹竟然很快長成了參天大樹。有一次腓尼基國王來此打獵，爲這棵

埃及阿比多斯神廟中奧西里斯和伊西絲的浮雕（局部）。

樹的氣勢所震撼，決定用這棵樹來建造王宮的柱子。

冥界與亡者守護神阿努比斯（Anubis）和神鳥知道了這件事，立即告訴伊西絲。伊西絲喬裝改扮來到腓尼基，和一位宮女混熟了以後便混進宮內。到了宮中，伊西絲依靠自己的醫術治好了腓尼基小王子的怪病。腓尼基國王大喜，想報答她。於是她將自己的丈夫奧西里斯如何被害的來龍去脈說了出來，腓尼基國王大爲感動，便命人把那根柱子拆下來。苦苦的尋覓終於得到了回報，她把丈夫的屍體運回了埃及，藏在了密林深處。

後來某一天，塞特正在林中打獵，無意中發現了奧西里斯的棺木。他一怒之下把奧西里斯的遺體碎屍萬段，扔到了埃及各地。然而伊西絲並沒有氣餒，她踏遍了埃及的每一寸土地終於找全了丈夫的全部殘骸，並在太陽神的幫助下使奧西里斯得以復活，之後她又與丈夫過起了幸福的生活。

然而，好景不長，狡猾的塞特再次找到他們並害死了奧西里斯。伊西絲歷盡千辛萬苦，終於逃出敵人的魔掌，在尼羅河三角洲的沼澤地中生下了奧西里斯的遺腹子赫魯斯（Horus），並把他撫養長大。赫魯斯長大成人後，奧西里斯的靈魂找到了他，並告訴赫魯斯自己被害的經過，希望兒子能爲自己報仇雪恨。之後，赫魯斯成爲了神靈並擊敗塞特，登上了埃及王位。

冥王審判

冥界與亡者守護神阿努比斯把奧西里斯的屍體用亞麻布綁起來製成了第一具木乃伊，伊西絲用自己的翅膀搧著屍體，使奧西里斯重新復活。奧西里斯不想再待在人間，畢竟自己已是一具木乃伊了。於是，他把在人世間的王位讓給了兒子赫魯斯。由於奧西里斯在人們心目中的威望，人們都擁護他去冥府主持審判工作。

冥王奧西里斯即是太陽神在地下的代表，也是法老死後的化身。死者的靈魂在冥界與亡者守護神阿努比斯的帶領下來到冥府，接受奧西里斯的審判。審判時十二位神靈組成審判團，由奧西里斯決定哪些人可以獲得永生的祝福。

古埃及人認爲，靈魂就等同於心臟，審判靈魂就是審判心臟。在某個埃及王室木乃伊出土的隨葬品中，有一份畫在紙莎草紙上的〈死者之書〉（Book of the Death）副本。從圖中可以看出，奧西里斯穿著綠色的衣服坐在畫面的右側，冥界與亡者守護神阿努比斯和智慧之神托特（Thoth）是他主要的助手。阿努比斯負責調整天秤的精確度，他用正義之神的羽毛來秤量亡者的心臟，以驗證亡者生前是否清白。智慧之神托特負責記錄結果。一顆承載著罪惡的心是沉重的，不能得到永生，而那些純潔的心靈將使亡者得到永生。所以作惡多端的壞人無法通過奧西里斯的審判，一旦天秤上顯示靈魂那邊是沉重的罪惡的心，蹲在旁邊的一個怪物就會把死者的靈魂吃掉，這個人就永世不得超生。相反地，通過審判的人則會被領到奧西里斯面前。奧西里斯會給予他深深的祝福，他將在冥世過著幸福快樂的生活。

復活之夢

奧西里斯的傳奇經歷還影響了後來人的觀念，據說他就是第一具木乃伊。因爲每一個古埃及法老死後，他們都想把奧西里斯的神話經歷表演一番，以便獲得重生。這樣就代表這位法老獲得神助，因此他活著乃是人間的統治者，死後還將是陰間的統治者，誰要膽敢反對法老，他不光活著的時候會受到懲罰，死後也不能順利通過奧西里斯在陰間對其進行的審判，進而獲得永恆的快樂。

這就是人們知道的奧西里斯，奧西里斯是否眞有其人，或者說是否眞有一位國王其命運和功績都與奧西里斯相似，現在還難以考證，但他卻能給我們傳遞一個古埃及的原始觀念，即國王是神。

奧西里斯的傳說之所以在埃及傳播廣植人心，一方面是因爲它反映了正義戰勝邪惡的道理。妻子忠心於丈夫、兒子爲父親報仇雪恨恰恰體現了古埃及人愛憎分明的思想。但更爲重要的是，奧西里斯的復活帶給人們莫大的安慰，他告訴人們所有的人死後都有可能復活。因此，雖然奧西里斯是冥界之神，但他並不是魔鬼或黑暗之神。相反地，他象徵著埃及人所相信的死後可以永世榮耀的希望。

永生的夢想——木乃伊

人死了以後真的有靈魂繼續存在嗎？死人還會復活嗎？這個問題實在太深奧，現代科技尚且對此束手無策。樸素的古埃及人相信人的生命不會終結，死亡不是結束，而是另一段旅程的開始。在世界許多地方均發現過木乃伊，但是在埃及發現的木乃伊數量最多，時間最早，技術也最複雜。這是因為古埃及人將木乃伊的製作當成了一種風俗，這又是為什麼呢？

生死循環

關於最早的木乃伊有一個動人的傳說。埃及法老奧西里斯由於親兄弟塞特的嫉妒而屢次被害，他忠貞的妻子伊西絲沒有放棄，最終使他得以復活，他的遺腹子赫魯斯長大後打敗了塞特，替父親報了仇，並繼承了人間的王位。冥界與亡者守護神阿努比斯就將奧西里斯製成了第一具木乃伊，奧西里斯在人們的擁護下執掌了冥界，成了死者審判者和冥府之王，並保護人間的法老。

這個神話故事在古埃及流傳很廣，以至於深植人心。不僅法老，就連一般的民眾死後，都會把自己製成木乃伊，希望來世永生。其實，古埃及人不光法老要做成木乃伊，其他許多人無論身分地位如何也都希望自己被做成木乃伊，認爲只要爲其舉行一系列名目繁多的複雜儀式，他的各個器官就能重新發揮作用，木乃伊能夠復活，繼續在來世生活。

因此在古埃及的宗教理念中，身體和靈魂是各不相同的，而靈魂也分爲兩種，一種叫「巴」（Ba），另一種叫「卡」（Ka）。古埃及人認爲「巴」長著鳥一樣的身軀和人類的頭腦。在人活著的時候，「巴」依附在肉體上，在肉體死後牠會展翅飛離。如果一個人的屍體保存得很好，

拉美西斯二世的木乃伊

拉美西斯二世微閉雙目，臉龐平靜安詳，雙手交叉放在胸前，身著潔白的長袍，安靜地躺在棺木裡。

當他復活的時候「巴」能再次依附到他的肉體之中。在一個人下葬以後「巴」會時不時地飛到墓穴上查看屍體的保存程度。

「卡」也是人的一種靈魂，也是依附於肉體之上，它是人生下來就具有的護身魂。其面貌和本人完全相同，它陪伴一個人走完一生的道路，但在一個人臨死之前它會率先脫離肉體來到冥府，以保證死者能在陰間也有足夠旺盛的精力。「卡」會在墳墓中繼續生活，所以古埃及人在墳墓中會放入大量的衣食等日常用品。因爲「巴」和「卡」都要依附在屍體上，所以古埃及人就會竭盡全力，設法保存屍體。

那麼，古埃及人爲什麼會具有這種死人復活和永生的概念呢？首先，古埃及人認爲太陽神是最高的神祇。太陽的東昇西落就是太陽神經歷的一輪生死循環。其次，是尼羅河的「生死」循環。尼羅河於每年的七月會定期氾濫，河水會衝破河堤淹沒兩岸乾旱的土地。夾雜著大量礦物質和動植物腐敗物的泥沙便沉積了下來，形成極其肥沃的黑色土壤，使上面的農作物可以一年三熟。古埃及文明就是尼羅河的禮物。尼羅河定期氾濫的規律也像是一輪生死循環。因此古埃及人認爲人也像太陽和尼羅河一樣，生生死死循環往復。死亡只是另一次旅程的開始。

埃及盛放木乃伊內臟的罐子，每個罐子上都有不同的神像。

此外，古埃及獨特的自然環境也助長了古埃及人對來世的希望。腐爛主要是由細菌引起的，埃及炎熱的沙漠地帶能使屍體迅速脫水，令細菌無法存活，屍體也就保存了下來。後來有些沙子就會被吹走，某些脫水的乾屍就會在數十年後又重見天日。古埃及人看著他們栩栩如生的面容，覺得他們終有一天會復生。於是，他們開始仔細研究起了屍體防腐技術，許多木乃伊就這樣被大量保存了下來，成爲人們追求永生的見證。

製作工藝

古埃及並沒有留下關於製作木乃伊方法的記載，古希臘偉大的歷

阿努比斯神正在製作木乃伊的壁畫

阿努比斯神的造型是一頭胡狼，胡狼是擅長於將沒有妥善埋葬的屍首掏空的動物。人死後最重要的內臟是心臟，死者的思想和回憶都藏在心臟內；懷有咒語的甲蟲可以保護心臟，讓牠在接受阿努比斯神審問時，保持緘默，避免招認生前的罪狀。

史學家希羅多德在不朽著作《歷史》（*History*）中記載了他遊歷埃及時聽說的木乃伊製作工藝。製作一具完整的木乃伊需要七十天左右。古埃及人將木乃伊的製作發展成爲了一門產業，根據不同的客戶需求分爲高、中、低三個層次。

以王室和貴族的木乃伊爲例。一位訓練有素的木乃伊製作師必須仔細操作，以使屍體不腐爛。在製作木乃伊時，需先將屍體埋入泡鹼裡使之脫水然後完成香料的塡充。現代科技認爲泡鹼的主要成分是由碳酸鈉、碳酸氫鈉、鹽和硫化鈉混合而成的，既可以防腐也可以殺菌。屍體泡好後便用鐵鉤從鼻腔掏出腦漿，有倒刺的鉤子既可以破壞大腦的組織又不會使頭骨破裂。經過攪拌以後，腦漿就會從鼻孔裡流出來。

處理完顱腔後就可以處理內臟了。具體的做法是從身體左側把腹腔切開，然後把臟器取出來放在不同的罐子裡。這些罐子都製作得非常精緻，把胃、腸、肝等脫水防腐後放進去，再蓋上蓋子；心和腎則留在軀體中。軀體用椰子酒和搗碎的香料沖洗乾淨，體腔內塞入樹脂、亞麻布或臨時性物品以使失去內臟的身體恢復到原先的狀態。然後再把屍體在泡鹼裡泡七十天左右。七十天過後，把屍體取出進行再次清洗並塗上油

古埃及婦人木棺

棺木用白屍衣包裹,並用寫有形象文字的黃色小布條固定，各固定帶之間有喪葬場景。

膏、香料及樹脂，同時以亞麻布包裹嚴密。到了新王國時期除了內臟之外，貴族們對眼睛的處理也受到了格外的重視。他們會把眼珠挖出來，裝上寶石做成的眼珠。

對木乃伊的包裹是一個瑣碎而繁雜的過程，有著極其嚴格的程序。包裹從手指和腳趾開始，這個過程需要非常小心和仔細才能做好，因爲經過七十天的浸泡，皮膚和指甲非常容易脫落。包裹木乃伊所需的亞麻布一般都很長，有的甚至長達數百公尺。有些重要人物如法老的木乃伊還要在頭上戴上黃金面具，再雕上死者生前的面容。另外，在包裹屍體前，還要放一些護身符之類的東西來保護心臟以抵抗外界的侵襲。最爲常見的就是聖甲蟲了，聖甲蟲的名字雖然聽起來很響亮，其實就是中國人所說的糞金龜。爲什麼古埃及人會崇拜糞金龜呢？因爲糞金龜會滾著糞球一路前進，而古埃及人認爲早晨初升的太陽就像是一個滾動著的球，所以糞金龜就成爲聖甲蟲了。

木乃伊處理好以後就被裝入棺槨中，有些棺槨是大理石甚至黃金做成的。至此，家屬就可以把屍體帶回去下葬了。

長達七十餘天的製作過程，使高級木乃伊只有王公貴族才能負擔得起。但木乃伊還是受到大部分人的喜愛。有一種花費較小的方法是把油脂注入屍體，再將屍體在泡鹼中浸泡些時日，屍體取出後抽出肌肉，只留下皮與骨。更便宜的木乃伊製作方法就是把屍體用泡鹼浸洗一下，根本不會對屍體做出任何的處理，只需一、兩天就能完成。

古埃及的醫生很早就瞭解到人體內部的構造，熟悉了人體器官的形狀和位置，瞭解了很多解剖學方面的知識，使古埃及的醫學技術在當時的世界上處於領先地位。

貓靈崇拜

埃及人認爲動物也是有感情的，是眾神賜給人類的。貓神（即貝斯特神，Bastet）崇拜的中心在尼羅河三角洲，在這一地帶，貝斯特變成一些家中很重要的神像及圖像。可是一貓成神，萬貓遭殃，成爲供奉對象並未給普通的貓帶來什麼優惠。埃及人敬仰貓神，所以飼養大批的貓來滿足需求，而這些可憐的貓還未等到自然死亡，就被人勒死製成木乃伊，出售給那些對貓神「虔誠」的信徒們。西元前四世紀以後，由於流行崇拜貝斯特神，貓變成了「搶手貨」。爲了趕製木乃伊，許多「神聖的貓」活不到兩歲就被扭斷脖子，或被人毒死，然後用石膏將頭部定型，將前腿折疊於胸前，後腿折疊於腹部，再飾以五顏六色的彩繪，然後就可以下葬了。

人間奇蹟——金字塔

波光粼粼的尼羅河穿過浩瀚的沙漠，靜靜地流淌著。一座座金字塔聳立在沙漠上，彷彿遺忘了時間的流逝。昔日不可一世的法老，如今只剩下乾癟的木乃伊和來世復活的美夢，不斷向今人訴說著昔日的輝煌和榮耀。

古埃及在人類歷史上最爲顯著的技術成就，便是用石頭建造的金字塔。現存的古埃及金字塔有七十多座，他們是古埃及法老的陵墓。古埃及的建築師們用宏大的規模、簡潔沉穩的幾何造型、明確的對稱軸線和縱深的空間布局，來展現金字塔的雄偉、莊嚴和神祕。

金字塔的興衰與演變

古代埃及的國王稱爲法老。古埃及人對神的虔誠信仰，使其很早就形成了根深蒂固的「來世觀念」。他們認爲「人間不過是一個短暫的居留，而死後才是永久的享受」。因而，埃及人把冥世看做是塵世生活的延續。古埃及人在活著的時候，就誠心備至地爲來世做準備。每一個有錢的古埃及人都忙著爲自己準備墳墓，並用各種物品去裝飾，以求獲得死後的永生。法老和貴族更是如此，他們花費大量的時間去建造墳墓，命令工匠繪製壁畫和製作冥器，用來描繪在冥世的活動，比如駕船、狩獵、宴會，以及僕人們的服侍等等，使死後的生活如同生前一樣舒適如意。

古埃及第三王朝之前，埃及人的墓葬形式是一種長方形的墳墓，用泥磚建造而成，人們稱之爲「馬斯塔巴」（Mastaba）。傳說，有一位名叫印何闐（Im-hotep）的工匠，一改過去的建築模式，用山中開採來的巨石塊，搭建了梯形的建築。從此，金字塔才日漸成形。透過古埃及的象形文字，考古學家也證明了早期的金字塔的確是梯形分層，到了後期漸漸變成了角錐體。由於金字塔的外形與漢字的「金」字相似，所以中國人稱它爲「金字塔」。

傳說畢竟是傳說，透過對古埃及宗教的研究，文化人類學家發現：在埃及第二至第三王朝的時期，古埃及人產生了一種觀念，即國王死後會成神，靈魂可以升天。在後來發現的〈金字塔銘文〉中寫道：「爲法老建起通天的梯子，以便靈魂自由上天……天空把光芒之手伸向你，擁抱你飛向遠方……猶如太陽神的眼睛一般……」金字塔就是這樣溝通人間與天上的媒介。同時，金字塔也表達了古埃及人對太陽神的崇拜之情。因爲古埃及太陽神「拉」（Ra）的象形符號就是發散的太陽光芒，而金字塔象徵的就是發散狀的太陽光芒。如果你站在金字塔附近，沿金字塔稜線的角度向西方遙望，就可以看到金字塔如同灑向人間的光芒。

第四王朝時期，是金字塔的黃金時代。世界上最大的金字塔——古夫（Kufu）金字塔就是在這一時期修建的。他的子孫們也不甘示弱，紛紛仿效，王公貴戚也以修建小金字塔爲自己死後的安息之所。

第四王朝以後，其他法老雖然繼續建造金字塔，但規模和質量都不能和以前的金字塔同日而語。第六王朝以後，隨著古王國的分裂和法老權力的下降以及埃及人民的反抗，法老們也就不再建造金字塔了。在親眼目睹了以前的法老的「木乃伊」被人從金字塔裡拖出來肆意凌辱後，法老們開始在深山裡開鑿祕密陵墓。

金字塔的建造

左瑟（Djoser）法老時期之後，古埃及就掀起了建造金字塔的熱潮。由於金字塔起源於埃及古王國時期，因此古王國時期又被稱爲金字塔時代。如此宏偉的建築是如何建造的呢？

希羅多德曾經記載過金字塔的建造過程。他這樣寫道：「法老強

古夫金字塔

古夫金字塔（左）、卡夫拉金字塔（中）與孟卡拉金字塔（右）一字排開矗立在吉薩高原的沙漠上，是埃及不可多得的亮麗風景之一，每位前去埃及的遊客都會在金字塔面前駐足瞻仰。

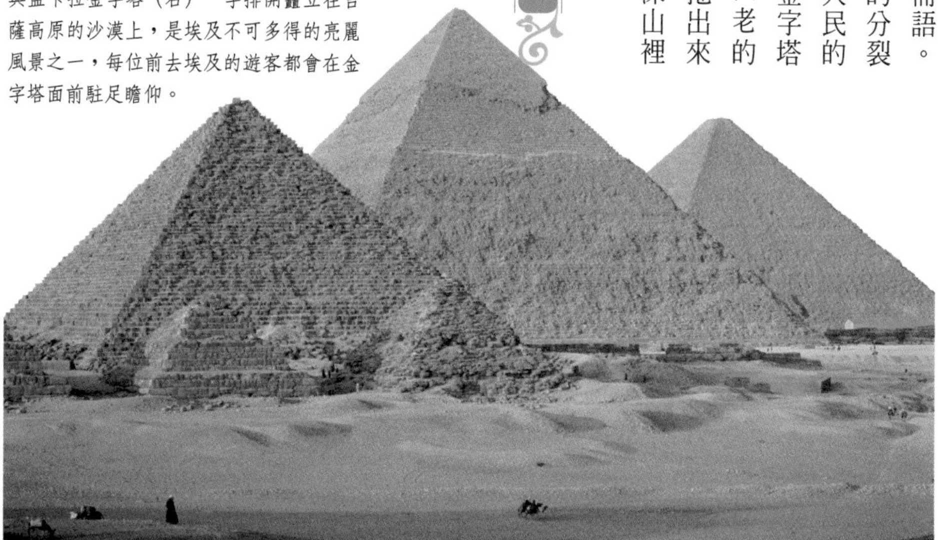

迫所有的埃及人爲他做工，他們被分成十萬人的大群，每群人要勞動三個月。這些勞動者中有奴隸，也有許多普通的農民和手工業者。埃及奴隸們是借助畜力和滾木，把巨石運到建築地點，再將場地四周的天然沙土堆成斜面，把巨石沿著斜面往上拉。就這樣，堆一層坡，砌一層石，逐漸加高金字塔。據說，建造古夫金字塔整整花費了二十年的時間。」

對於希羅多德的說法，後人提出了許多質疑，其中古埃及人是否達到這種科技水準成爲最大的焦點。因爲在一八八九年巴黎艾菲爾鐵塔建成之前，大金字塔一直是地球上最高的建築物。西方人無法相信，四千五百年前的古埃及人在沒有現代機械化工具的幫助下，能夠獨立完成如此艱巨的工程。更爲神奇的是，金字塔的石塊砌合十分緊密，連刮鬍刀的刀片都難以插入，以至有人提出了金字塔是外星人建造的結論。採石場一般在建築地點附近的山裡，它需要大量的採石工人。由於銅是古埃及人當時掌握的最硬的金屬，因此每名採石匠都配有數把銅製的鑿刀。他們用銅鑿刀將巨石鑿一個小孔，打入木楔，並在上面澆水，利用木楔浸水後的膨脹力，使石塊脹裂。利用幾把銅鑿刀同時工作，可以大大提高工作效率，保證每天所需的開採量。

獅身人面像

獅身人面像位於卡夫金字塔旁，是用一塊建造完陵墓後剩下的巨石雕刻而成，高二十公尺，長五十七公尺，臉長五公尺，頭戴皇冠，兩耳側有扇狀的「奈姆斯」（Names）頭巾。

每塊開採下來的石頭，重量往往超過一噸，有的甚至重達兩噸，如何運輸便是一個相當棘手的問題。以吉薩（Giza）金字塔爲例，吉薩當地的土質結構爲黏土，在黏土鋪就的路面上灑水，沉重的石塊就可以在上面滑行，但水量的控制很重要，水量過多會使巨石下陷，水量不足則使運輸變得異常費力。在石質或較硬路面上，工匠們就在路面上鋪圓木，利用滾動摩擦力較小的原理讓巨石滾動前進。

當巨石運輸到施工現場後，由專門的石匠負責切割加工，並根據每塊石頭上標注的記號嵌入應該放置的地方。他們利用簡單的三角板和鉛錘，把每塊石頭打磨得光滑平整，使得石塊之間銜接緊密，如同用水泥黏合的一般。

被視爲人間與天上溝通媒介的金字塔

爲了向高處運送石料，需要建造長長的坡道。勞工們利用天然的沙土，用碎石和灰泥混合加水，堆成斜面，將巨石拉上金字塔。考古學家估計，斜坡的長高比例大約爲十比一，這是保證運輸和最少建坡材料的最佳比例。但當金字塔的高度逐漸增加後，長長的斜坡就不再合適了。因爲透過計算，通往塔頂的斜坡長度將達到一千四百六十三公尺，所需的建築立方公尺也將是金字塔的三倍之多。因此在最後的加高工程中，建築師們會選擇較省材料的螺旋形坡道。

隨著金字塔不斷增高，建築師必須考慮金字塔內部的墓室結構，並預留出通往墓室的走廊。金字塔的墓室往往分爲三部分，第一部分在修建地基時就開始動工，深度往往達到地下六十一公尺。第二部分建在金字塔內部高約三十一公尺的地方，也就是所謂的「王后墓室」。第三部分是最高、最重要的地方，這也是法老最後的安息之所。通向墓室的走廊曲折冗長，內壁用磨光的石灰岩板緊密契合。最後還要粉刷塗料，繪製上精美的壁畫。壁畫的內容往往是反映法老生前的奢華生活，以及死後於冥界重生的場景。

法老的防盜絕招

雖然法老在墓中刻下了很多咒語，其詛咒程度令人爲之膽寒，但仍擋不住日益猖獗的盜墓活動。塞提一世（Setti I）的墓在帝王谷可算得上是數一數二的，不僅裝飾得極盡奢華，在防盜機關上也是精巧有加。自隱蔽入口進得墓來，沿入口走廊下行，不明就裡者會一下子掉落到一口深不見底的井中，恐難活命或者再難脫身。如果萬幸沒有掉落井中，會在一面似要倒塌的牆壁上看到一扇門，人們往往會認爲它直通向法老墓室，但事實上它是一道假門。若想進入眞正的法老墓室，必須要找到那條極其隱蔽的樓梯，走到樓梯盡頭才可得見廬山眞面目。

世界七大奇蹟之首

在西元前三世紀，腓尼基旅行家昂蒂帕克（Antipater）記下了他眼中的「世界七大奇蹟」，其中吉薩的金字塔名列首位。

今日，吉薩共有十座金字塔，他們聳立在尼羅河西岸的沙漠中，離古埃及的首都孟菲斯不遠。三座最大、保存最完好的金字塔是由第四王朝的三位法老古夫、卡夫拉（Khafre）和孟卡拉（Menkaure）建造，大致的建造年代是在西元前二千六百年至西元前二千五百年。古夫金字塔高一四六．六公尺，底邊長二三○．三五公尺；卡夫拉金字塔高一四三．五公尺，底邊長二一五．二五公尺；孟卡拉金字塔高六六．四公尺，底邊長一○八．四公尺。

三座金字塔是按照獵戶星座排列的，以尼羅河作爲銀河。獵戶座對古埃及人有著十分重要的意義，因爲他們相信神住在獵戶座，那裡就是神話中的天堂。金字塔都是正方位分布，正北、正南、正東、正西，誤差小於一度。

在三座金字塔中最龐大的是古夫金字塔，它是一座幾乎實心的巨石體，用二百多萬塊巨石砌成。最初鋪蓋金字塔外層的灰白色石灰石已經全部脫落，如今只能見到內層黃色的石塊。金字塔中心有墓室，可以從甬道進去，墓室頂上分層架著幾塊幾十噸重的巨石。金字塔的旁邊還有一些法老和貴族的小金字塔以及長方形臺式陵墓。

在卡夫拉金字塔的旁邊，便是著名的獅身人面像，它高二十公尺，長約五十七公尺，其栩栩如生的外形如同西方神話中的司芬克斯（Sphinx），爲金字塔增添了無窮的魅力。一七八九年拿破崙入侵埃及時，就對金字塔和獅身人面像驚歎不已，甚至在戰爭期間專門找來學者詢問——據說，古埃及學的產生便與此有關。

木乃伊歸來

在美國好萊塢的電影中，經常能看到這樣的情景：主角對金字塔裡的木乃伊念著咒語，千年的木乃伊便突然復活。當然在現實中，這是不可能存在的。然而導演精彩的劇情設計也非空穴來風，古埃及人製作木乃伊的目的的確是讓死者復活，但不是在人間，而是冥世。

此外，古埃及的法老害怕死後受到盜墓人的侵擾，都要在金字塔入口處留下詛咒。然而，這看似可怕的詛咒，並不能阻止盜墓人對金銀珠寶的貪婪慾望。大多數陵墓都遭到了不同程度的盜掘，甚至很多法老的木乃伊都已經屍骨無存。所幸，有一部分墓室逃過一劫，古埃及新王國時期第十八王朝法老圖坦卡蒙的墓室便是其中之一。這位在古埃及歷史上默默無聞的法老，卻在今天留下了最爲著名的咒語和異常精美的木乃伊。自一九二二年圖坦卡蒙的墓穴被打開到今天，已經至少有四十名與此有關的考古學家與工人死於非命，而且這種奇怪的「詛咒」似乎一直在延續。

今日，許多科學家對「詛咒」背後的本質進行了大量研究，但至今尚不能得出結論。生物學家認爲，金字塔考古學家的非正常死亡，可能與致命的細菌有關。在許多研究古埃及文書的專家身上，曾經發現過一種叫做

建造金字塔的巨石，重達數噸或數十噸，石塊間沒有任何黏合物，但卻契合得十分嚴密。

獅身人面像：司芬克斯

在古埃及文明的發祥地有眾多的司芬克斯，最古老最著名的要算是吉薩地區的大司芬克斯臥像。相傳有一位王子在狩獵途中覺得困倦，就在沙漠上打磕睡，意想不到的是在他的旁邊恰好臥著被沙子埋沒的司芬克斯。傳說司芬克斯出現在夢中，對他說：「如果將我從沙中挖掘出來，那麼你將成爲一國之王。」後來，這位王子果然成爲法老圖特摩斯四世。

「古埃及疹」的奇怪病症。患者往往呼吸困難，皮膚上出現紅點。生物學家在古埃及草莎紙上提取了這種細菌。根據這一狀況，專家斷定，墓室中可能存在大量目前尚不可知的古代細菌和病毒。由於金字塔良好的密封性和埃及的乾燥氣候，使病原體得以保存。一旦有人進入，病原體首先通過呼吸系統進入人體，導致病人迅速發病。而化學家的解釋似乎也很有道理。因爲他們透過對墓室放射性元素的測定，發現墓室中的鈾和氡嚴重超標。長期在金字塔內部工作，必然受到危害，進而導致患病和死亡。

神奇的能量

一九三〇年代，一個叫做鮑維斯（Antoine Bovis）的法國人到古夫金字塔參觀遊覽時，無意中發現，在塔高三分之一處的「王室」廳堂內，有一個普通的垃圾桶。當時埃及正處於盛夏時節，廳堂內的溫度相當高，但堆放在桶內的有機物質和小動物的屍體，竟然沒有變質和腐爛，反而脫水變乾。鮑維斯覺得整件事情十分蹊蹺，卻不能給出合理的解釋，於是他帶著遺憾離開了埃及。

回到法國後，他做了一個有趣的實驗：用沙石做了一個按比例縮小的金字塔模型，把一隻死貓放在離牠三分之一高處的平臺上，結果死貓同樣沒有腐爛，而是木乃伊化了。用其他有機物質做同樣實驗，仍然得到同樣的結果。這一消息不脛而走，人們在驚奇之餘對這一現象開始了系統的研究。雖然到目前爲止，科學家還沒有弄清金字塔能量的本質和作用，但是大多數科學家認爲，金字塔內部的空間結構直接影響著空間內所進行的物理變化、化學變化和生物進程。如果我們使用某種幾何圖形作外型，那麼這種外型就會加速或延緩它內部空間裡的自然進程。由此可見，古埃及人的智慧是多麼的偉大。

手描圖金字塔

埃及的古王國時期被看做是偉大的金字塔時代，左瑟法老的階梯形金字塔的出現，拉開了歷代國王競相效仿建造更高、更大的金字塔序幕。

創造之神——太陽神「拉」

「聖甲蟲托起的太陽的光輝，照耀在金碧輝煌的沙漠宮殿，輝映出法老的生命權杖，也為芸芸眾生帶來幸福和吉祥。」在古埃及，太陽神不僅象徵著光明，而且孕育了萬物，因此備受人們尊奉。古埃及墓葬的護身符中，最常見的形狀竟是甲蟲。這種在地球上拚命轉動糞球的甲蟲為何成為了古埃及人尊奉的太陽神化身？

太陽神的化身——糞金龜

在埃及，無論生者還是死者，都會佩戴聖甲蟲形狀的護身符，他們相信，這種每天迎著東方第一縷陽光鑽出土地的甲蟲是太陽神的化身，象徵著復活和永生，能夠庇佑生者健康幸運，死者平安通往來世。聖甲蟲即蜣螂，俗稱糞金龜，其貌不揚，甚至髒兮兮的牠爲何能夠幸運地當選爲古埃及人的護身吉祥物？

法國著名昆蟲學家法布爾（Jean-Henri Fabre）在《昆蟲記》（*Souvenirs entomologiques*）中寫道：「從前埃及人想像這個圓球是地球的模型，糞金龜的動作與天上星球的運轉相合。他們認爲這種甲蟲是很神聖的，所以叫它『神聖的甲蟲』。」古埃及人看到，每天太陽升起時糞金龜就開始工作，在動物的糞便裡滾來滾去，滾出來的糞球形如星球，東昇西落，因此就將糞金龜當成人類與太陽神溝通的使者加以崇拜。

此外，糞金龜把糞球再埋入土裡，並在其中產卵，大多數糞金龜精疲力竭而死，第二年，幼卵孵化成蟲，破土而出。當時的人們無法觀察到產卵直至幼卵發育這一現象，以爲甲蟲獲得了再生，信奉重生的埃及人立即將其尊爲聖甲蟲，並將聖甲蟲護身符放入木乃伊內，希望死者能像聖甲蟲那樣得到重生。就這樣，每日辛苦勞作、在糞堆裡爬滾的糞金龜就躋身聖蟲的行列，成爲古埃及人尊崇的對象。

近來，加拿大《渥太華市民報》（*Ottawa Citizen*）甚至報導，一位渥太華老人聲稱找到了金字塔石塊搬運的祕密，即用橢圓形的厚木板裹住巨石四個邊角，使其成爲不規則的圓柱形，這樣就可以輕而易舉地讓它滾動起來，而這一靈感正是來自於糞金龜滾糞球。雖然，這一解釋不能完全令

古埃及〈死者之書〉中的插圖

死者和鷹頭神赫魯斯一起乘坐太陽三桅帆船航行，鷹頭神赫魯斯就是太陽神在白天航行中的化身。在克服了種種危險後，他們露出新生的喜悅。

人信服，但糞金龜在古埃及宗教中佔有重要地位卻是不爭的事實。當然，這一切的殊榮都來自於牠與太陽神的密切聯繫。

太陽神拉

若不是太陽神在古埃及擁有至高無上的地位，糞金龜也不會如此沾光。古埃及最早信奉的是蒼天之神赫魯斯，他的化身是鷹，常以鷹頭人身的形象出現，象徵著天空的崇高。到第五王朝時，赫裡奧波利斯城的祭司長成爲統治者，因此赫裡奧波利斯城信奉的太陽神拉，一躍成爲全埃及的主神。

拉神被稱爲是地平線上的赫魯斯，化身是聖甲蟲，常以頭戴飾有聖蛇烏拉埃烏斯（Uraeus）的太陽圓盤冠的男人或頭戴同樣冠的獵鷹首男人身形象出現，象徵著太陽的光輝。赫魯斯和拉神都顯示了古埃及人對創造之源——太陽的崇拜。

每個民族都擁有自己的神話體系，神話是民族最古老的文學體系作品。正如中國盤古開天闢地、女媧摶土造人的神話一樣，世界的誕生以及人類的起源也是古埃及神話的主要話題。而古埃及神話中的造物主正是太陽神拉。據說，世界最初混沌一片，沒有生命，只有一片汪洋大海，叫做聖水努（Nu）。有一天，一朵蓮花托著一輪紅日冒出水面，冉冉升起，太陽神「拉」現形了。從此，天地從海平面分開。拉神「吐出舒，咳出特芙努」，就這樣，拉神家族中又誕生了兩位神祇——風神舒和他的妻子雨神特芙努。此外，拉神還有三對後代，即地神蓋伯和蒼穹之神努特，奧西里斯和伊西絲以及塞特和尼芙蒂斯。雙方從誕生之日起就不斷進行著善與惡的鬥爭。

拉神的眼淚流到地上，人類從此出現，所以在一些古埃及文獻上可以看到他們經常用「拉的淚水」來指代人類。拉神每日乘坐太陽船四處巡遊，監視人類的行爲，以防出現動亂，並向其傳授一些知識，如造房、種地、織布等等。拉神擁有無邊的法力，而他的力量和祕密就在蘊藏在他變幻莫測的名字之中。拉神早晨時被稱爲阿頓（Atom），代表旭日初升的太陽神，外形爲甲蟲或甲蟲頭人身；中午時步入中年，稱爲拉，外形爲人身隼頭，頭頂日盤；到了晚上變成老人，又被稱爲阿特姆（Atum），象徵落日，通常以黑公牛莫努爾（Mnewer）的形象出現，他的外形是蛇、蜥蜴、甲蟲、獅子、公牛的綜合體。拉神晚上乘船遊歷陰間時，又被稱爲奧夫．拉（auf ra）或埃弗．拉（efu ra）。

但這些都只是人們對他的稱呼，拉神自誕生之日起，他的名字就只有他一個人知道，而別人都一無所知。但這一祕密被其聰明的女兒伊西絲所知曉，善於觀察的伊西絲發現，拉神的口水具有神奇的功效。於是，她乘機將沾有拉神口水的泥土捏成眼鏡蛇，眼鏡蛇憑藉拉神的力量馬上就活了。伊西絲將牠放在拉神每天必經的路上，當拉神經過時，蛇咬完拉神後就立即消失，而毒液注入了拉體內，從此，拉神日夜飽受毒液的困擾，痛不欲生。但他並沒有創造眼鏡蛇，因此對毒液一無所知。

當眾神將醫術高明的伊西絲請來時，伊西絲偷偷對拉神說出了她的眞實意圖，「告訴我您的祕密名字，我將幫您趕走痛苦。」年邁的拉神無法忍受這種折磨，逼不得已將自己的祕密名字傳入伊西絲心中。從此伊西絲成爲最強大的女神，成爲了命運的主宰。而拉恢復了平靜的生活，白天他高高在上，橫跨天空；晚上，他乘著小船遊走在危機四伏的冥界……。

太陽神阿蒙與阿頓

古埃及信奉的神祇總是隨著政治中心的轉移而變化，但太陽神始終是創造之神，位於最高地位。到了中王國時期，底比斯成爲古埃及的政治中心，其地方神阿蒙地位逐漸上升，新王國時期，阿蒙神與太陽神拉合爲一體，形成新的神祇「阿蒙—拉」，繼承了拉的一切神性，被奉爲全埃及的萬神之神。新王國時期所稱的阿蒙已不是當初的地方神，而是與太陽神拉結合後的「阿蒙—拉」。阿蒙神不像拉神那樣富有濃厚的神話色彩。

此外，源於古埃及南方的母神穆特（Mut）是阿蒙的妻子，阿蒙的兒子

西元前一千三百年的古埃及陵墓壁畫，描繪的是古埃及至高無上的太陽神拉。

是孔斯（Chons），三者構成底比斯三柱神。

阿蒙神通常被描繪成人形，頭戴一個頭箍，頭箍上筆直地伸出兩根平行羽飾，手持一根權杖，象徵著男人的氣概。有時也被描繪成青蛙頭或眼鏡蛇頭，公羊和雌鵝是他的神獸。法老以阿蒙的代言人自居，認爲自己具有神的特性和神的名字。法老們把自己的一切勝利都歸功於阿蒙。

第十八王朝時，阿蒙神廟祭司的勢力不斷增長，不僅擁有雄厚的財富，而且左右政事，嚴重威脅到法老的統治。法老阿蒙霍特普四世（Thutmose IV）決定實行宗教改革，實行一神論，禁止崇拜阿蒙神，將阿頓神奉爲至高無上的太陽神。阿頓原本只是太陽圓盤的象徵，新王國時代被神格化。它和其他神不同，阿頓不具有人或獸的形象，而是一個紅色日盤，從圓盤射出的光線降到人的手上。

阿蒙霍特普四世爲了消除阿蒙神的影響可謂用心良苦，他下令抹去紀念物上阿蒙的名字，並把自己的名字改爲易克那頓（Akhnaton），意爲「阿頓光輝的靈魂」，賜予王后以娜芙蒂蒂（Nefertiti）之名，意爲「美中之美是阿頓」。此外，他還將都城遷至阿馬納（Armana），並大力興建阿頓神廟宇，雕刻阿頓神像，創作歌頌阿頓和易克那頓的不朽詩篇如《阿頓頌詩》等。

然而，阿蒙神廟的地位早已確立，神廟祭司的勢力非常強大，因此易克那頓死後不久，改革就被廢除，其子圖坦阿頓（意思是「阿頓的鮮活形象」）繼承王位時，被迫改名爲圖坦卡蒙（意思是「阿蒙的鮮活形象」）。

對阿頓的崇拜只是曇花一現，阿蒙神擊敗阿頓神重返宗教舞臺，太陽的光輝繼續灑向輝煌的沙漠宮殿，輝映出法老的神聖面容。

古埃及崇拜阿頓浮雕

描繪法老易克那頓及其妻女向太陽神阿頓行效忠儀式。

輝煌的神殿——卡納克神廟與路克索神廟

吉薩的獅身人面像舉世聞名，然而獅身羊面像就鮮為人知了。為何兇猛的獅子身上放置著溫順的羊頭呢？原來，新王國時期，人們廣泛信奉阿蒙神，而公羊接受阿蒙神的神力，威力無比，因此獅身依然象徵威嚴、力量和王權，而羊頭則代表阿蒙神。獅身羊面像最集中的地方，當然要數古埃及人為祭拜阿蒙神修建的兩座神廟——卡納克神廟和路克索神廟。

神廟的建造

到了新王國時期，太陽神廟代替陵墓成爲法老崇拜的紀念性建築物，佔據了最重要的地位。當時社會盛行侍奉阿蒙神，法老們把自己的一切勝利都歸功於阿蒙，並將自己稱爲阿蒙的兒子，開始在底比斯爲阿蒙神大興土木。祭司是最富有、最有實力的貴族之一，因爲法老把大量的財富和奴隸都送給了神廟。

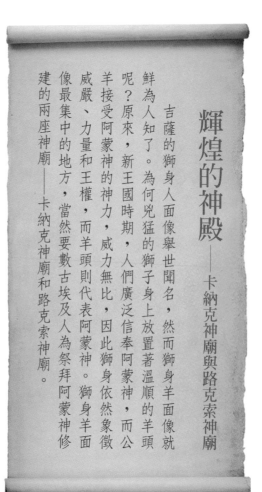

古埃及的神廟分布很廣泛，而尼羅河東岸的卡納克神廟和路克索神廟則是神廟中的精品。他們是新王國時期智慧的古埃及人民爲世界留下的一筆文化財富，凝聚著埃及建築藝術的精華。古埃及人常說：「沒有去過路克索就等於沒有到過埃及。」顯示出神廟在埃及文明歷史中的重要地位。

卡納克神廟浮雕

卡納克神廟

卡納克神廟位於「百門之都」路克索以北五公里處，是古埃及帝國遺留的最壯觀的神廟。神廟共分爲三個部分：供奉底比斯主神太陽神阿蒙的阿蒙神廟，供奉阿蒙妻子戰爭女神穆特的神廟以及孟修（Monthu）神廟。阿蒙神廟佔地二四．二八公頃，總長三三六公尺，寬一一〇公尺。卡納克神廟最早建於中王國時期，新王國第十八王朝時進行擴建，後代歷朝都有所修葺。新王朝的法老為了顯示對神靈的虔誠，都會增修卡納克神廟。因此，到新王國末期時，卡納克神廟已擁有十座門樓了，這是一般廟宇遠不能及的，一般廟宇只有一座門樓而已。

鳥瞰全廟，大致呈梯形，六座層樓先後重疊。廟中最主要的建築就是大柱廳，最大的大柱廳有一百三十四根圓形巨柱，由第十九王朝的拉美西斯一世（Ramses I）、塞提一世和拉美西斯二世三代法老共同打造，每一根柱子都象徵著法老的威嚴。柱頂呈紙莎草花狀，「盛開」的紙莎草花大圓柱頂可以站立一百餘人。這種大圓柱和軸線式設計影響了古希臘建築和世界建築。廟內的柱壁和牆垣的浮雕和壁畫記載著古埃及的神話傳說與人們日常生活的內容。

殿內石柱如林，站在大廳中央，四面豎立著巨大的石柱，遮擋著人們的視線，給人造成一種神祕而又幽深的感覺。這種感覺正好迎合了法老們「王權神化」的需要，這也就是卡納克阿蒙神廟藝術構思的基點。在門樓和柱廳圓柱上有豐富的浮雕和彩畫，有戰爭的慘烈，有田園生活的幸福，有神祇與法老的互動……。

約西元前一五六七年，新王國

卡納克神廟巨柱

的法老和臣民每天早晨都要到卡納克神廟前迎接太陽升起，感受太陽神的恩澤，祈禱生活富足、國家富強。清晨，阿蒙的光芒爬過高大的塔門，染紅大柱廳「盛開」的紙莎草花大圓柱，投射到拉美西斯三世的神殿上，彷彿傳達著「他就是我的化身，請臣服於他的統治」之意。

稍後，陽光灑向卡納克神廟大門前整齊排列著獅身羊面像，這一尊尊阿蒙神的化身也接受著神的庇佑。在每年一次的奧佩特節（Opet Festival）上，祭司們手捧祭品穿過夾雜著金箔或銀箔石板的公羊甬道，邁向路克索神廟。

路克索神廟的柱廊廟

路克索神廟坐落在尼羅河東岸，由塔門、庭院、柱廳、方尖碑和諸神殿構成。

路克索神廟

路克索距卡納克神廟不到三公里，是古埃及第十八王朝的法老（西元前一三九八年至西元前一三六一年在位）阿蒙諾菲斯三世（Amenophis III）為祭奉太陽神阿蒙、他的妻子穆特及兒子蘇特所修建。路克索神廟的大部分工程都是由阿蒙諾菲斯三世完成，後經拉美西斯二世擴建，並在塔門兩側放置了六尊自己的巨石雕像。其中靠塔門兩側的兩尊高達十四公尺，但是可惜的是現在只剩下兩尊雕像了。

神廟長二百六十二公尺，寬五十六公尺，佔地三十一公頃，主要建築包括塔門、柱廳、庭院、神殿以及方尖碑。塔門是神廟的入口，塔門上刻著阿蒙諾菲斯三世法老和拉美西斯二世國王的名字，同時還描繪一些戰爭勝利場景和節日盛況。通過塔門就進入了阿蒙諾菲斯三世的柱廊，透過殘存的遺跡，人們可以看到阿蒙諾菲斯三世法老由神引導步入神殿的情景。向東行走，可以看到一個小型的禮拜堂，牆壁上的浮雕展現了阿蒙太陽神和穆特女王象徵性結婚的畫面。

卡納克神殿前的方尖碑

古人無法解釋一些自然現象，都認爲這是神的力量，將其供奉在神廟裡加以膜拜。古埃及人將太陽的東昇西落看成人由生到死的軌跡，因此以尼羅河爲界，分爲東西兩岸，東岸爲世俗社會，西岸則是亡靈的安息地。然而，古埃及人認爲神祇是保佑人們的現實生活的，因此他們將法老的陵墓放置在尼羅河西岸，卻把神廟和世俗社會聯繫起來，構建在尼羅河東岸。在每年的奧佩特節上，阿蒙神一家在法老和祭司的陪同下，從卡納克神廟出發分乘四條船，與妻兒相會，神船護送隊則沿著公羊甬道浩浩蕩蕩地向路克索神廟進發。「聖船」一到路克索神廟，便開始烹牛宰羊，爲神祇一家團聚而熱情歡呼。

在節日結束時，這些場景都被雕刻在路克索神廟的牆壁上，永恆地留在人間。

方尖碑

與卡納克神廟和路克索神廟融爲一體，祭拜太陽神的就是古埃及的另一件傑作——方尖碑。起先，佇立在神廟面前的是石柱，後來發展爲方尖碑。方尖碑顧名思義，由下而上逐漸縮小，頂端成方尖狀。古埃及人爲了顯示方尖碑的神聖，在碑體外層包裹一層金、銅或金銀合金，使其在陽光下閃閃發光，象徵太陽的光芒。而矗立方尖碑主要是爲了顯示了古埃及帝國強有力的權威，在大赦之年或戰爭勝利之時，法老們都會在神廟和王宮大門兩側豎立方尖碑。

路克索神廟原有兩塊巨大的方尖碑，其中一座被穆罕默德·阿里（Muhammad Ali）送給了法國，現位於巴黎協和廣場。方尖碑基座四周繪有方尖碑製造、搬運的過程。開鑿和豎立方尖碑是一項艱巨工程，它由埃及亞斯文地區的花崗岩雕成，一碑一石，從亞斯文運到底比斯，費時七個月。路克索現存的方尖碑高二十五公尺。

卡納克神廟前後共有兩塊方尖碑，都是古埃及女法老哈特謝普蘇特（Hatshepsut）在位時期所立。其中一座方尖碑已經因爲風沙的侵蝕而斷裂倒塌，現在依然矗立的方尖碑是現在埃及境內最高的一座，高二十九公尺。哈特謝普蘇特建立方尖碑主要是爲了顯示自己繼承王位是合法的。哈特謝普蘇特廢黜圖特摩斯三世，自己當政，當時古埃及人還是認爲女子不能當法老。迫於世俗壓力，爲了名正言順，她將自己稱爲阿蒙神的兒女，並從亞斯文運來石料製成當時埃及最大最高的兩座方尖碑，還在表面鍍上了全世界最好的金子，以顯示阿蒙的光輝。

然而，圖特摩斯三世也是一代明君，二十二年後他依賴神廟祭司集團的勢力，發動政變重新奪回了王位，哈特謝普蘇特從此不知去向，絕大多數有關她的紀錄都在當時被刻意銷毀了。爲何這座方尖碑不僅沒被銷毀，而且在歷經三千多年後，依舊沒有被風化、被破壞，幾乎完好無損呢？原來是因爲圖特摩斯三世的做法適得其反，他本以爲用高牆將碑底擋住，只露出上面歌頌阿蒙神的文字就可以讓人們遺忘這一段錯綜複雜的宮廷鬥爭。

卡納克神廟中圖特摩斯三世祭殿建築。

衆神在人間的僕人——祭司

祭司，這是個讓法老又倚重又痛恨的勢力。為了宣傳自己的神性，使百姓完全順從自己的統治，法老們必須依靠祭司的宣傳，事實上，古埃及每個角落都洋溢著神性；而隨著祭司權力的日益壯大，到了足可與法老比肩的時候，祭司的觸角已然伸向了法老寶座。

神的僕人

古埃及人認爲神在人間是有其居所的，他們爲神在埃及各地建造廟宇，由法老親自主持重大祭祀儀式。不過，考慮到法老分身乏術，不能親臨所有祭祀現場，法老便選派稱職人選代爲向衆神獻祭。就這樣，古埃及的祭司勢力逐漸形成。

這串項鏈由十九隻蜥蜴和與其相間的水滴狀垂飾、紅玉髓珠、天青石墜子、紅玉髓罌粟形墜子組合而成。蜥蜴有喜愛陽光、斷尾重生的特性，因此被作為太陽神阿蒙的化身和重生的象徵。

祭司在古埃及意爲「神的僕人」，他們分散在各地的神廟裡爲神服務，一旦所侍奉之神上升爲國家主神，其最高祭司則一躍而爲全國最富有和最有實權的祭司。當底比斯成爲上下埃及的首都時，原本僅爲地域神的阿蒙被推上國家主神的寶座，他的最高祭司也便擁有了最大數量的屬下，並因其財力和權力的激增而漸使法老寢食難安起來。

祭司內部等級明顯，制度森嚴。有著「第一先知」美譽的最高祭司由法老親自委任，是法老神威的唯一代表。在神廟內，只有最高祭司和他身邊的高級祭司們才有接近神像的榮幸。最高祭司一般爲年長的男性智者，他不僅要管理神廟事務，主持占卜儀式和其他典禮，還作爲法老的顧問爲一國之君獻策。

高級祭司以下是爲數衆多的低級祭司，這些人通常身懷一技，各司其職。肩膀上披著豹皮的殯葬僧侶負責主持葬禮儀式；接引僧侶則必須一字不差地誦讀經卷上的文字，以使這些具有魔力的經文順利傳達到神的耳朵裡；僧侶爲重大節日擇良辰選吉日，並且告訴人們何時開始播種、尼羅河

這套微型祭器用品出自某位大祭司之墓。用銅鍛製而成，桌上刻有象形文字和銘文。所有這些物品都用來提供食物給死者享用。

水何時氾濫等等。

事實上，低級僧侶很少是永久任職的，他們一般分成四隊或者五隊，一年中每隔三個月就到神廟裡服務一個月，離開神廟後再繼續以往的世俗工作。他們之中有些人負責接待來此占卜的善男信女，爲他們解夢，幫他們除去惡意巫術的咒語和護身符。有時候，這些祭司也提供醫治病患的服務。另有一群抄寫員僧侶，他們除了要撰寫宗教文章外，還必須抄寫大量經文，這些經文都是極其保密的，一旦洩密，將損害到法老和祭司們的利益，甚至威脅到整個埃及的安全。所以，抄寫員僧侶們常常是在高級祭司的監督下工作的。

儀式中的祭司們

在神廟的入口旁都會有一汪清池，祀神之前，祭司們必須在清池中沐浴，一日四次，不得有絲毫怠慢。祭司們還必須剃掉頭上和身體的毛髮，男性祭司要接受割禮，在祀神前不得近女色，只能吃清淡食物，不能吃魚，因爲古埃及人認爲魚是農民的食物。在清池中沐浴已畢的高級祭司，穿上白色亞麻布長袍，腳穿紙莎草做成的鞋子，在太陽神灑下第一縷陽光時，他步入內殿，來到供奉主神的神龕前，恭恭敬敬地打開龕門，使太陽光線照耀在神像上。

「喚醒」神像後，祭司們開始爲

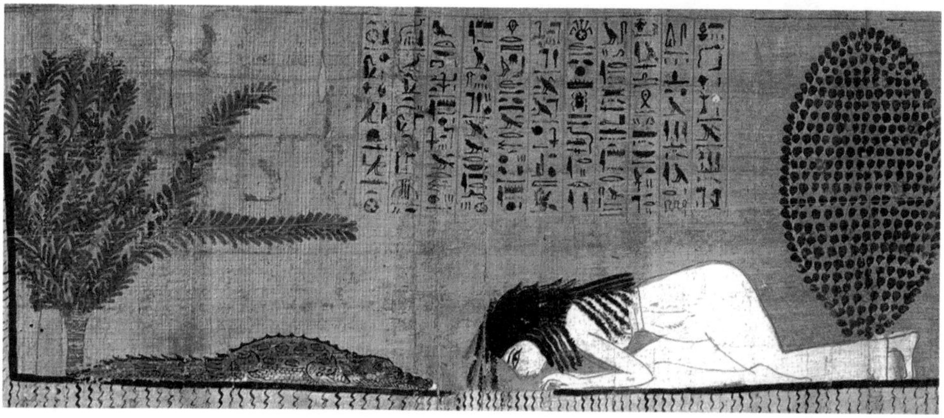

陰間的膜拜

底比斯主神阿蒙的女祭司死後在陰間向代表地神蓋伯的鱷魚膜拜。

神像清洗、更衣、熏香、敷油。當香爐裡的香氣彌漫在殿宇中時，祭司會拿出一面鑲有赫魯斯之眼等聖像的鏡子，讓神祇檢視一番，同時檢查其僕人的工作。接著，祭司們開始爲神獻上祭品，這些祭品多爲牛、羊、鵝、水果、酒等美味佳餚，大多是神廟自己所產，當然還有法老所賜。祭司們一邊虔誠地獻祭，一邊口中唸唸有詞：「這是法老獻給您的食物。」就在神進食時，殿內外響起讚美歌，一切看上去都會使神分外滿意。祀神儀式結束後，高級祭司合上龕門，供物則分發給祭司們。像這樣的祀神儀式，一般要一日三次，因爲古埃及人認爲神祇像凡人一樣需要一日三餐。

神的情人：女祭司

雖然古埃及神廟的高級祭司皆爲男性，但女祭司的地位也並不遜色。女祭司主要負責神廟內的舞蹈和音樂，她們中也有最高女祭司，而且，最高女祭司的任職典禮常有普天同慶的轟動效果。最高女祭司不是別人，正是法老的王后，她常被作爲神的妻子。享有如此禮遇的第一位王后，是第十八王朝的創立者阿赫摩斯一世（Ahmose I）的王后阿赫霍特普，她是第一個獲得了「阿蒙神之妻」的頭銜的人。

祭司干政

阿蒙神在古埃及的地位日益鞏固，阿蒙神廟最高祭司的權勢扶搖直上。尤其當法老們有意與祭司集團聯手，以對付仍在蠢蠢欲動的地方權貴勢力時，法老們便頻繁地賞賜神廟土地和財物。新王國的前幾朝法老大都好戰，每次得勝歸來，他們都會賞給神廟大量奴隸和其他戰利品。這樣的

圖為埃及阿比多斯（Abydos）塞提神廟中的浮雕，內容為埃及第十九王朝第二代法老塞提一世和拉美西斯王子父子二人凝視著牆上的法老王名表。這個王名表已經把易克那頓和哈賽普蘇特的名字剔除了，因為他們不遵從埃及的傳統。

大力扶植攏絡，再加上平日裡善男信女的饋贈，神廟的經濟力量蒸蒸日上。終於，阿蒙最高祭司的手開始伸向王位了。

第二十王王朝時，最高祭司一手遮天，法老之位名存實亡。在卡納克神廟的浮雕上，拉美西斯九世（Ramses IX）正在贈予阿蒙神廟最高祭司禮物，本來在古埃及君臣有別的等級制度下，藝術品上的法老要在身體比例上大於臣子，但是這幅浮雕中，最高祭司竟然有著與法老同等的比例大小——祭司的實力及野心昭然若揭。

到了拉美西斯十一世（Ramses XI）時，阿蒙最高祭司、埃及軍隊領導人赫利霍爾（Herihor）更是明目張膽地將法老玩弄於股掌之間，以至於法老直到即位第十九年才行使國王權力。將國家經濟、行政和軍事大權握於手中的赫利霍爾，最終越過法老篡奪了國家最高權力，他強行佔有了一位國王的徽章，如此一來，他的名字便被刻進橢圓形的王名圈內，他的身影也與卡納克神廟裡的阿蒙神像列在一起。

赫利霍爾死後，他的兒子皮努傑姆（Pinudjem）繼承了最高祭司職位，並娶第二十一王朝創立者的女兒爲妻，堂而皇之地接受皇室頭銜，登基成爲法老皮努傑姆一世。前前後後，底比斯的祭司們干政達四百年之久。

就在祭司干政期間，法老們不是沒有採取措施，最爲有名的要數阿蒙霍特普四世，也即易克那頓。他廢除以往的宗教制度而奉行一神制，推阿頓神爲國家唯一神。怎奈當時祭司集團財大勢大，不是一屆法老改革便能撼動的，尤其當祭司集團與地方權貴們聯合在一起，再加上屬國紛紛獨立，拒絕向古埃及納貢，這外憂內患終使易克那頓戴著「罪名」和「罵名」離世。他一死，阿蒙神很快便被迎回主神殿，一切又恢復如初。

印何闐

印何闐（Im-hotep，又譯爲伊姆霍德布），是約西元前二九八〇年埃及法老左瑟的御醫和大臣。印何闐曾擔任宰相、大法官、農業大臣以及建築總監。同時他還是赫利奧波利斯（Heliopolis）太陽神大祭司。他出身平民，因智慧過人，學識淵博，受到法老的破格重用。他在整個法老時代受到崇拜，死後被尊爲神，名號刻在左瑟法老雕像的基座上。據說，他是埃及醫學的奠基人，後來便被奉爲神，成爲醫學的祖師爺。他被譽爲歷史上第一位留下姓名的建築師與醫師，被奉爲醫學之神，據說他還是左瑟法老的金字塔的設計者。

不敗的戰神——圖特摩斯三世

他就是這樣一位帝王：幼年即位，卻生活在後母的陰影之下；實權在握後，他的光芒立刻像太陽一般照亮了整個埃及。他南征北伐，每戰必勝。在滾滾的馬蹄聲中，他將埃及的邊界推向遠方。他就是被譽為「古埃及的拿破崙」、「不敗戰神」的偉大帝王——圖特摩斯三世。

鋒芒初露

從第十三王朝起，古埃及進入了第二中間期。來自西亞的希克索斯人在此期間入侵埃及，使埃及變得四分五裂，局勢動盪不安。第十七王朝末期，國王卡莫西斯（Kamosis）開始領導人民反抗希克索斯人的入侵。在古埃及民眾的共同努力之下，反抗希克索斯人的戰爭取得了重大勝利。直到卡美斯的兄弟雅赫摩斯（Ahmose）時期，才最終將希克索斯人逐出古埃及，雅赫摩斯建立了第十八王朝，使埃及重新獲得了獨立和統一，從此進入古埃及歷史上最強盛的新王國時期。

圖特摩斯三世就是誕生於第十八王朝期間，這是埃及歷史上一段輝煌的歲月。相傳圖特摩斯三世是其父圖特摩斯二世和次妃伊西斯所生，圖特摩斯二世體弱多病，領導能力平庸，而王后哈特謝普蘇特卻精明能幹，野心勃勃，掌握了很大實權。圖特摩斯二世去世後，由於他與王后沒有子嗣，所以法老之位便傳予年幼的圖特摩斯三世，這時他只有十二歲，還是個懵懂少年，國家大權便落於太后哈特謝普蘇特之手。少年時期的圖特摩斯三世遠離政治中心，在底比斯的卡納克神廟度過了大部分光陰，他在祭司的教授之下幾乎學習了所有的知識，包括傳統文化、藝術、軍事、騎

圖特摩斯三世的坐像

這尊雕像反映了古埃及的傳統古典風格，帶著特有的「圖特摩斯微笑」。

射以及領導技能，這些知識為後來圖特摩斯三世取得的光輝勝利打下了堅實的基礎。

約在西元前一四八二年，哈特謝普蘇特突然去世，從此以後，圖特摩斯三世成為古埃及真正的統治者。但在他心中留下的哈特謝普蘇特的陰影並未隨她的去世而消逝，他開始大規模地破壞哈特謝普蘇特的紀念碑，用圖特摩斯一世、二世和自己的名字替換神廟中哈特謝普蘇特的名字，想要將這個曾經讓他恐懼、敵視但又有些崇拜的後母從歷史上完全抹去。

但圖特摩斯三世上臺伊始就面臨著嚴峻的局勢。早在圖特摩斯一世時期，古埃及已侵入南敘利亞，迫使該地的王公臣服於埃及並奉獻貢品。到了哈特謝普蘇特統治時期，他們已有脫離埃及的傾向。同時，位於西亞的米坦尼（Mitanni）王國也開始向西擴張，並支持敘利亞和巴勒斯坦聯合抵制古埃及。就這樣，以敘利亞南部的卡疊什王國（Kadesh）為首的反埃及聯盟逐漸形成。趁著此時埃及正處於政權的新舊交替之際，政局不穩，卡疊什王國率先發難，繼而幾乎所有的敘利亞和巴勒斯坦地區的城市王國都緊隨其後，反叛埃及。這就是當時風起雲湧的西亞局勢。

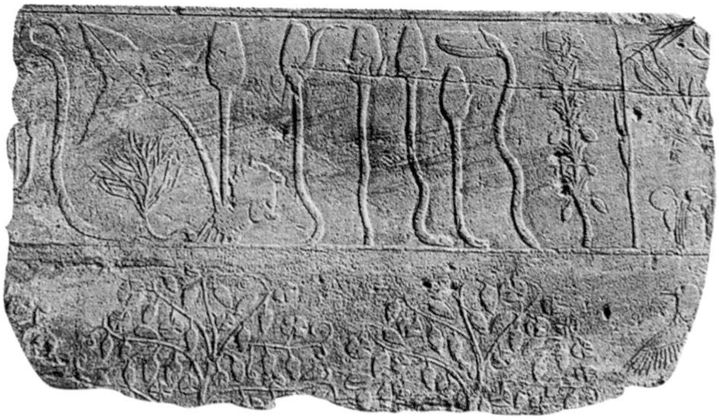

植物學室

卡納克國王神廟的壁畫「植物學室」，上面繪有圖特摩斯三世從敘利亞蒐集到的二百五十六種植物。

在依靠軍隊很快穩定了國內局勢之後，圖特摩斯三世就將打擊的矛頭指向了敘利亞和巴勒斯坦，帶領大軍開始遠征。這時，那些小國的軍隊在卡疊什國王的指揮之下，佔領了位於卡美爾（Carmel）山脈北坡的美吉多（Megiddo）要塞，這一舉動足以封鎖從古埃及通往幼發拉底河的通路。圖特摩斯三世帶領大軍通過美吉多谷地，進入位於美吉多要塞南面的美吉多平原。當圖特摩斯三世下令以戰鬥隊形向前進攻時，卡疊什國王率領的聯軍正在美吉多要塞的城外宿營。圖特摩斯三世將軍隊的一部分部署在琴納（Qinah）河邊南面的一個小山上，而大部分兵力直指美吉多要塞。圖特摩斯三世坐在戰車上，指揮著千軍萬馬，如猛虎下山般衝向了敵軍，勢不可擋。

關於圖特摩斯三世在這次戰役中

的英勇表現，可以在《圖特摩斯三世年代記》（*The Annals of Thutmose III*）中窺見一二：「陛下駕著金銀戰車，配備著自己的戰鬥武器，像常勝者赫魯斯，像威力的戰神主宰一般，像底比斯的蒙特一般，出發了，他的父親阿蒙加強了他的雙手。」這如暴風驟雨，但又出其不意的進攻使敵人猝不及防，防線很快就被擊潰，聯軍紛紛丟盔棄甲，狼狽不堪地逃入美吉多要塞。圖特摩斯三世並沒有立即下令攻城，而是先收拾戰利品，然後開始圍困美吉多城。經過近七個月的圍困，美吉多城終於宣布投降。就這樣，圖特摩斯三世漂亮地完成了他人生中的第一場戰役，初露鋒芒。

功成名就

初次戰役的勝利大大刺激了這位年輕法老的野心，促使他發動了一系列戰果輝煌的遠征。在第六次遠征中，他攻陷了卡疊什城。在第八次遠征時，他將古埃及在西亞的邊界一直推至幼發拉底河。根據《圖特摩斯三世年代記》的記載，「陛下航行幼發拉底河，率領軍隊來到這河以東」並在圖特摩斯一世擴張至此所建的石碑旁又立了一座石碑，以紀念勝利。

越過了幼發拉底河，圖特摩斯三世便直接面對西亞強國米坦尼。兩強相遇，一場激烈的戰鬥在所難免。米坦尼固然實力強大，但如日中天的圖特摩斯三世也絕不是等閒之輩。幾番交戰之後，米坦尼無奈只能俯首稱臣，向埃及獻禮納貢。這一巨大勝利震動了整個西亞，亞述和巴比倫紛紛與古埃及修好，巴比倫甚至還將一位公主送與圖特摩斯三世爲妃。

圖特摩斯三世統治的第四十二年（約西元前一四六二年），由於卡疊什的反叛，圖特摩斯三世發動遠征，再次摧毀了卡疊什城。這是他在統治時期內進行的最後一次遠征。

在掌權的二十年中，圖特摩斯三世一共發動了十七次戰役。在這些戰役中，他每戰必勝，所向披靡。埃及的版圖也在他雄勁的馬蹄聲中不斷擴大，最終領土的北面遠達敘利亞的北端，幼發拉底河畔的卡赫米什（Carchemish）城。

雖然圖特摩斯三世將擴張重點放在了北方，但是他也沒有忘記南面。卡納克神廟的塔門上記載了他在努比亞的戰績，其中提到的地名有一百五十處，與其他資料合起來，總共有四百處之多。雖然考證努比亞的地名十分困難，使得一些地名至今仍不可知，但是我們可以確定，在圖特摩斯三世鐵蹄之下，古埃及此時的南部邊界已到達尼羅河第四瀑布，這是古埃及歷史上版圖最大的時期。

名垂不朽

毋庸置疑，圖特摩斯三世是古埃及歷史上一位傑出的法老，同時他也是一位有作為的軍事家。除了勇敢，他亦有令人欽佩的軍事才能，這一才能在他的第一次戰役中就得到了發揮。在戰前所舉行的軍事會議上，圖特摩斯三世和其他將領在選擇進攻美吉多的路線上出現了分歧。當時圖特摩斯三世力排眾議，選擇了穿越峽谷的充滿艱險的近路，放棄了較為安全的遠路。正是這一英明抉擇，使得成竹在胸的敵人在他面前不堪一擊，初戰的勝利也增強了他對外擴張的信心。他卓越的軍事才能使他無愧於「第一位建立真正意義的帝國的人」、「古埃及的拿破崙」的稱號。

圖特摩斯三世的政治才能也頗為出色。在鞏固新征服地區的統治上，圖特摩斯三世在西亞駐紮精兵，派駐總督對其進行治理，同時也利用當地土著王公進行統治。每征服一地，他就將當地王公的子弟帶往埃及，一方面讓他們作為人質，使那些王國不敢輕易起叛變之心，另一方面也讓他們接受埃及的教育，培養他們對埃及的感情，進而堅固他們的效忠之心。圖特摩斯三世的這一方法後來被世界各地的征服者們廣為使用。

圖特摩斯三世不僅在陸地上取得了多次勝利，而且在海上也雄霸一方。三千多年前，這位聰明的帝王就懂得了制海權的重要性。那時，他的艦隊威震四方，不僅塞浦路斯和克里特島聽命於埃及，就連遠至小亞細亞的西里西亞和愛琴海上的諸島也在很大程度上受到古埃及的影響。

這位偉大帝王的遠征終於使古埃及真正成為一個名副其實的大帝國，在古埃及歷史上寫下了光輝的一筆。他的遠征不僅使大量的財富和奴隸湧進古埃及，促進了這個大帝國的繁榮，同時也傳播了古埃及文明，促進了上古兩亞及北非各文明之間的交流。他的赫赫戰績，他的不朽功業，以及他對古埃及文明的偉大貢獻，都使他的名字永遠在世界歷史上發光發亮。

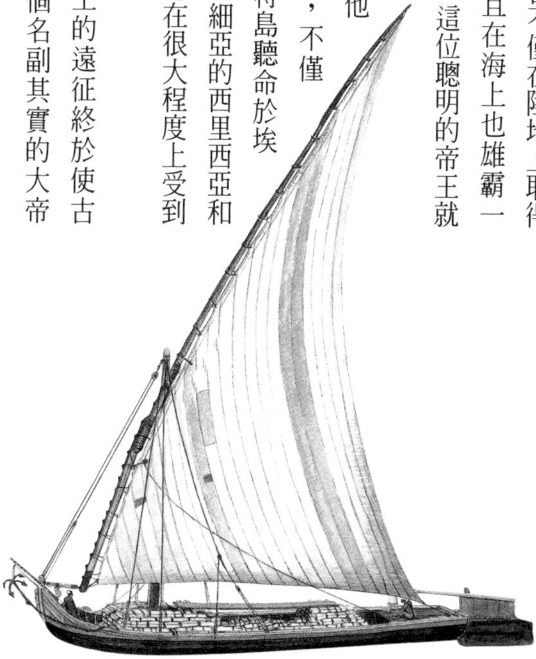

埃及人藉由船的幫助，將領土擴大到了幼發拉底河。

史上最早的宗教改革
——易克那頓一神信仰

在西元前一千四百年的古埃及，當時的國王阿蒙霍特普三世（Amenhotep III）竭力打破多神教的傳統，用帶有一神教特點的新的太陽神——阿頓神代替傳統的具有多神意義的阿蒙神，將加強王權與宗教創新兩者結合起來，雖以失敗告終，卻以世界史上最早的宗教改革而影響深遠。

政治暗潮洶湧

西元前十六世紀，古埃及進入到新王國第十八王朝。第十八王朝是古埃及延續時間最長、版圖最大、國力最鼎盛的一個朝代，到圖特摩斯三世時達到全盛。然而表面上的繁榮卻難以掩飾內部的重重危機，圖特摩斯三世利用阿蒙神廟祭司集團的堅定支持獲得了王位，以後他將自己的各種勝利都歸結爲阿蒙神的保佑，於是將大量的土地、金錢、奴隸等賞賜給阿蒙神廟祭司。

阿蒙神廟集團在經濟和政治上的實力迅速膨脹，甚至開始威脅到王權，他們擁有雄厚的物質財富，常常能左右政事。法老圖特摩斯四世因此改而崇拜一個古老的太陽圓盤神阿頓，他在一次遠征勝利後就將勝利歸結爲阿頓神的保佑而不是阿蒙神。

易克那頓的父親阿蒙霍特普三世即位後，突破了埃及王室血統的限制並且不顧貴族和神廟集團的反對，在當上法老的第二年，就與一個並非來自正統王室的富商的女兒結了婚。他讓一位來自非神廟集團的人當宰相，並在底比斯爲阿頓神修了一座神廟。阿蒙神廟集團也不甘示弱，他們插手王位繼承，試圖阻止阿蒙霍特普四世（易克那頓）即位，以扶持一個自己的傀儡。因此，到了阿蒙霍特普四世（易克那頓）即位的時候，王權與阿蒙神廟集團的衝突已經到了劍拔弩張的地步。

革故創新

易克那頓原名阿蒙霍特普四世，從小聰明伶俐、博覽群書。在成爲法老之前，他就對阿蒙神廟祭司們結黨營私的做法不滿，對祭司們在地方上魚肉鄉里的行爲也早有耳聞。在他即位時，神廟與王權之爭已經到了水火難容的地步，因此他下定決心剷除阿蒙神廟集團的勢力，一場充滿豪情壯志與血雨腥風的改革運動就此展開。

易克那頓首先推出對傳統的拉神的崇拜，然後又下令以阿頓神取代阿蒙神爲全國最高神，命令全體子民一律供奉新神。爲此，他沒收了阿蒙神廟和其他神廟的財產，他命令大批軍隊分頭查抄了底比斯的各大阿蒙神廟，強行把祭司們趕出廟門，許多祭司背著行李離開了多年生活的廟宇，他們對易克那頓恨之入骨。

易克那頓將阿蒙神廟的所有財產都移交給阿頓神廟，並禁止祭司參政。他還將自己的名字由阿蒙霍特普四世（意爲「阿蒙的鍾愛者」）改爲易克那頓（意爲「阿頓光輝的靈魂」）。他去除了所有公共建築物和紀念物上的阿蒙神字樣，要求全國各個城市必須建起至少一座阿頓神廟，各級地方官員要帶頭向阿頓神獻祭、宣誓，永遠忠於英明、偉大的造物主阿頓。同時爲了擺脫阿蒙神廟的控制，他還將首都遷往底比斯以北三百公里的阿馬納。

阿頓頌詞

在阿馬納出土的銘文當中有一篇〈阿頓頌詞〉，考古學家發現這段頌揚唯一眞神「阿頓」的內容與描述方式，與流傳至今的《聖經．詩篇》第一〇四節十分相近。這引起許多埃及史學者將阿蒙霍特普四世的宗教與早期猶太教的聯繫，做出許多可能的假設。這同時代表古埃及的「一神信仰」，應該對於摩西代表的古猶太人信仰有相當巨大的影響。由此可見，文化絕對是彼此互相影響的：你中有我，我中有你，而不是兩塊互不相容的平板岩石。

易克那頓法老雕像

易克那頓是古埃及第十八王朝的國王。從小便博覽群書，滿腹經綸。為了從神廟奪回王權，他進行了埃及歷史上有名的宗教改革，最終卻以慘淡收場。

孤軍奮戰

易克那頓爲了改革而建造了新都，這不是一般的遷都，這是一座全新打造的城市，每一條街道、每一座建築都是新的。易克那頓選了一個良辰吉日，率領滿朝文武浩浩蕩蕩地遷入了新都。然而，易克那頓遷入新宮後便整天沉迷於宗教藝術和宮廷生活中。他疏於政事，統治日益鬆弛。

而易克那頓自己還生活在理想境界之中，他自認爲是阿頓神與人間聯繫的唯一使者，整天待在宮內玩樂。宰相也糾集了一批文人整天寫一些吹捧阿頓神和易克那頓法老的詩歌：「由於您的英明，到處都是一片祥和。」還有「您像阿頓一樣聖明，人們只要遵照您的教導，就會過著幸福的生活。」每當易克那頓聽到這些頌詞時，便十分高興。

古埃及全國雖有一個主神，但各地還有許多五花八門低一級的地方神。各自崇拜，向來是井水不犯河水。一副弓箭、某件木製的雕刻製品、某種石頭都能成爲聖物。土地、河流、雨水、泉水、雷、電則更是他們頂禮膜拜的對象，還有許多鳥獸昆蟲也是崇拜對象，可以說是無處沒有神。而現在卻要靠行政命令將千百年來古埃及人崇拜的其他神靈一掃而光，老百姓們不知所措，都有一種大難臨頭的感覺。爲了修建新都，易克那頓增加了大量稅收並發動了幾十萬工人，建設了包括宏偉的王宮、高官顯貴的住宅以及可與底比斯的阿蒙神廟媲美的阿頓神廟和部隊營房。易克那頓爲新遷來的居民建造了新的房屋，就是爲了讓他們有新的信仰。人民的負擔增加，在改革中又沒有得到任何好處，因而對改革失去了熱情。在祭司們的唆使下，人們又開始向阿蒙神祭祀。城市的長官們也是睜一眼閉一眼了。

在改革進行之時，埃及停止了對外擴張，軍隊得不到戰利品，逐

娜芙蒂蒂

易克那頓法老的王后，具有傾國傾城的美貌，這尊王后頭像一直被後世奉為古埃及最完美的雕像。

漸對改革失去了信心。隨著軍事上的失利，埃及失去了對西亞的控制，各個屬地紛紛獨立或被其他國家吞併，包括擁護易克那頓的人們也對改革失去了信心。隨著軍隊和官僚的分離，人民離心，再加上阿蒙神廟祭司集團的實力根深蒂固和易克那頓自身的問題，改革逐漸進入了停滯。

影響深遠

打壓阿蒙神廟祭司集團，是易克那頓進行改革的主要目的，所以阿蒙神廟的祭司們對易克那頓恨之入骨欲除之而後快。易克那頓在否定阿蒙神的同時，也否定了除阿頓以外的所有其他埃及各地的神靈。反對他的力量卻愈來愈強，他們一直在找機會刺殺易克那頓。有一次，易克那頓和老王后在巡視時，一個青年用短刀行刺了他。雖然失敗了，但影響卻很嚴重。阿蒙神廟的祭司們說這是阿蒙神對法老的警告，易克那頓的倒行逆施必將受到嚴懲。埃及全國上下陷入混亂，易克那頓的王后娜芙蒂蒂勸他停止改革爲阿蒙神廟祭司平反，他卻狠狠地將王后訓斥了一頓，娜芙蒂蒂一怒之下離他而去，並決定永遠不再見他。西元前一三二六年，易克那頓在眾叛親離中去見冥王奧西里斯了。

此後，九歲的圖坦卡蒙即位。在大臣們的強烈要求下，他將首都遷回底比斯，同時爲阿蒙神廟的祭司們徹底平反，歸還他們的財產，改革被徹底葬送了。阿蒙神廟的祭司氣焰一時極其囂張，打擊報復一切支持過改革的人，其財產也被沒收。新都阿馬納被宣布爲「邪惡的地方」，漸漸被人們遺忘，成爲一片廢墟。王權對阿蒙神廟集團的依賴更加嚴重了。

這枚法老易克那頓的印章戒指呈馬鐙形，上面刻有法老易克那頓的封號，還有一句不完整的讚美詞：全埃及都崇拜。

易克那頓法老成爲古埃及歷史上極具爭議性的國王。他頗具膽識的革新，沉重地打擊了阿蒙祭司集團和地方世襲貴族的勢力，加強了中央集權。特別是他率先嘗試揚棄多神信仰，在人類歷史上第一次提出了一神教的思想，成爲後世一神教的濫觴。猶太教的一神論和後來的基督教及伊斯蘭教的一神論思想無不打上了易克那頓宗教改革的烙印，爲世界宗教的發展產生了極其深遠的影響，這是人類有史以來第一次有文字記載的宗教改革運動。

法老的咒語——圖坦卡蒙之謎

他本是位湮沒於歷史塵埃中的法老，既沒有突出的政績，也沒有輝煌的戰功，默默無聞。然而發現於三千多年後的陵墓卻改變了他的命運：保存完好的墓室，令人目眩的珍寶，身帶有傷痕的木乃伊，恐怖的「詛咒」……這一切都使這位法老揚名於世，躋身於最著名的古埃及法老之列。神祕的死亡，撲朔的真相，眾多的謎團等待著人們一一揭曉。

驚世大發現

西元一九二三年對於霍華德・卡特（Howard Carter）來說，是他人生中的輝煌之年。卡特從小時候開始就對古埃及的歷史十分感興趣，他從許多文獻記載和民間傳說中得知，古埃及法老圖坦卡蒙的陵墓中埋藏著很多寶藏，但是這位法老的陵墓卻十分隱蔽，與盜墓者玩著捉迷藏的遊戲。於是，找到這座神祕陵墓便成了卡特心中的一個夢想。從一九〇三年開始，已成爲考古學家的卡特便帶領一支考古隊來到埃及，他們經過十九年漫長的艱苦探尋之後，終於在一九二二年發現了圖坦卡蒙的陵墓。

一九二三年二月十八日，隨著第三道墓門的打開，卡特的夢想也綻放出了絢麗的光彩。保存完好的墓室中不僅有鑲滿珠寶的黃金御座，還有大量的黃金珍寶和一個石棺，石棺內嵌套著三個黃金棺材。考古隊員們屏息凝氣，小心翼翼地打開層層金棺，終於，消失了三千多年的圖坦卡蒙又重新回到了這個世界。棺內的圖坦卡蒙

裝有圖坦卡蒙內臟的金棺

圖坦卡蒙的肝臟、肺、腸子和胃被分裝在四個立著的金棺內。

戴著一副金面具，隨他一同陪葬的還有項圈、護身符等物品。

就這樣，這座三千多年來保存完好的法老陵墓終於重現於世，它的發現不僅在埃及考古史乃至在世界考古史上都具有極重大的意義，而且頃刻之間，這位法老的名字就隨著他身上的謎團一起傳到了世界各處。

圖坦卡蒙的墓室

英年早逝的法老

圖坦卡蒙是古埃及第十八王朝的法老，其父是在古埃及進行宗教改革的易克那頓，其母是一位遠嫁而來的外國公主。前任法老死後，年僅九歲的圖坦卡蒙登上了王位。即位後不久，圖坦卡蒙就和十一歲的安克珊娜門（**Ankhesenamen**）結了婚。

如同大多數幼年帝王的遭遇一樣，圖坦卡蒙的權力也被朝中的兩位大臣——阿伊（**Ay**）和霍倫赫布（**Horemheb**）奪走。在他們的干預之下，易克那頓的宗教改革被廢止了，古埃及的制度又回復到改革以前，全國上下都恢復了對阿蒙神的信仰，帝國首都又遷回了底比斯。

圖坦卡蒙在位約十年，作爲平庸，對外也只發動了幾場對敘利亞和努比亞的零星戰爭；然而這位法老卻在十九歲那年猝然離世。

難解的謎團

歷經千年，圖坦卡蒙的陵墓終於得以重見天日，當考古人員在整理圖坦卡蒙的木乃伊時，一個細小的發現就曾引起了人們的注意：這位年輕法老的面上有一處傷痕。但是由於當時墓中的寶藏所具有的吸引力更大一些，所以這一小問題未能引起人們的重視。然而，隨著考古工作的不斷深入，人們才驚訝地發現，原來隨著圖坦卡蒙一起埋葬的，不僅有他的木乃伊和珍寶，更有許多讓人困惑不解的謎團。

謎團之一：為什麼一位盛世法老的安葬這樣草率？

眾所周知，第十八王朝是古埃及歷史上最興盛的王朝，按照常理，身爲這一王朝法老的圖坦卡蒙應該得到高規格的安葬，他的陵墓也應該是個巨大的寶庫，無奇不有，無所不包。然而發掘出的圖坦卡蒙陵墓中不僅沒有寬大的墓室、精美的壁畫，就連本應豐富的陪葬品都只是一些法老生前所使用過的物品，與他尊貴的身分頗爲不襯。這些反常的發現自然引起了人們的猜測：也許這位年輕法老是被匆匆下葬的，所以他未修葺的墓室才又窄又小，牆上的壁畫才如此粗糙簡陋。

圖坦卡蒙法老的金棺

全長約一百八十三公分。法老右手執君主的節杖，左手握奧西里斯的神鞭，兩手交叉在胸前，前額所鑲的寶石徽章是一條蛇和一隻鷹。整個棺身用赤金鑲裹表面，配嵌以琉璃質石塊和貴重的藍寶石，現藏於開羅博物館。

謎團之二：為什麼圖坦卡蒙的木乃伊竟有腐爛的跡象？

古埃及人聞名於世的，不僅有他們輝煌壯觀的金字塔，還有他們製作精良的木乃伊。古埃及人非常重視死後世界，他們修建金字塔，目的之一就是爲了讓故去的法老們順利進入另一個世界。而他們製作木乃伊，也是爲了保存死者的屍身，好讓回歸的魂靈有所依附。古埃及人製作木乃伊的程序是非常複雜並且考究的，而且依死者的身分不同，製作木乃伊的精細程度也有很大的差異。圖坦卡蒙作爲法老，自然能夠而且應該享受到最高的待遇，使他的屍身能夠盡可能久地保存下去。然而考古學家卻發現，圖坦卡蒙的木乃伊沒有像一般程序那樣經過防腐香料的緩慢浸泡，而是將成桶的防腐香料草草地倒於其上，敷衍了事。粗糙的製作程序，使這位法老的木乃伊出現了腐爛的跡象。到底是什麼原因使得這位法老的木乃伊遭受到如此不堪的待遇呢？有的專家猜測，可能圖坦卡蒙死去得非常突然，使他們來不及對他的屍體進行精細的處理就草草下葬；也有專家解釋說，可能在圖坦卡蒙的木乃伊製作之前，他的屍身就已腐爛。然而，紛紜的猜測並不能給這一疑問找到一個確切的解答，反之，眾多的說法卻使這一謎團變得更加撲朔迷離了。

謎團之三：圖坦卡蒙是被謀殺而慘死的？

專家們在對圖坦卡蒙木乃伊進行X光透視時，意外地發現了他腦中的血塊和被重新對接的頭骨，這一震驚世界的發現使人們對這位法老的死因產生了眾多的猜測。有人認爲圖坦卡蒙是在打獵時不慎墜地，後腦著地而死；也有不少人認爲圖坦卡蒙是被人用短棒猛擊頭部而死。如果圖坦卡蒙真的死於謀殺，那麼誰才是下此毒手的兇手呢？

嫌疑犯一：財政大臣馬亞

馬亞是當時埃及王朝的財政大

圖坦卡蒙法老的黃金面具

這個面具完成於西元前一三五〇年前後，高五十四公分，寬約四十公分，色彩絢麗輝煌，真實地再現了這個年輕法老的容貌，現藏於埃及開羅博物館。

臣，有很多機會可以與圖坦卡蒙接觸。所以馬亞是具備作案時間的。然而據記載，馬亞與圖坦卡蒙感情不錯，沒有作案的動機。因此，財政大臣馬亞可以暫時排除出局。

嫌疑犯二：王后安克珊娜門

雖然王后是圖坦卡蒙的枕邊人，但鑒於謀殺親夫的案例並不在少數，所以安克珊娜門也被列入了嫌疑犯的行列。按理來說，如果安克珊娜門要謀殺圖坦卡蒙，她的目的不外是篡位或扶植繼承人。但是安克珊娜門與圖坦卡蒙並沒有兒子，再加上墓葬中的某些發現證明了她與圖坦卡蒙的感情非常深厚，所以這位王后也可以洗清嫌疑了。

嫌疑犯三：圖坦卡蒙的外祖父、王朝宰相阿伊

雖然阿伊是圖坦卡蒙的外祖父，但是親情有時並不能作爲擋箭牌，宰相阿伊還是難逃被列入嫌疑犯的命運。而且在圖坦卡蒙死後，阿伊確實成爲了下一任法老。這樣看來，似乎阿伊最可能是謀殺法老的兇手。但是謀殺了外孫之後直接登上王位，這樣做不是太明顯了嗎？處事老練的阿伊會犯這種錯誤嗎？看來嫌犯也許並不是這個看上去很有嫌疑的人。

嫌疑犯四：軍隊統帥赫倫西布

其實，赫倫西布才是嫌疑最大的人。首先，作爲軍隊統帥，他有足夠多的機會和圖坦卡蒙「親密接觸」；其次，研究者發現的一封埃及與西臺（Hittite）之間的書信也加重了他的嫌疑；再者，阿伊雖然在圖坦卡蒙之後繼位，但是短短三年之後，阿伊就去世了，隨後登上王位的正是這位赫倫西布。

但是，分析歸分析，畢竟事情已經過去了三千多年，留給世人的證據非常有限，所以到底誰才是這一謀殺案的兇手，恐怕是個石沉大海，難以大白於世的疑問了。

繼續蔓延的迷霧

關於圖坦卡蒙的謎團還遠不止於此：使一個個參加發掘圖坦卡蒙陵墓人離奇死亡的「法老的詛咒」就曾經讓人們驚恐不已；另外，最近發現的圖坦卡蒙木乃伊腿上的骨折痕跡使人們對圖坦卡蒙的死亡原因又多了一種猜測。

總之，要想解開前文所述的這些難解之謎無疑是個艱鉅的任務，但是相信在學者們不懈的努力之下，也許在不久的將來，就能將籠罩在圖坦卡蒙身上的層層迷霧驅散，最終讓全世界清晰地看到這位法老眞實的面容。

法老們的安息之地——帝王谷

在埃及的尼羅河西岸，有這樣一個活人止步的死亡之城。這裡一片荒蕪，寸草不生。誰也沒有想到，就在這些碎石沙土之下，沉睡著許多昔日至尊的法老。他們為避過盜墓者的耳目，心甘情願地躲藏在這個不起眼的山谷之中，安享著死後的平靜歲月。

走進帝王谷

如果要去埃及旅遊，除了要看看壯觀的金字塔外，帝王谷也是不能錯過的觀光勝地。古埃及人認爲，太陽初升的地方象徵著生命，而太陽落下的地方則象徵著死亡。所以，尼羅河西岸就成了眾多靈魂的安息之所，而帝王谷作爲古埃及法老的安享之地也不例外。

帝王谷位於古埃及的心臟地帶，與當時埃及黃金時期的首都和皇宮所在地——底比斯隔河相望。在埃及的新王國之前，法老們的陵墓就是金字塔。雖然金字塔看上去壯觀輝煌，是古埃及法老權力的最佳象徵，但與此同時，它也清晰明瞭地告訴了所有人：這裡有巨大的寶藏。盜墓者們便循著金字塔而來。對寶藏的渴望使他們拋下了恐懼，毅然揮起了手中的工具。新王國的諸位法老可能吸取了前王陵墓被盜的教訓，於是決定選擇一處隱蔽的地方來爲自己修建陵墓。經過法老們和建築師們的精心

圖坦卡蒙墓入口

位於帝王谷中的圖坦卡蒙墓入口。在被認為是已經被掘遍的帝王谷裡面，第十八王朝法老圖坦卡蒙的墓室是一個幸運兒，是迄今發現的唯一未被洗劫一空的古埃及王陵。這個墓之所以能保存得這麼完好，完全得益於其上的拉美西斯六世（Ramses VI）墓吸引了絕大多數盜墓者的視線。

哈特謝普蘇特神廟中的古埃及戰爭場景彩繪。

選擇，但建造曠日費時，於是由帝王谷承擔起此一任務。

從圖特摩斯一世開始，帝王谷作爲皇室陵墓有五百多年之久。這個雄偉的墓葬群裡埋葬著六十多位法老，其中不僅有著名的塞提一世、圖坦卡蒙，也有著名的征服者圖特摩斯三世和拉美西斯二世。

在目前已發掘的法老陵墓中，塞提一世陵墓的墓室是最大的，從入口到最後的墓室，它的水準距離有二百一十公尺，垂直距離有四十五公尺，這個巨大的岩石洞儼然一座地下宮殿，岩洞四壁和天花板上都繪著精美的壁畫，很難想像，這樣華麗的裝飾竟出現在這麼荒涼的山谷中。

陵墓的修造

塞提一世的墓穴爲直線型墓穴，這樣既能節省空間，也能避免在挖掘過程中不慎碰到早期法老的墓穴。塞提一世的墓穴挖掘工程十分成功，它由四個部分組成，即深入岩層的走廊、提供保護的深坑、儲存皇室珍寶的貯藏室和法老的墓室。

墓室挖好之後，接下來就要在四壁和天花板上繪製壁畫。這是墓室修建中一個極爲重要的步驟，因爲壁畫中的文字和圖畫相當於一個個幫助死去的國王往生來世的咒語，所以繪製工作絲毫馬虎不得。繪製壁畫時，畫工們先畫出草圖，確定象形文字和圖畫的具體位置，然後由其上司對照設計圖，對所繪草圖進行仔細檢查，如有錯漏，就用黑色墨水進行修正。確認無誤後，畫工們便正式開始繪畫。畫好的壁畫精細完美，色彩艷麗，畫中的人物和各種神靈栩栩如生。

壁畫完成後，墓穴中還需要最後一樣最重要的東西，即法老的石棺。石棺是法老最後的安息之處，一般由堅硬的花崗岩和石灰岩雕成，外面會鑲嵌黃金作爲裝飾。安置好石棺之後，整個墓穴就算修造完成了。此時的岩洞儼然成了接引死者前往來生的轉運工具。

注定的厄運

雖然法老們爲躲避盜墓賊而選擇了這個荒谷，但是豪華的墓室和其中價值連城的陪葬品還是讓他們的陵墓難逃厄運。法老們當初之所以選擇這個山谷修建陵墓，不僅是因爲這裡荒涼頹落，也因爲這個山谷的有利地形。這裡四周都是懸崖峭壁，只要在高處安排警衛駐守，就能俯瞰整個山谷，將谷中發生的一切收入眼中。於是，法老們在帝王谷墓穴上方的山丘上駐紮了一支「陵墓菁英警衛隊」，他們一刻不停地監視著帝王谷中的風吹草動。然而即使是這樣嚴密的防範措施，也擋不住盜墓者們的腳步。

法老們陵墓中埋藏的寶藏彷彿能透過層層沙土放射出耀眼的光芒一般，吸引著盜墓者們悄然而至。在帝王谷中，爲了便於集中看守，法老們的墓穴位置都是彼此靠近的，未料這一防範措施竟爲盜墓者們提供了方便。他們小心翼翼地躲過谷中安置的警力，將所有在陵墓中能夠找到的珍寶洗劫一空。由於鑲嵌在石棺外面的黃金很難被取下，他們竟然放火焚燒墓室，等到黃金熔化之後再進行搜刮。這種瘋狂的做法不僅毀壞了墓穴中的工藝品，有時就連法老的屍身也不能倖免。

雖然時間漸漸遺忘了這個埋藏著法老們神聖軀體的山谷，但是盜墓者們卻沒有遺忘。他們帶著對財富的渴望和貪婪的慾念，一次又一次地踏足這座山谷，企圖將谷中所有能尋找到的寶物換成金錢。法老們只能和谷中不時掠過的鷹隼以及棲身於洞內的沙狐一起靜靜地注視著他們，發出一聲聲無奈的歎息。

在五百多年的時間裡，帝王谷中的每一個墓穴都逃脫不了被盜的厄運。後來，無奈的祭司們只能將他們所能找到的法老轉移到一個山谷外的小洞穴中。這些法老煞費苦心地爲自己尋找安息之地，豈料最終這只是個美好的願望，沉睡的法老們一次又一次被不速之客打擾。

除了盜墓者以外，遊客們的到來也對墓穴造成了損害。隨著古埃及帝國的衰落，古波斯人、古希臘人、古羅馬人和阿拉伯人先後對埃及進行了統治，在這些外國人中，有很多慕帝王谷之名前來參觀的遊客。他們在參觀完墓穴之後，紛紛在牆壁上留下自己觀看後的感想。各種不同的語言就這樣永遠地留在了美麗的壁畫上，由此所造成的損害可想而知。

但是，這些古代觀光客對墓穴造成的損壞遠比不上自然力量對陵墓造

帝王谷全貌

帝王谷是埋葬古埃及新王國時期第十八到第二十王朝的法老和貴族的一個山谷，坐落在尼羅河西岸的金字塔形山峰庫爾恩（Al-Qurn）之巔。分為東谷和西谷，有六十多個陵墓，大多數重要的陵墓位於東谷。西谷只有一座陵墓向公眾開放：伊特努特・阿伊（圖坦卡蒙的繼任者）的陵墓。

成的破壞。暴雨時常衝下大量的泥沙，不僅損害墓穴，有時還會湧進墓室，沖走雕刻品和工藝品，損毀墓穴中的壁畫。所以在接下來的三千多年裡，一個接一個的墓穴就這樣被沙石掩埋了。

矚目的新發現

雖然帝王谷早已失去了昔日的光輝，但是自十九世紀以來，這裡還是出現了一些舉世矚目的新發現。

十九世紀初，義大利人吉維尼貝索尼（Giovanni Belzoni）來到埃及帝王谷中探險。起初他並沒有什麼發現，直到一八一七年，這位義大利探險家才終於有了驚人的發現——塞提一世墓。雖然墓中的陪葬珍寶已全部被盜走，但是這個巨大的墓室、精美的壁畫還是給了全世界一個驚喜。自此以後，帝王谷掀起了一陣「淘金熱」，世界各國的探險家和考古學家紛紛慕名而至。

時隔不久，一九二三年，英國考古學家卡特在谷中發現了後來聞名於世的圖坦卡蒙陵墓，由於位置隱蔽，這個陵墓終於躲過了盜墓賊們的耳目，成爲谷中目前發現的唯一保存完好的法老陵墓。透過對所發現的陪葬品和圖坦卡蒙木乃伊的研究，一個個謎題隨之產生，至今仍是考古學界研究探索的熱門話題。

但在此之後的數年中，帝王谷中再也沒有什麼重大發現。就在人們以爲帝王谷的祕密已被「榨乾」的時候，一九九五年，埃及考古學家肯特威克（Kent Weeks）重新發現了編號爲 KV5 的墓穴中隱藏的祕密。多年以來，人們一直以爲這個小陵墓中只有六個墓室，但是隨著一道密封門的打開，人們驚訝地發現，這道門後居然藏著一百多個墓室，後面還有一個走廊通向其他法老的墓穴。這一新發現使 KV5 成爲帝王谷中目前爲止所發現的最大陵墓，它所隱藏的祕密還有待人們繼續探索。

二〇〇六年，帝王谷再次傳來好消息，美國考古隊在谷中又發現了一個新陵墓。在這座單室陵墓中有五個木質石棺，石棺狀似人形，外表繪有彩色的安葬面具，周圍環繞有二十個罐子，上面有保存完好的法老封印。據考古學家們判斷，這座陵墓可能不是爲法老建造，而是某位法老的妻子或兒子，或是祭司或法官的陵墓。迄今爲止，墓主人的身分仍未確定。

這個新發現再次向世界表明，帝王谷的神祕面紗依然沒有被完全揭開。可能的新發現還在不斷地吸引著更多的探險者和考古學家前來，由此不難想見，帝王谷中還會有更多震撼世界的祕密被逐一發現。

兩大帝國交鋒——卡疊什之戰

一場爭霸戰後，竟然出現了一個有趣的現象，參戰雙方都聲稱自己是贏家：阿蒙神廟廢墟的牆壁上描述著拉美西斯二世法老英勇殺敵、凱旋的場景；而西臺的編年史中也記載著他們才是戰爭的真正勝利者。這場爭奪敘利亞乃至整個西亞霸權的卡疊什之戰究竟是雙方俱榮，還是兩敗俱傷？

第十八王朝後，古埃及國內政局動盪不安，帝國的美夢也隨圖特摩斯三世的靈柩被安葬進帝王谷中。直到拉美西斯二世即位後，局勢才有所扭轉，古埃及國力逐漸恢復。然而，一直向圖特摩斯三世的大帝國俯首稱臣的西臺人擊潰了強盛的米坦尼王國，也形成了統一的強大帝國；一場爭奪敘利亞乃至整個西亞霸權的戰爭蓄勢待發……。

逐鹿雙雄，恩怨難了

被稱爲「古埃及的拿破崙」的圖特摩斯三世憑藉強大軍事力量南征北戰，埃及的版圖擴展到巴勒斯坦、敘利亞、腓尼基和努比亞，形成地跨亞非的強大帝國。易克那頓時期，西臺爲了集中力量消滅米坦尼，曾與埃及結爲盟友。西臺在擴張過程中，起先只攻打米坦尼的屬國，對烏伽里特（Ugarit）、腓尼基各邦，以及阿穆路（Amurru）等埃及的屬國則敬而遠之。米坦尼被攻克後，西臺和埃及以奧倫特（Orante）河爲界劃定了各自的疆域。然而，古埃及日漸衰落，西臺卻逐步崛起，這一實力對比變化勢必導致兩國邊界的重新劃分。

這時，敘利亞一些小國爲了擺脫埃及的控制組成反埃及同盟，並企圖拉攏古埃及的姻親——烏加里特。烏加里特國王向西臺發出求救信，國王蘇皮盧利烏瑪斯（Suppiluliumas）迅速利用此機會進駐烏加里特，將其納入自己的勢力範圍，並繼續南下吞併了原本屬於古埃及的小國家。西臺逐步控制了南至大馬士革的整個敘利亞地區，沉重打擊了埃及在這一地區的既得利益。而此時，古埃及正忙於國家內部的宗教鬥爭，軍事力量薄弱，無暇東顧，只得任由西臺發展。

古埃及沉寂多年後，終於在西元

拉美西斯二世巨像

這位埃及最有名的大法老，在位六十多年，共有一百多個子女。

前一三〇四年出現了一位有抱負的法老——拉美西斯二世，他決定與西臺一爭高低，恢復埃及在敘利亞地區的統治地位。西元前一千四百年末期，拉美西斯二世率軍約二萬人、戰車二千輛組成四支分隊，分別命名為「阿蒙神」、「拉神」、「普塔赫神」（Ptah）、「塞特神」，另加約一萬人的僱傭軍向敘利亞進軍，企圖憑藉神的庇佑一舉奪取西臺軍隊在該地的主要軍事要塞卡疊什（今泰勒奈比曼德，位於敘利亞霍姆斯城Hims附近），進而北上，恢復對整個敘利亞的統治。

軍事要塞，一決雌雄

古埃及如此興師動眾，西臺當然不會坐以待斃。西臺獲悉埃及遠征的情報後，立即召開會議，決定誘敵深入，然後一舉粉碎古埃及北上的計劃。西臺集結二萬多名士兵，二千五百輛戰車隱蔽在卡疊什以北。駐紮在卡疊什就意味著佔據了地理優勢，因為卡疊什位於奧倫特河上游西岸高崗上，地勢險要。西臺軍不僅可以居高臨下，控制河谷，而且可以在不被發現的情況下觀察敵軍動態。

雙方實力基本相當，接下來就是策略的較量。西臺不僅佔據了有利地形，計謀上也略高一籌。西臺王穆瓦塔利斯（Muwatallis）設好埋伏後，就立即放出兩名士兵當誘餌。古埃及軍隊輕而易舉就俘獲了這兩名「叛逃者」，拉美西斯二世更加得意。在審問後得知卡疊什守軍士氣低落，力量薄弱，敘利亞諸王公都願意歸順法老，而西臺主力尚遠在卡疊什以北百里之外的哈爾帕（Harappa）時，拉美西斯二世樂昏了，就一頭栽進穆瓦塔利斯的圈套。

當時埃及四支軍團的情況是：阿蒙軍團衝鋒在前，拉軍團、普塔赫軍團居後跟進，塞特軍團由於行動遲緩，尚滯留在阿穆路地區。拉美西斯二世認為機不可失，直接先帶著阿蒙軍團渡過奧倫特河，並在卡疊什西北地區紮營，此時穆瓦塔利斯已悄悄地把軍隊調到了城東，將阿蒙大軍團團包圍。

拉美西斯二世戰爭圖

與西臺人的戰鬥使得拉美西斯二世一戰成名，他本人跳上黃金戰車的形象也被四處刻畫。

就在拉美西斯二世自認爲勝利在望時，埃及哨兵又俘獲了兩個西臺偵察兵，這次當然不再是西臺軍隊放出的誘餌。得知西臺主力原來就埋伏在附近，拉美西斯二世嚇得魂飛魄散，他立即催促拉軍團和普塔赫軍團趕來救援。然而爲時已晚，當拉軍團到達卡疊什以南的叢林時，埋伏在此處的西臺戰車猛攻其側翼。接著西臺又以二千五百輛戰車攻擊阿蒙軍團，阿蒙軍團反應不及，被西臺軍猛攻，拉美西斯二世也陷入重圍之中。如此順利的反攻不僅得益於穆瓦塔利斯的計謀，也應歸功於西臺的戰車裝備。在此戰中，西臺戰車兵是主要軍事力量，貴族均編入戰車隊。而戰車製造技術也有了飛躍，他們把車輪從車廂後面移至中間，增加了其穩定性。戰車爲雙馬牽引，比埃及戰車要大，埃及戰車一般只有兩個人，而西臺戰車上有馭手、持盾兵、裝備弓箭和標槍的戰士三人，大大提高了戰鬥力。

落入這種窘境，無助的拉美西斯二世只有祈求阿蒙神的庇佑，連保命絕招戰獅都被放出來「保駕」，但西臺包圍圈太大，埃及軍隊還是無法突圍，形勢對埃及非常不利。關鍵時刻，先前滯留在阿穆路地區的塞特軍團終於飛速趕到，從側方後猛攻西臺軍隊，形勢出現了轉機。普塔赫軍團和拉軍團殘隊也陸續趕到，埃及軍隊重整旗鼓，分三線配置進行攻擊，一線爲衝鋒的戰車兵；二線爲重裝步兵，手持盾牌長矛，密集向前推進，戰車兵在兩翼保護；三線作爲後衛或追擊；同時輕弓箭手穿插在一、二線間射箭擾亂敵人陣線。西臺王也增派了一千輛戰車，並令八千名要塞軍予以配合。雙方勢均力敵，損失都不小，勝負未分。到了晚上，穆瓦塔利斯眼看勝利無望，決定退守要塞。而遭到慘重損失的拉美西斯二世也不得不向南撤退。一場爭霸戰無果而終，雙方退回後都沾沾自喜，聲稱自己是戰爭的勝利者，埃及在阿蒙神廟廢墟的牆壁上描述著拉美西斯二世法老英勇殺敵、凱旋的場景；而西臺的編年史中記載著他們打敗了埃及。

殊不知就在西臺和古埃及爭霸時，另一個國家亞述已在悄然崛起，最終，亞述帝國征服了西臺，並將尼羅河流域納入了版圖。

勝負未分，握手言歡

一決雌雄的卡疊什之戰並未使得西臺和埃及分出勝負，雙方都損失慘重，之後的十六年，雙方展開了拉鋸戰。埃及採取穩進策略，而西臺固守城堡，雙方互有勝負，又都不肯罷休。連年戰火，使西臺大傷元氣，埃及也被戰爭拖得疲憊不堪。約西元前一二六九年，繼承兄長王位的西臺新國王哈圖西利斯（Hattusilis）無法忍受亞述的威脅，向埃及提出締結和約的要求，並派出使者帶著銀板上的和議草案拜見拉美西斯二世。拉美西斯二世對議和一事也是求之不得，迅速以此爲基礎草擬了自己的方案寄給西臺國王。這是透過「外交」途徑解決戰爭衝突的第一個實例，而這份銀板和約也就成爲人類有史以來第一個和平條約。

就目前考古發現來看，此條約有兩個版本，一個是古埃及象形文字版，刻在卡納克的石柱大廳牆上，另一個是巴比倫楔形文字版，刻在西臺首都哈圖薩（Hattusa）廢墟出土的黏土板上。條約劃分了西臺和埃及的勢力範圍，敘利亞大部分地區歸西臺所有，包括卡疊什、阿穆路、烏加里特及其南部沿海鄰邦，埃及的領土則向地中海北部推進；雙方停止戰爭，保持友好的兄弟關係並共同防禦敵人的入侵；對於對方國家的逃亡者不得接納，而應遣送回本國。不僅如此，雙方還透過和親保證同盟關係，此條約簽訂後，兩國一直相安無事。

曾經爲霸權發動戰爭的西臺和古埃及，爲避免被另一個正在崛起的帝國征服，最終不得不採取聯盟的方式防禦外國入侵。但兩國的衰落已是一種趨勢，西臺在東部的亞述王國，以及西部的「海上民族」的衝擊下，國力迅速衰落。對古埃及而言，盛極一時的拉美西斯二世時代只不過是迴光返照而已，卡疊什之戰後，古埃及遭受著東面的「海上民族」和西面的利比亞人的雙面入侵，到第二十五王朝，終爲亞述帝國所征服。

社會百態——古埃及人的生活

金字塔、木乃伊、獅身人面像……古埃及的一個個未解之謎撥動著人們的好奇心。隨著考古發掘和對墓室壁畫的研究，古埃及的神祕面紗層層被揭開，一幅幅真實的生活畫面浮現在人們眼前，它究竟是遙不可及的神祕國度，火星人的外來文明，還是一個高度發展的文明國家？

富饒的「凱麥特」

一直以來，人們對於古埃及人物雕塑的嚴肅表情困惑不解，英國考古學家利用X射線研究指出：許多古埃及人都患有齲齒，蛀牙令古埃及人疼痛難受。爲何古埃及人牙病如此盛行？追根溯源，古埃及人的飲食習慣竟是罪魁禍首。

古埃及人的飲食與尼羅河密不可分。尼羅河每年氾濫後，沉積在兩岸的泥沙堆積形成肥沃的黑色土壤，因此，古埃及人將自己的國家稱爲「凱麥特」（Kemet），即黑土地，正是這片富饒的黑土地養育了古埃及人民，造就了輝煌的古埃及文明。埃及氣候十分乾燥，主要種植大麥和燕麥，古埃及人將麥磨成麵粉製成各種麵點。爲了避免單一乏味的飲食，古埃及人將麵點製成各種不同的形狀，如半圓形、角錐形、長方形等。據新王國時期的一份文獻記載，古埃及有一百多種不同的麵食。正是這些多姿多彩的麵食使得古埃及人長期遭受牙病的困擾，而蜂蜜、葡萄、無花果、椰棗等含糖量高的水果則惡化了這一形勢。

除此之外，古埃及人的食譜也並不單調，包括各種蔬菜，如萵苣、洋

香膏瓶

玻璃製品，通體彩繪。據考證是古埃及第十八王朝的作品，反映出當時玻璃製作工藝已達到很高的水準。

蔥、茴香等，還有一些肉類，如家禽、尼羅河捕食的魚類和鳥類等。而這些軟體動物肉和魚殘留在口腔中也很容易導致蛀牙。在一些宴會的壁畫中，我們還經常看到飲酒的場面，古埃及人用葡萄釀成葡萄酒，將碎麥片發酵製成啤酒。古埃及人的食物雖然豐富，但都富含糖分，這也無怪乎大多數人都要飽受牙疼的折磨了。

古埃及人的飲食結構使得整個社會，不論下層百姓還是法老貴族，都爲牙病而頭疼，但古埃及人的住房則是因人而異，依身分而定，豪華程度當然也不盡相同。古埃及人的住房主要是由泥磚砌成，

隨著埃及人對各種裝飾品需求量的增加，製作各種飾品的作坊也應運而生。圖為古埃及人正在製作項鏈。

石製房子僅供死者享用，即石墓室，有「永恆的住宅」之意。一般老百姓的房子結構非常簡單，由曬乾的泥磚砌成，上面覆草爲頂；貴族和國王的住所比較寬敞，一般會用石灰將牆壁抹白，再畫上一些圖案進行裝飾。古埃及人常將椅子的四隻腳雕成獅子獸腳的形狀，用來顯示椅子主人的高貴身分。

古埃及人的時尚

埃及炎熱乾燥的地理環境不僅決定了生產作物的種類，也決定了古埃及人的服飾。由於天氣炎熱，古埃及人的衣著非常簡單，並選用透氣性好的亞麻作爲衣服布料。在古埃及社會裡，裸露是沒有經濟地位的表現，因此兒童通常以裸體形象出現，因爲他們沒有獨立的經濟地位；下層人民如女僕、農民、工匠等通常下身穿裙，上身裸露；貴族官員上身穿短袖圓領

古埃及的化妝用品

古埃及人習慣將香膏製成香料戴在頭上，油膏逐漸融化後會流到假髮和上衣上，在現存的古埃及假髮和上衣圖畫中可見這種橙黃色油脂痕跡。古埃及人還使用眼線膏，將其塗在眼圈及睫毛處，使眼睛顯得又大又明亮。起初，古埃及人直接用指頭塗畫眼線，發展至稍後階段，末端呈球狀的化妝墨塗棒應運而生。古埃及的化妝用品多用玻璃、象牙等奢侈材料製成。此外，象牙製品、雪花膏石做的罐和瓶、動物形狀的小陶器和石器、花卉形的木盒以及陶瓶也用來盛裝化妝品。古埃及的鏡子由銅製鏡身和象牙製鏡柄組成，鏡面需經常磨光。在當時鏡子屬於奢侈器物，只有貴族或富人才能擁有。

衫、下身穿裙，或穿長衫；女人最典型的服飾是長衫，通常到胸部，另加寬肩帶；一般只有國王、皇族、神祇和外國人穿染色的衣服，生活中最常見的便是白色亞麻衫。上層社會的服飾樣式也很簡單，主要靠各種首飾來修飾，新王國時期才出現了打摺花邊裝飾的衫裙。

如果說服飾的區別並不太明顯，不足以顯示身分，那麼各類首飾，如耳環、項鏈、手鐲、髮簪、戒指、護身符等則是身分和地位的象徵。古埃及工匠的工藝製作水準精湛，他們的陶瓷製品、象牙和珠寶鑲嵌工藝非常精美。在各種首飾中，最精美的當屬加工而成的首飾，這種首飾是將黃金與雕刻成各種形狀的寶石搭配在一起，經過精細加工而成。此外，他們還掌握了玻璃著色的技術。古埃及人最早使用骨、牙、貝殼等材料製作飾品，後來便改用金、銀、銅、綠松石等。每種材質都富含蘊意：例如黃金意味著太陽金黃色的光芒；白銀象徵銀色的月光；綠松石代表著綠色尼羅河，而紅玉髓則暗含著生命的血色。男人和女人一樣佩戴項鏈、手鐲、腳

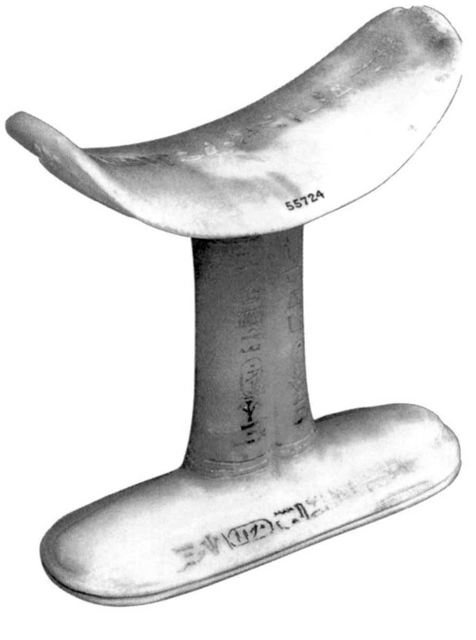

古埃及枕頭

枕頭的造型非常奇特。枕面如同張開的雙手，下面細細地描出人的手指；支撐柱模仿的人的雙臂，下部則變成腳踝，底座則如同兩隻後跟相抵的腳。

環和耳環等飾品。

在古埃及，除男女都佩戴飾品外，化妝也並非女人的專利。古埃及人很重視自己的外表，每天早晨他們都會對鏡梳妝打扮，爲自己畫上迷人的妝扮。當時的化妝步驟也大體和現代相同，如畫眼影、抹腮紅，上眼線等，此外，他們還會戴假髮。一些化妝用品如眼影棒、梳子、剃刀等在墓室中經常看到。製作化妝品的材料主要是些自然原料，如孔雀石、紅赭石、散沫花等。孔雀石主要用於製作眼影，磨成糊狀後可製作眼線膏，而紅赭石主要是作爲胭脂和口紅，散沫花就是指甲花，用於染指甲。此外，古埃及人製作的「香水」，由花的香味與植物的油脂合製而成，將其塗抹在身上，所到之處都留餘香。

古埃及人的化妝美容技術已達到了很高的水準，據文獻記載，他們已經懂得如何消除皺紋及染黑頭髮。

神氣的古埃及婦女

「我是一個自由的女人。我養育了八個子女，要給他們應得的東西。我養他們小，他們不養我老，幫過我的，我會給他財產，沒幫我的，我什麼都不留。」這是在拉美西斯四世（Ramses IV）在位的第三年，一位名叫瑙納克特（Naunakhet）的婦女所立的遺囑。在古代社會，這類的遺囑大概只有古埃及婦女能夠辦到，因爲與男子一樣，古埃及婦女也享有財產權、繼承權、訴訟權等各種權利，而這些權利要從婚姻開始說起。

古埃及人認爲，結婚是男女雙方的事，只要當事人同意即可。史考特・斯蒂曼（Scott Steedman）在描述古埃及生活的書中中記載，大多數女孩在十二歲或者十三歲結婚，男孩通常則在十五歲，所以婚姻主要還是父母之命、媒妁之言。與現代婚姻相類似，新郎及他的親戚朋友到女方家迎娶新娘，新娘離開父母的房子，與新郎住進同一所房子，而新娘也會帶著自己的財產——嫁妝。女人結婚後就是「女主人」了，擔當

青銅祭罐

此罐在日常祭祀中用於盛水或牛奶。罐身所繪一面表現死者之子正在獻祭，另一面表現冥王奧西里斯和另外兩位神靈在為「巴」（人頭鳥身，代表不朽的靈魂）倒水。象形文字列舉了死者生前眾多的祭祀職務，底邊飾的蓮花花瓣暗示裡面裝的是液體。

家務，因此象形文字中將她們稱爲「房子的主人」。

古埃及社會的婚約具有法律效應。婚約有兩種簽訂形式，一種由新郎和他的岳父簽訂，另一種則較爲正式，由當地官吏主持並且還要有證婚人。婚約一式三份，男方、女方、官吏每人一份，如果出現爭議便可及時查閱，充當證物。這主要是爲了保持婚姻的穩定及女性的家庭地位，例如，在一份婚約上，新郎向岳父承諾，如果他喜新厭舊提出離婚，妻子就將獲得結婚時帶來的嫁妝和夫妻共同創造的財富的一半，另外他本人還要挨一百大板。這種約束使得男人不敢輕易提出離婚，因爲離婚意味著他將喪失大量的財富。

離婚由夫妻倆自行處理，任何一方都可以提出解除婚約，只要把對方從婚約上去除即可。但丈夫往往會慎重考慮，因爲離婚後，女方除可以保留她自己的財產外，還可依靠婚前的協議平分財產，雙方均可另行婚配。此外，在古埃及社會，婦女也具有繼承權。一份文獻記載道，瑙納克特嫁給了有錢人，丈夫死後，她繼承了一大筆遺產，不久她就改嫁了村裡的一名工匠。如果婦女的繼承權受到侵犯，她們還可以提起訴訟，據戴爾美迪納（Deir el-Madinah）工人村的一份材料記載，一位寡婦與其丈夫的三位表兄爭奪丈夫的遺產，最終她獲得了勝利。

官僚的學校教育

雖然，相對其他古代社會而言，古埃及婦女似乎擁有更多的權利，但她們的文化水準還是遠遠低於男性。一般在比較富裕的家庭中，男孩將會被送去上學，而女孩則跟著母親學習操持家務。

「學習寫字要認真，學會了寫字就可以把任何粗活都甩得遠遠的，還能當名氣很大的官。書記是不用做粗活的，卻可以指揮別人……我親眼見過在爐子口邊幹活的金屬製造工，他們的十個手指就像鱷魚爪子，身上的臭味比魚還難聞……兒子啊，用心學習吧，因爲實在沒有什麼可比學習再好的事了。在校學習一天，得到的好處一輩子也享用不完。」這是約西元前三千年，一位古埃及父親告誡孩子要好好學習的話，因爲金屬製造工、石匠、理髮匠、農夫等行業的工作條件都很艱苦，會寫字的書記們則生活安逸。書記負責整理政府的一切稅收、簿記、檔案等文件，如果成績優秀，便可以在官僚體系中繼續爬升，做高官。

和古代中國一樣，在古埃及，識字成爲政府官員的重要條件，讀書是下層人民走向仕途的重要途徑，因此教育在古埃及社會生活中佔有重要的地位。在學校出現前，教育以家庭教育爲主，父親傳授給兒子各種形式的技藝。古王國時期出現培養法老繼承人的宮廷學校，此外，還有祭司學校、神廟學校、文士學校等。

學校的教學方法也是按部就班。老師先教學生學習個別的「字」，然後就開始抄寫文學和宗教作品培養語感、文法，同時也發揮教化作用。這種教育方法很呆板，主要是灌輸與懲戒，因而常引起兒童的厭學心理。此外，古埃及還有大量向年輕人闡述家庭、婚姻和子女教育等問題的說教文，對社會的道德教育具有了不可低估的作用。

安逸的來世生活

與科學教育的觀點不同，古埃及人相信，人死可以復生。對於古埃及人而言，死亡並不意味著生命的結束，而是進入一個更爲美好的永恆世界。古埃及人不僅注重現實生活的質量，也很注重來世生活的享樂。重視死亡，爲來世生活做好各種準備是古埃及宗教信仰的一個重要特徵。

古埃及人相信，生命由「肉身」、「巴」、「卡」三部分組成。人死後，「卡」就到了另一個世界，「肉身」和「巴」留在世上，當「肉身」、「巴」、「卡」再度結合時，死者就會復活。因此，「死後的生活」是古埃及文明的重要主題。

墓室是亡者的住所，通常爲石材打造，象徵永恆。生者在這裡供奉亡者，家屬祭拜時，會呼喊：「聽到我的聲音請出來，來享用麵包和啤酒。」墓室裡的生活往往反映了古埃及人的現實生活，並且帶有對未來生活的嚮往。

宴會壁畫

新王國時期作品。場面側重娛樂，樂者和舞者佔據了畫面的主體。

第三章

燦爛的兩河文明

古老的傳說——《吉爾伽美什史詩》

「在太陽之下永生者只有神仙，人的壽命畢竟有限，人們的所作所為，無不是過眼雲煙！我一旦戰死，就名揚聲顯——吉爾伽美什是征討可怕的洪巴巴，戰鬥在沙場才把身獻』，為我的子孫萬代，芳名永傳。」

——《吉爾伽美什史詩》

在由底格里斯河與幼發拉底河構成的「肥沃月彎」上，蘇美人不僅創造出人類最古老的文明，也傳誦出一部歷史久遠的英雄史詩——《吉爾伽美什史詩》。

英雄的頌歌

據史詩傳說，吉爾伽美什（Gilgamesh）是創造女神寧胡爾薩格（Ninhursag）所造的烏魯克（Uruk）的城主。他三分之二是神，三分之一是人，生得威武雄壯，力大無窮，無人可比。可是他卻「不給父親們保留兒子，不給母親們保留閨女」，霸佔全城所有的新婚女性。面對他的殘暴之舉，可憐的烏魯克百姓走投無路，只好祈求神靈拯救。

寧胡爾薩格聽了他們的祈禱，決定再造一個比吉爾伽美什更英勇的人，與他爭戰，安定國家，這便是英雄恩基杜（Enkidu）。恩基杜與野獸為伍，同食共處，強悍敏捷。不過，這些野性在神妓（harimtu samhat，在古巴比倫神廟中從事賣淫的女巫，其收入歸神廟所有）的誘導下消失了，他獲得了情感和智慧，在神妓的勸說之下，恩基杜準備進城挑戰膂力過人的吉爾伽美什。

恩基杜一來到烏魯克城，就被這裡的人團團圍住，人們仔細打量著這位健壯的勇士。在廣場的大街上，他擋住吉爾伽美什的去路，二人扭打在

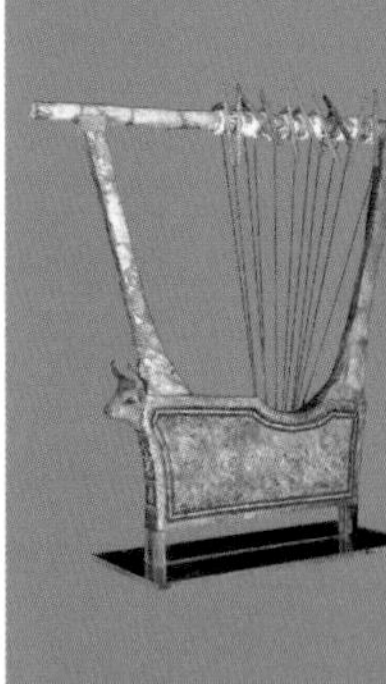

烏爾王朝時的銀製豎琴

烏爾王朝時期的一把銀製豎琴，前面鑲嵌有銀製的公牛頭。製作工藝精良，裝飾華美，充分反映了當時音樂在人民生活中的地位。

一起，他們都是身手不凡的勇士，戰鬥結果未分勝負，二人卻相互傾慕，結爲兄弟。

時隔不久，吉爾伽美什決定去征討守衛杉林的怪獸洪巴巴（Humbaba），恩基杜力勸他不要冒險行事，因爲「洪巴巴的吼叫就是洪水，牠嘴一張就是烈火，牠吐一口氣就置人於死地」。但吉爾伽美什卻豪情滿懷地對他說：「在太陽之下永生者只有神仙，人的壽命畢竟有限，人們的所作所爲，無不是過眼雲煙！我一旦戰死，就名揚聲顯……爲我的子孫萬代，芳名永傳。」恩基杜聽後答應和好友一起爲民除害，在眾人的祝福聲中，二人踏上征程。在天神沙馬什（Shamahat）的幫助下，經過苦戰，兩位英雄砍下洪巴巴的頭，帶著挺拔的杉樹凱旋。

歸來後的吉爾伽美什聲名遠揚，俊偉的他讓女神伊什塔爾（Ishtar）傾心不已，她主動求愛。吉爾伽美什卻毫不留情地歷數女神的惡跡，侮辱並拒絕了她。女神燃起怒火，請求父神安努（Anu）降下天牛殺死他。兩位英雄再度聯手殺

英雄吉爾伽美什雕像

亞述雪花石雕，現藏於法國巴黎羅浮宮。

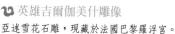

死威力無比的天牛，烏魯克的人民高興地歡呼：「吉爾伽美什才是英雄中的英雄，恩基杜才是人中俊傑。」

地上太平了，天上卻不安寧。眾神集會商議要處死二人中的一個，爭論之後，決定由恩基杜來受罰。恩基杜病倒了，他愈來愈虛弱，吉爾伽美什萬分痛苦，卻又無能爲力，他看著恩基杜離開，淚如泉湧，悲痛浸入他的內心與靈魂深處。他彷徨無助，一想到自己也將和好友一樣面對死亡，就充滿恐懼。沉思許久後，吉爾伽美什決定尋找自己的祖先烏特納比什汀（Utnapishtim），探求長生不老之道。

經過一番艱辛的跋涉，他終於見到了這位獲得永生的先祖，迫不及待地詢問永生之道。烏特納比什汀詳細地講述了大洪水的故事，告訴他是神賜給他永恆的生命。吉爾伽美什仍然懇求先祖的指教，烏特納比什汀不得已便指示他說，在深海處有一種非凡的草，可以讓人重返少年，永保青春。吉爾伽美什聽完後急忙跳進深淵尋得仙草，但在返回的路途中，一不小心被蛇偷吃了。他發現後，頓時哀慟哭號，呼喊著：「爲了誰，我把心血耗乾，我自己並沒有得到半點好處……。」

史詩就這樣結束了，結束於人的渺小與有限之中，結束於悲壯蒼涼的情調中。

早期文明的記憶

《吉爾伽美什史詩》共三千五百行，分別刻在十二塊泥版上。史詩中的內容神人交織、矛盾重重，情節跌宕起伏，語言優美流暢，是古巴比倫文學史上的佳作，反映了兩河流域早期多神崇拜的宗教信仰以及蘇美人的人生態度，他們對死亡充滿恐懼，對來世悲觀失望，憂心忡忡的民族性格與古埃及人形成強烈的對比。

根據《蘇美王表》，吉爾伽美什是烏魯克第一王朝的國王（約名元前三千年），他是眞實的歷史人物，史詩內容反映出當時社會的信息，因此它同時也是研究兩河流域歷史的重要資料。

兩河流域的宗教信仰

由於兩河流域之洪水氾濫期不固定，且生活艱難，居民又必須忍受政府的各種苛捐雜稅，因此，兩河流域之宗教信仰具有一個非常罕見的特色——「不信永生」和「不認爲靈魂不朽」的觀念。除了這兩個特點以外，兩河流域的宗教和其他古代民族之宗教大致類似，屬多神信仰，兩河流域之居民會透過各種犧牲及祭祀儀式祈求降服，並修建神廟供神明居住，以取悅神明，而民間信仰則盛行各種占星、占卜或魔法，並有「善惡倫理」的觀念，相信「若一個人爲惡或心存惡念，必會招致災難」。

古老的記憶——解密楔形文字

文字是人類歷史上的一大發明，因為它讓歷史成為可能。刻有楔形符號的奇異文字，古怪而令人難以捉摸。機緣巧合之下的破解，為我們打開古老記憶的寶盒，揭開了塵封幾千年的美索不達米亞文明的神祕面紗。

開啓寶藏的鑰匙

夕陽的餘暉穿過底格里斯河（Tigris）和幼發拉底河流經的平原，遍布河岸的蘆葦在風的吹拂下搖曳。千百年來，楔形文字，靜靜地躺在美索不達米亞平原上。

西元一六二五年，一個義大利探險家來到兩河流域，無意中在土丘廢墟中發現了磚塊上有一種奇怪的符號，他們幾乎都有呈三角形的尖頭，在外形上很像釘子，有的橫臥著，有的斜放著，有的尖頭朝上。如同撿到寶貝一樣，他懷著興奮的心情把帶有符號的磚塊帶回了歐洲。人們初步認定它有可能是一種古代的文字，但大家卻愛莫能助、無人能識。儘管彼德羅在兩河流域的探險記暢銷一時，但他終生也沒能讀出一個楔形符號。很快地，大家就忘記了這回事。楔形文字之後沉寂了二百多年，靜候後人的努力和探索。

後來，隨著兩河流域考古的發掘，愈來愈多的古代碑刻和銘文被帶到歐洲，許多學者試圖讀懂這一神祕文字，但始終無法確定，它究竟是不是文字，是語音還是象形，以及該從哪一個方向讀起。對楔形文字破譯的重大突破緣於一次酒後的賭注。

人物象形文字刻板

在楔形文字產生之前，蘇美人使用的是象形文字。在這塊石板上，大量的象形文字描述了畫面上兩個人物的活動。

泥版文字

一塊刻滿楔形文字的泥版插在同樣刻滿楔形文字的泥封中，上面的文字記錄了一樁關於分配財產的案件。

一八〇二年，德國哥廷根（Göttingen）一位二十七歲的中學教師格羅特芬德（Grotefed）在飲酒時，朋友無意中說起考古發現的神祕文字如何地難以破解，喝多了的格羅特芬德竟然說：「這有什麼難的，我就可以辦到。」朋友說：「那麼多專業人士都束手無策，就憑你也敢誇此海口。」於是他倆打賭，格羅特芬德說自己一定能破解楔形文字，隨即根據手頭上少量的資料開始了鑽研。當時他手頭有幾張劣質波斯波利斯（Persepolis）楔形文字銘文的拓本，憑著年輕人的機敏和大膽猜想，他找到了釋讀楔形文字的關鍵。他認出了「君主」、「兒子」和「偉大的」幾個詞的相應波斯語，還確定了波斯歷史上三位國王的名字，然後經過認眞地分析和推敲，他終於成功地譯讀了十幾個楔形文字符號。儘管在整個楔形文字的破譯中，格羅特芬德的解讀只是一小步，但它給人們帶來了希望，激勵著有志之士前來叩關。

柳暗花明的解密

一八三五年，英國一名二十五歲的陸軍中尉羅林森（Henry Creswicke Rawlinson）正好隨軍駐紮波斯。羅林森是名業餘考古愛好者，他聽說貝希斯頓（Behistun）小鎮附近的峭壁上有許多雕刻，便充滿好奇地立刻前往探個究竟，不料意外中竟然發現了頌揚大流士（Darius）的雕像和銘文。原來大流士爲了讓銘文萬古長存，永遠爲後人瞻仰，命手下人把這些銘文雕刻在了離地面高約三十一公尺的峭壁上。

銘文用楔形文字刻寫，分別用古波斯語、埃蘭語（Elamite）和阿卡德語記錄了大流士的豐功偉績。左上部的浮雕上，在兩名侍衛的守護下，偉大的波斯帝國國王大流士倚弓而立，八面威風，傲視面前九個「被俘者」（即各地起來反抗他統治的國王）。這就是著名的貝希斯頓銘文（Bagastana），它刻於西元前五百二十年，銘文誇耀了大流士一年十九戰，生俘九王的赫赫戰功。但由於年代久遠，又在高高的山崖上，人們無法看清它的銘文，自然也沒有人知道它講些什麼。

好奇的羅林森對貝希斯頓石刻銘文產生了濃厚興趣。在一個晴朗的日子，他攀上崖頂，左手攀住岩石，右手拿出筆和小本子，並將小本子塞入岩石縫隙中，然後右手執筆，開始了抄寫碑文的工作。經過幾天的艱苦努力，終於抄寫完畢。接著羅林森憑藉著精通多門語言和多種文字的堅實基礎及其堅韌不拔的毅力，從翻譯人名入手，在長達十六年後，他不僅完成了這篇三種語言書寫的銘文的全譯文，還成功破譯出約一百五十個楔形文字符號的讀音，五百個單字和數十個專有名詞，最終與其他學者共同將兩河流域最古老的楔形文字解讀成功。從此，透過楔形文字來研究兩河流域的歷史和文化，逐漸形成了一門新的學科——亞述學。

神奇密碼的「身世」

楔形文字是古代兩河流域的文字。因當地的書寫工具是以泥版當「紙」，以削成三角尖頭的蘆葦稈或小木棒當「筆」，蘇美人用削成三角形尖頭的蘆葦稈或骨棒、木棒當筆，在潮濕的黏土製作的泥版上寫字，書寫出的文字筆畫形狀像木楔，所以稱「楔形文字」，也叫「釘頭文字」或「箭頭字」。

西元前四千年左右，蘇美人創造了燦爛的蘇美文明，最能反映他們文明的就是楔形文字。由於蘇美人居住的是兩河的沖積平原，缺少木材、石頭等書寫材料，但盛產蘆葦和資源十分豐富且雜質少的黏土。因此蘇美人就地取材，用削成三角形尖頭的蘆葦稈或骨棒、木棒當筆，黏土做成泥版，在潮濕的黏土製作的泥版上寫字，待泥版乾透就成爲不可磨滅的書籍或合約。

蘇美人的楔形文字最早是寫在泥版上的，因爲要在泥版上刻印，所以只適合用較短的、直線的筆畫。由於書寫時要用蘆葦角或者木棒角按壓，在按壓的地方印痕較深、較寬，抽出時留下的印痕則較細、較窄，於是這種符號的每一筆開始部分都較粗，而末尾部分都較細。

起初楔形文字是從上而下直行書

寫，後來改爲從左而右橫行書寫，於是全部楔形符號轉了九十度，從直立變成橫臥。由於右手執筆，從左而右橫寫，楔形筆畫的粗的一頭在左，細的一頭（釘尾）在右。

最早出現的楔形文字是象形文字。例如以象形文字表示「鳥」、「魚」、「穀物」、「腳」等。如果要表示複雜的意義，就用兩個符號合在一起，例如「天」加「水」就是表示「下雨」；「眼」加「水」就是表示「哭」等。後來又發展爲可以用一個符號代表多種意義，例如「足」又可表示「行走」、「站立」等，這就是表意符號。再到後來，一個符號也可以表示一個聲音，例如「星」這個字，在蘇美語裡發「嗯」，如果用來表示發音的話，就與原來的「星」這個詞的含義沒有關係了，只表示發音，這就是表音符號。爲了說明有關的楔形字應該表示什麼意思和發什麼音，蘇美人又發明了部首文字。比如，如果一個人名之前加上某個特殊符號，就表示這是一個男人的名字。

大約在西元前二千年左右，楔形文字由象形文字逐漸演變成抽象符號，這大大減少了字符數目。此時，楔形文字大約有六百個字符。楔形文字成爲標準字形，後來在石塊上刻字，也同樣刻成這種形狀。在當時，學會書寫和閱讀楔形文字，需要在學校中經過多年的嚴格訓練。蘇美人爲此創辦了世界上最早的學校，被稱爲「埃杜巴」（edubbaa），意思是泥版學校。

當時蘇美人還不懂得造紙。他們就用黏土做成長方形的泥版，用蘆葦或木棒削成三角形尖頭在上面刻上字，然後把泥版晾乾或者用火烤乾。這就是後來人們所說的泥版文書。一開始，蘇美人的泥版是圓形或者角錐形的，不便於書寫和存放，後來蘇美人便將泥版改爲方形的。他們的大部分文字材料都是刻在這種方形泥版上才保存下來的。到現在爲止，人們在兩河流域已經挖掘出了幾十萬塊這樣的泥版文書。這些泥版中，大多是商業和行政紀錄，其餘的百分之十則是對話、諺語、讚美詩和神話傳說的殘篇。

楔形文字爲蘇美文明所獨創，最能反映出蘇美文明的特徵。西元前一千五百年左右，蘇美人發明的楔形文字已成爲當時國家交往通用的文字體系，連古埃及和兩河流域各國外交往來的書信或訂立條約時也都使用楔形文字。它對西亞許多民族語言文字的形成和發展產生了重要影響。西亞的巴比倫、亞述、西臺、敘利亞等國都曾對楔形文字略加改造，來作爲自己的書寫語言。甚至腓尼基人創製出的字母也含有楔形文字的因素。

初興的民主城邦——蘇美文明

兩河流域的美索不達米亞平原上，朝氣蓬勃的蘇美城邦，洋溢著青春的活力，為西亞文明增添了一道亮麗的風景線。

在底格里斯河與幼發拉底河流域的南部，土壤肥沃鬆軟，是一塊文明發祥的寶地。早在西元前四千五百年，來自北部高地的白人——蘇美人來到這塊沖積平原，他們與閃族人（Semitic）不同，頭顱呈圓形，喜歡把頭髮、鬍鬚剃得乾乾淨淨。定居之後，蘇美人很快適應了這裡的環境，依傍兩條大河發展農業生產，在豐衣足食的基礎上，創造了新月地帶上獨特燦爛的蘇美文明。

初興的城邦文明

蘇美人是最早建立城市的民族，早在西元前五千年，就誕生了世界歷史上的第一座城市——埃利都（Eridu）。根據考古學上的烏魯克文化期，約西元前三千五百年，位於幼發拉底河岸邊的烏魯克城市中已出現了大規模的神廟、宮殿建築，神廟中分有神殿、倉庫、生活區等，多級寺塔是整個城市的制高點。出土的泥版中有人類最早的文字紀錄，這些象形符號大多是用來記錄物品的名稱和數量，可以推測，那一時期的商業貿易活動應該很頻繁。到西元前三千一百年，神廟裡出現了專門的祭司階級，這表示此時國家已經形成，國家的職能已有了較詳細分工。

在兩河流域南部，西元前三千年出現十幾個小國，著名的有埃利都、烏爾、烏魯克、拉伽什（Lagash）、

烏爾徽牌立面

烏爾徽牌可以說是古代美索不達米亞地區最為重要、最為著名的一件工藝品。整個徽牌以貝殼、天青石和紅色石灰石鑲嵌而成，描繪的是戰爭結束以後慶祝勝利的宴會場面。

溫瑪（Umma）、基什（Kish）等，這些小國基本上是以一個城市爲中心，聯合周圍村鎮而形成的國家。

到了這個時期，蘇美人逐步擺脫了原有的氏族部落格局，以地域爲原則的城市國家取而代之，初期城市的規模不大，人口也不多，但是「麻雀雖小，五臟俱全」，各小王國都有國王、祭司、軍隊指揮官、法官等，兩河文明由此可見一斑。

眾多的蘇美城邦雖然有相似的發展歷程，但仍異彩紛呈。下面我們簡單地介紹三個具有突出特點的城邦，管中窺豹，進而對兩河流域的早期城邦文明有一個大概瞭解。

最早的獨立城邦

一提到城邦，我們就會想到民主、自治。的確，早期蘇美城邦的國家權力主要掌握在恩西、公民大會和長老會議三個機構手中，恩西是城邦的國王，或稱盧伽爾（Lugal）（霸主的稱號），他是神的人間代理，負責代神理財、保護本國公民的福利。他主持城邦會議，統率軍隊，負責修建水利設施、城牆宮室，還握有司法行政大權，統治者一般均爲終身制和世襲制。

公民大會和長老會議在初期對國王的權力有一定的限制，在《吉爾伽美什史詩》中記載了這樣一個故事：基什王阿伽派遣使者來到烏魯克，向國王吉爾伽美什提出「挖井」的要求，即讓烏魯克人承認基什的霸主地位，並願意爲它效勞。吉爾伽美什立即主持召開了長老會議和公民大會，商討是降是戰的問題。國王發表了自己決心作戰的言辭後，長老們紛紛加以反對，主張向基什投降，而民眾回答說：「我們

烏爾塔廟遺址

烏爾塔廟（Ziggart）是現存最早，也是保存最完好的塔廟遺址。

不要向基什家族投降，我們要用武器打他。」吉爾伽美什根據公民大會的決定準備作戰，後來兩個城邦以議和結束戰事。從中，我們可以清楚看到烏魯克城邦的三個管理機構——國王、長老會和公民大會，國王個人沒有決定戰與降的最高權力，此時，人民的意志有較高的威信。烏魯克是一個民主政治共和國的典範。

烏爾王朝時的軍旗

這是一幅烏爾王朝時期的軍旗上的畫面，描繪戰爭後的場面。

但在不斷爭霸過程中，王權日益強大，而以神廟祭司爲代表的貴族勢力卻日漸衰退，尤其是當神廟經濟變成王室經濟後，祭司貴族遭到沉重的打擊，君主政體逐漸形成。

城邦的典型

二十世紀之後，伴隨著重大的考古發現，蘇美城邦文明再次震驚了世界。轟動一時的烏爾王陵重現了四千多年前的烏爾城邦。從一九二二年開始，英國考古學家查爾斯·萊昂納德·伍利（Charles Leonard Woolley）在兩河南部的烏爾展開了長達十三年的考古發掘，最後共發掘出一千八百多座墓穴。其中有十七個陪葬豐富的大型王陵，與簡陋狹小、陪葬品少而粗糙的平民墳墓形成天壤之別。王陵中出土了許多貴重物品，有黃金頭盔、黃金短劍、大馬車和馬具，還有七絃琴、船形豎琴等樂器。在王后墓中有許多黃金飾品，還有天青石、瑪瑙項鏈等藝術珍品。可見當時的烏爾手工業相當發達，特別是冶金業，蘇美人精湛的技藝令人驚羨。同時，這也反映出商業貿易的繁榮，因爲烏爾的金屬、木材、石料都很匱乏，需要從其他地區進口。

墓葬中更爲引人注目的是大批人殉的發現，在著名的蘇巴特王后墓中，有五十九名殉葬者，包括戴頭盔的戰士、樂師、舞女等。這與古中國的早期墓葬習俗相同，都認爲死後的世界仍與生前一樣，國王、王后自然需要僕從、近臣的伺候，殉葬也就是理所當然的，到西元前三十世紀後期，人殉制才逐漸被廢除。

最早的社會改革家

拉伽什是另一個聞名於世的蘇美城邦，在這個城市國家中有一位目前所知的人類歷史上的第一個社會改革家——烏魯卡基納（Urukagina）。拉伽什曾經稱霸蘇美南部二百多年，自從建立政權以來，多次與鄰邦溫瑪發生戰爭，在基什王的調解下，雙方言歸於好，並立碑爲界。後來溫瑪王越界佔領了拉伽什的土地。盧伽爾安達稱王之後奪回了被侵佔的土地，還向南北遠征，成爲蘇美的一大霸主。連綿不斷的戰爭爲人民帶來很大的負擔，苛捐雜稅繁重不堪，百姓衣食難保。於是人民發動抗爭推翻了國王的統治，約西元前二千三百七十八年，擁立反對暴政、致力改革的烏魯卡基納（Urukagina）爲王。

烏魯卡基納上臺後，爲鞏固自己的政權，頒布了一系列保護平民利益的改革詔令。他廢除了過去的各種弊政，禁止各級官吏豪強以強凌弱，欺壓百姓；改善平民的處境，提高他們的地位，擴大公民權等政策，使人口數量增加了十倍。

烏魯克城出土的合金兵器
烏魯克王墓中發現的合金短劍和槍尖。

烏魯卡基納的改革引起鄰邦溫瑪貴族的恐慌，他們又重新挑起戰爭，並聯合烏魯克進犯拉伽什。西元前二千三百七十一年拉伽什被洗劫殆盡，城敗民亡。正當溫瑪與拉伽什苦戰之時，北方的基什王薩爾貢一世（Sargon I）乘機崛起，逐步統一南北各邦，擊敗溫瑪，在蘇美北部興建阿卡德（Akkad）城作爲首都。薩爾貢一世的統一結束了蘇美的城邦文明時代，開啓了西亞中央集權時期。

著名的美國亞述學者克拉默（S. N. Kramer）曾在《歷史開始於蘇美》（*History Begins at Sumer*）一書中談到，爲西方文明所壟斷的民主政治在西元前二千八百年的西亞地區已經出現，第一個類似兩院制的「國會」已隆重開幕。蘇美城邦文明不僅是美索不達米亞早期文明的輝煌篇章，也是東方大地上永遠閃耀的文明之光。

多彩多姿的生活

——古代兩河流域的社會生活

兩河流域是四大文明發源地之一，古人在這裡創造了神奇而輝煌的文明。那麼，當時人們是怎麼過日子的？本文將和大家一起進入他們的世界，來領略古代兩河流域人們豐富多彩的社會生活。

食·衣·居住

兩河流域的農業和畜牧產品相當豐富：穀物、蔬菜、牛羊肉、皮革、羊毛、亞麻等等，穀物主要是小麥。麵包是蘇美人奉獻給人類的美食，也是他們的主食。麵包的種類很多，有混合各種原料而成的。豐富的椰棗也是兩河流域人民的美味食品，南部炎熱的氣候和充足的灌溉非常適合椰棗樹生長。

考古學者在古巴比倫的三塊泥版文獻中居然發現了偉大的立法者漢摩拉比統治時期的食譜，手藝非常精湛，這被認爲是世界上最早的烹飪手冊。食譜上提到的菜餚有用大蒜、洋蔥、酸奶一起煨熟的小山羊肉、燉蘿蔔等。酒是兩河流域人最喜歡的飲料，當時酒的種類最主要的是啤酒，其次是葡萄酒、烈酒等。蘇美人大約

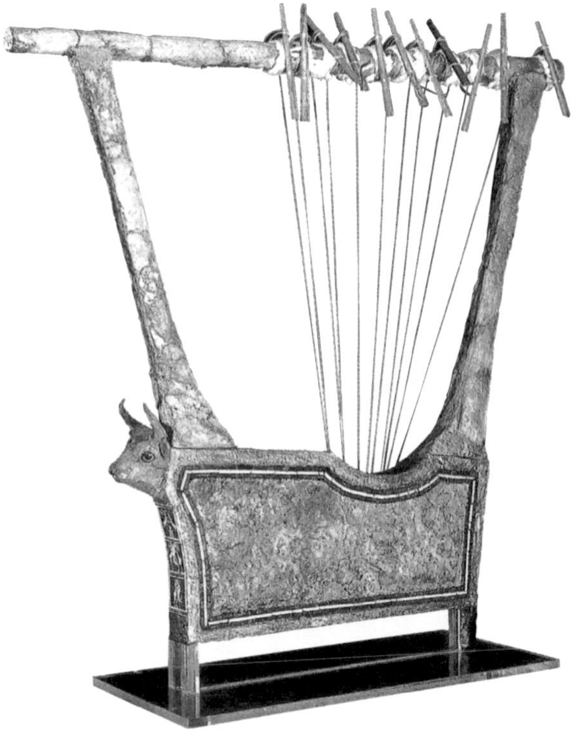

烏爾王朝時的銀製豎琴

烏爾王朝時期的一把銀製豎琴，前面鑲嵌有銀製的公牛頭。製作工藝精良，裝飾華美，充分反映了當時音樂在人民生活中的地位。

要把每年收成的百分之四十用於啤酒製作。在大量的石刻和壁畫中，人們都可以看到飲酒的場面。

兩河流域當時衣著材料主要是毛織品和亞麻紡織品。蘇美時期男人通常上身裸露，下身穿裙子，而女人則穿披肩長衫。隨著時間的推進，人們的服裝款式也愈來愈多種多樣。男士服裝常見的有腰布形式的服裝，裡面穿直筒緊身長衫，單獨穿時繫腰帶。女式服裝一般多繡花飾，布料主要是亞麻布。女士們的各種飾物也更加多樣化，其中包括各種耳環和首飾，項鏈是女人喜歡的首飾。在古巴比倫，男人塗脂抹粉、穿紅戴綠、佩戴首飾也是常見的情況。

當時平民的房屋一般都是木樑草頂，泥磚砌的牆壁；王室和神廟的建築比較堅固。城市中的房屋常常比較擁擠，以城爲中心向外則是廣大的農村地區。古巴比倫的居民是按照職業來居住，每一個居住區都自成一個單獨的社區，是一個獨立的小天地，街道都有自己的名稱。社區有自己的自治機構、民眾大會、法院和社區長老。人們運輸物品主要是走水路，兩河之間有上下縱橫的許多渠網連接各個城市，總體上水路運輸超過了以駱駝和驢車爲主的陸路運輸。

婚姻與家庭

兩河流域多數婚姻是一夫一妻制。在沒有兒子的情況下，丈夫有權利娶第二個妻子，但第一個妻子地位最高。不能生育或沒有兒子的妻子可以爲丈夫挑選一個女奴，或者將另一女子過繼爲自己的姊妹，然後讓她與丈夫結合。女祭司們最常採取這樣的做法，因爲她們雖然可以結婚，但不允許她們生育。妻子有病不能履行婚姻職責時，丈夫也可以娶第二個妻子，但他仍有義務撫養原配，而後者如果願意，也可以離開他的家。

在兩河流域的家庭中，父親對妻子兒女有絕對的權威。《漢摩拉比法

穀物賬目泥版

一塊刻滿楔形文字的泥雕，學者證明這是蘇美人用來記錄穀物賬目的泥版。

典》中規定如果兒子打他的父親，應砍掉他的手。而且法典裡沒有關於成年年齡的規定，因此父親只要活著，他的家長權威就存在。在家庭債務方面，父親無力償還債務時，不僅可以把自己的奴隸，甚至自己的家庭成員也可以送給債主抵債，父親有權利但沒有義務去贖回這些家人。在蘇美時期，長子有權繼承所有家產，但也有責任撫養所有的兄弟姊妹。在此後的歷史時期，則是兄弟平分家產，而長子得兩份。多數地區女子沒有繼承權，除非家裡沒有兒子。

兩河流域的女子可以擁有自己名下的財產，其財產主要有兩個來源，一是沒有兄弟的可以繼承家產；二是結婚時從娘家得到嫁妝、從丈夫家得到聘禮。丈夫可以使用和管理她的財產，但離婚時必須將妻子的全部嫁妝退還給她，除非她行為不端。如果丈夫去世，嫁妝歸妻子支配。她要離開丈夫家或再婚時可以從家庭財產中將嫁妝取回。通常那些出身顯貴的女祭司都有豐厚的嫁妝，包括房屋、土地、家奴等。如果妻子去世，嫁妝由她的子女繼承，兒子、女兒都可以，但丈夫與其他女子生育的後代無權繼承。如果沒有子女，則由她的兄弟繼承。

在漢摩拉比統治時期，法律允許是離婚的，但通常由丈夫首先提出，丈夫可以任意離婚。但如果妻子沒有品行不端，離婚時丈夫必須歸還妻子所有的財產，有時還要付一些額外的罰金。妻子提出離婚的情況很少，要求離婚的女子要受到嚴格的盤查，看她是否出於不體面的原因而做此決定，即使最終獲准，也很難保住自己的嫁妝。

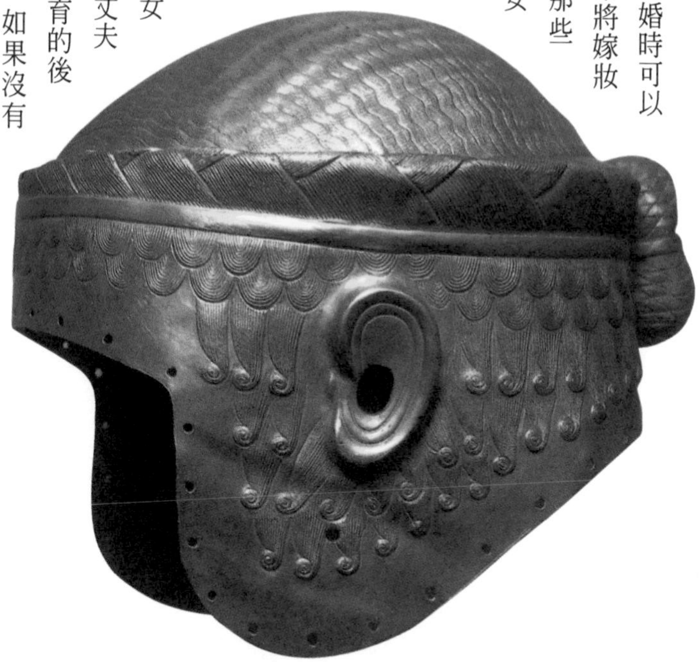

金頭盔

這頂金頭盔屬於烏爾王朝的梅斯卡蘭杜王，製作工藝精細，整齊對稱的頭髮布滿頭盔，盡顯王權的尊崇與高貴。

宗教活動與節日

宗教是兩河流域人們社會生活的中心內容之一，神在兩河流域文化中扮演著重要的角色，從各種大型公共設施的興建，到老百姓的日常生活，無一不打上了宗教的烙印。上至國王，下至奴隸，人人都受到神的意志的支配。它就像一根強有力的鏈條，無時不有、無處不在，把人們社會生活的各個方面連接起來。人們的一切活動都以服從於宗教爲目的。當時的建築、繪畫、雕刻藝術是被宗教熱情所激發的，文學和歷史都描寫神的活動，科學也滲透了宗教思想，司法以及倫理道德也與宗教密不可分。

神廟是神在人間的駐地，建造神廟是爲了能夠時刻保佑人類。因此人們必須保證神有優越的生活條件，在衣、食、住、行等方面按時侍奉他們。在每個神廟的中心位置都擺放著相關神的雕像，放置雕像的房間比較隱蔽和黑暗，因爲神像不能讓普通人看見。塔廟也是爲神而建的，一般由三層至七層逐級變小的建築體構成，每層之間透過臺階相連，高度大約爲三十公尺。

母獅襲擊男孩

大約製作於薩爾貢二世時代的一件象牙雕像。

國家祭祀儀式由祭司主持，主要是在重大節日中獻祭。獻祭可分爲兩類：一類是日常進行，另一類則是每月或每年進行。在前一種情況下，國王以人民的名義向神進貢，但也要加上國王個人的貢品。在後一種情況下，主要是舉行節日慶祝活動，也包括在特殊的重要場合爲國家的幸福和繁榮舉行獻祭。諸神得到的貢物主要是食物、飲料、牲畜以及油等。在盛大的節日，向神廟進貢的牲畜的數量更是驚人。在一份被發現的貢品名單上，光獻祭的牲畜就有三千五百六十九頭之多。

宗教活動常常和節日相聯繫，在人們日常生活中佔據了重要的地位。古代兩河流域的宗教節日按照其內容大致可以分爲兩種。一種是與神的生活以及諸神之間的來往密切相關，另一種是神與人之間的關係。兩河流域各地方都有規定了舉行宗教祭祀活動的節日和年曆。一般的宗教節日都是農業生產的週期性節日，如慶祝拴上犁頭的儀式、收穫儀式等。春天的一系列祭祀實質上是祈求豐收的儀式，收穫節日則是具有感恩性質的儀式。宗教節日一般爲十一天，有時達十五天。許多節日看起來與發生在神界的事情相關，實際上他們與人的生活以及人所處的社會息息相關。

蘇美時期最有名的是慶祝杜木茲（Dumuzi）和伊南娜（Inanna）兩位神祇的婚禮節日。杜木茲是牧人的保護神，伊南娜是主司愛情的女神。據說新婚不久的杜木茲被困在陰間，一年只能和伊南娜短暫會面一次。兩個神的信徒們因杜木茲的悲慘遭遇而哭泣，爲他們重逢舉行了慶祝活動。杜木茲下地獄的時間恰逢乾旱季節，而他與伊南娜相會的日子正值雨季來臨之際。在這個預示雨季並且關係農業豐收的節日裡，由國王扮演杜木茲，再由一位高級女祭司扮演愛神伊南娜，重演傳說中的婚禮。

巴比倫的宗教儀式在馬爾杜克（Marduk）神廟舉行，當時最重要的節日是新年節，時間持續十一天，舉行各種宗教儀式，紀念馬爾杜克被困在陰間的苦難。祭司祈禱，歌隊高唱讚美詩，吟誦創世史詩。亞述有一種獨特的宗教儀式是「替罪王」儀式。如果國王犯了某種錯誤，就讓某位高級大臣來代替國王接受神的處罰。當懲罰結束之後，這位「代王」就被廢除。

在兩河流域，葬禮是非常重要的宗教儀式。國王葬禮非常隆重和盛大，死後有三天的弔唁期，棺材是用貴重石料或者石灰石製成的石棺，並有大量的隨葬品，陵墓入口有封閉的青銅門。而人民在絕大多數情況下，生活在飢寒交迫之中，因此凍死路邊的現象就極爲常見。普通人的埋葬只是在簡單的石墓表面開一個小口，屍體由此塞入後封上口。

史上最早的社會改革

——烏魯卡基納改革

在底格里斯河和幼發拉底河兩條河流交匯的西北方，有一個叫拉伽什的小國家。考古發現的楔形泥版文書，一舉奪得了社會改革「世界之最」的桂冠。

「世界之最」的發現

西元十九世紀晚期，在兩河流域南部活動的考古學家發現了一些楔形文泥版。所謂楔形文泥版，即用削尖的筆畫在泥版上，古代兩河流域蘇美人用其記載重大事件。商博良透過羅塞塔石碑上的兩種文字解開了古埃及的祕密，而羅林森則利用貝希斯頓銘文上的三種文字開啓了古代美索不達米亞的神祕大門。

果然，在這次發現的泥版中，考古學家得知了一件重大事件，蘇美城拉伽什在烏魯卡基納當政期間進行過一場社會經濟改革，而這是迄今爲止世界史上有記載的最早的社會改革，爲後世的改革提供了借鑒。

社會衝突

蘇美歷史中最顯著的一個特點就是小國林立，這些國家一般面積不大，國王被稱爲盧伽爾（Lugal）、恩（En）或恩西（Ensi）。爲了爭奪財富、土地、奴隸等，各國紛爭不斷。長期的戰爭使得國家內部衝突十分劇烈，西元前二千三百四十八年，拉伽什專橫的君主盧伽爾安達（Lugalanda）在位。這位國王不僅對平民橫徵暴斂，減少奴隸的口糧，降低平民的報酬，增加賦稅，對神廟財產也是虎視眈眈，把大片神廟土地和牲畜據爲己有，並向高級祭司徵收貢稅。這種貪得無厭行爲的後果當然是令人怨聲載道，群起而攻之，寺廟和人民聯合起來推舉烏魯卡基納爲新的恩西。

切中時弊的改革措施

烏魯卡基納上臺後不負眾望，改革弊端。改革第一步就是物歸原主，他沒收了盧伽爾安達及其家人、親信非法侵佔的土地，把神廟的土地還給祭司，規定神廟土地不得買賣。神廟的莊園自己支配，國王無權管理；第二步減少了平民的勞役，平民家中除戶主外，其他男丁都不得無償服勞役，增加奴隸的食物，撤除派往各地的稅吏。泥版文書記載「從寧吉爾蘇（Ningirsu）邊境直至海濱，不再有收稅人」。

在烏魯卡基納改革的內容中，有一件事讓人們驚訝不已。因爲在他改革的幾年間，平民人數突然增加了十倍，學者們普遍認爲，肯定是烏魯卡基納採取了一些措施，將原來由債務而淪爲奴隸的人，重新恢復了平民身分，這一方面增加了拉伽什平民的凝聚力，而且爲拉伽什提供了比較充足的兵源，進而大大增加了拉伽什在城邦爭霸中的軍事實力。

此外，改革還包括軍事、社會風俗等方面。根據記載和一幅描繪軍事場面的浮雕，學者推斷烏魯卡基納改革了兵制，用由平民組成的步兵代替由貴族組成的戰車兵。

對於一些陋習，烏魯卡基納也堅決抵制，例如，改革以前殉葬禮儀收費高昂，手續繁瑣，還要交納酒、麵包、穀物等實物，新的法令規定一切從簡，使人們的負擔大大減輕。

烏魯卡基納改革還涉及許多婦女問題，這可能是因爲王后的參與，國家嘗試推行一夫一妻制，提倡守法。特別是對鰥寡孤獨者，國家採取了一系列賑濟的措施，使這些社會下層的最窮困者，老有所養。

改革使得拉伽什迅速恢復了社會穩定，經濟也日益繁榮，進而爲拉伽什爭奪蘇美地區的霸主地位奠定了基礎，自然引起強鄰溫瑪的不滿。西元前二千三百七十一年，溫瑪王盧伽爾扎吉西（Lugal-Zaggisi）發動戰爭，烏魯卡基納進行了頑強抵抗，但力不從心，拉伽什最終被溫瑪征服。

彪炳史冊

烏魯卡基納振興國家的努力雖然以失敗而告終，但他的改革措施卻爲人們所懷念。一塊銘文顯示了當時拉伽什對改革的讚賞，對入侵的憤慨，文中寫道：「溫瑪，毀滅了拉伽什城後，對寧吉爾蘇神犯了罪。觸犯了他的手，他要砍斷它。寧吉爾蘇（指拉伽什)之王烏魯卡基納沒有罪過。至於溫瑪之王，盧伽爾扎吉西，願他的女神尼沙巴（Nisaba）把他的罪掛在脖子上。」烏魯卡基納改革雖被入侵所中止，但改革的精神和內容都爲後代所傳承和借鑒，成爲不朽的佳話。

約西元前二千三百五十年的蘇美泥版。泥版上有三行文字，列舉了向蘇美的拉伽什的一位神獻祭的牲畜和獸皮。

西亞第一位國王——薩爾貢一世

如果說人們創造了歷史，那麼英雄則改變了歷史。薩爾貢就是這樣的英雄。他一生都在驗證「王侯將相，寧有種乎」這句話，從被遺棄的嬰兒到基什國王，再到成為首位統一兩河流域的「四方之王」，他的每一步都是對這句歷史最強的驗證。

從棄嬰到國王

自古英雄不問出身低，人們卻難以對薩爾貢的身世避而不談。他的身世充滿傳奇色彩卻又使人欷歔不已，作爲基什王國閃族的後代，薩爾貢出身卑微，「母卑，父不知所在」，出生後被放進一個蘆葦編成的籃子，用瀝青封住籃口，丟棄在底格里斯河邊，好心的園丁在河邊打水時看到他，抱去收養。薩爾貢自小跟隨養父，耳濡目染學到了園藝的精髓，長大後子承父業成爲一名出色的園丁。基什國王烏爾薩巴巴（Ur-Zababa）聞知薩爾貢園藝出類拔萃，聘用他爲御用園丁，兼做獻杯人（廚師）。

西元前二千四百年初，兩河流域已經步入統一的前夜。諸王國爲了爭奪水源、土地和奴隸，相互征伐，烽火連天。南方的溫瑪實力雄厚，國王盧伽爾扎吉西英勇善戰，他在擊敗烏爾、烏魯克等小國之後，建立起鬆散的聯盟，自任盟主。北方最大的王國基什成爲盧伽爾扎吉西唯一的強敵。

不久，盧伽爾扎吉西揮師北上討伐基什。面對驍勇善戰的溫瑪軍隊，基什的王公貴族膽戰心驚，臨時組成的軍隊也不堪一擊，敗下陣來。國中人人自危，紛紛抱怨國王的昏庸無能，將國家引往絕境。野心勃勃的薩爾貢看到國王烏爾薩巴巴失去民心、江山不穩，趁機發動政變，將國王趕下寶座，取而代之。

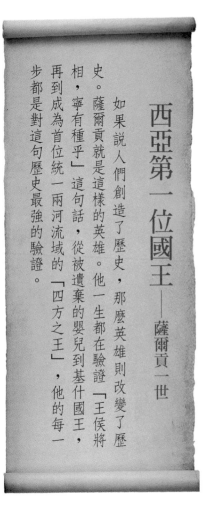

薩爾貢登基之初，貴族多有不服，他軟硬兼施，一方面沿用基什國號予以安撫，另外一方面招兵買馬，用長刀短劍捍衛其王位。優厚的招募條件吸引來不少熱血青年，很快就招募到了五千四百名強悍兵丁，在城裡實行嚴格的「武器管制」。政權鞏固之後，薩爾貢移都阿卡德城。

時勢造英雄，兩河流域的爭霸戰將出身低賤的薩爾貢推上了歷史的巔峰。如果以爲他出身於打理王宮後花園的園丁，而無治國將兵之才的話，那就大錯特錯了。薩爾貢長期伴隨國王烏爾薩巴巴左右，學得不少帝王之術。這一刻，正是薩爾貢大展宏圖的時候了。

統一兩河流域

用暴力奪權的薩爾貢深知軍隊的重要性，他把徵募到的五千四百名精壯士兵組成的常備軍，直接歸其指揮，這是人類歷史上的首支常備軍。要知道，普通的蘇美小國每次參加戰鬥，只有區區幾百人出戰，且大都是臨時召集的民兵，純屬缺乏戰鬥素養的烏合之眾。相比之下，薩爾貢的目光十分具有前瞻性。

薩爾貢爲了將這支常備軍鑄造成戰無不勝的鐵師，對他們進行了嚴格的軍事訓練。這支鐵血之師非常善於貼身肉搏，具有近身戰的勇敢精神；弓箭隊經過苦練，箭法相當精準，個個百步穿楊，使其他國家的軍隊聞風喪膽。基什本來就是北方強國，歷代積累了雄厚的實力，再加上這支訓練有素的軍隊，薩爾貢已有能力問鼎兩河流域。

此時能在兩河流域能與基什分庭抗禮的也只有溫瑪國了，溫瑪以蘇美小國盟主自居，實力雄厚；而基什國

薩爾貢石碑細部

被捆綁的赤裸囚犯。

力蒸蒸日上，國富兵強，兩國旗鼓相當，彼此互相忌憚，不敢輕易動兵。兩國因邊界和勢力範圍問題摩擦不斷，爲此幾番唇槍舌劍，爭執不下。當談判協商解決不了實質問題時，只有兵戎相見，在戰場上一決高下了。

恰逢盧伽爾扎吉西率領的溫瑪、烏魯克聯軍攻打頑抗的拉伽什城，連年討伐不克，兵困將乏。眼見機不可失，薩爾貢率領他的五千四百名精銳之師星夜兼程迅速南下，劍指溫瑪城。盧伽爾扎吉西慌忙從拉伽什撤軍，迎擊薩爾貢。

薩爾貢一世青銅像

關於薩爾貢一世的銘文有一句是說：「他使全國只有一張嘴」，所以有人認為他是世界上第一個獨裁者。

除了趕回來的軍隊，盧伽爾扎吉西還召集來由五十個蘇美國家組成的二萬聯軍，意欲一舉殲滅薩爾貢的五千四百名勇士。薩爾貢在數量處於劣勢，但軍隊裝備精良，訓練有素；盧伽爾扎吉西看似兵多勢眾，但成分複雜，良莠不齊，主力又在拉伽什連年征戰，早已疲憊不堪。薩爾貢以寡敵眾，戰鬥中弓箭隊萬箭齊射，盧伽爾扎吉西的將士紛紛倒下，由五十個蘇美小國所組成的聯軍最終被擊潰。一代梟雄溫瑪王盧伽爾扎吉西慘遭生擒，被戴上狗的項圈，拖到神廟前獻祭。

溫瑪國轟然倒下後，其他國家也無力與薩爾貢對抗。薩爾貢一路凱歌橫掃烏爾、烏魯克、拉伽什，蘇美各小國盡遭蹂躪，隨後，他劍鋒直逼波斯灣。至此，薩爾貢統一了巴比倫尼亞，阿卡德已是兩河流域南部首次出現的統一大國。

自此以後，薩爾貢未曾停止過擴張的腳步，他繼續西進，深入小亞細亞的南部和中部，一度征服幼發拉底河中游的瑪裡（Mari）和敘利亞古國埃布拉（Ibra），打開了通往地中海沿岸的商路。薩爾貢還遠征過東方的埃蘭，北部的蘇巴爾圖（Subartu），甚至小亞細亞和黎巴嫩山脈地區。「薩爾貢」一詞在阿卡德語中意爲「眞正的王」，薩爾貢先後出征三十四次，所向無敵。

集權下的王國

薩爾貢除了戰功卓著之外，長達五十五年的在位時間也是世所罕見，他有足夠的時間去經營阿卡德王國。在蘇美各地都納入阿卡德的版圖之後，薩爾貢建立起一套中央集權制度，他自稱是女神伊什塔爾寵愛的人，即「天下只有一張嘴」，各地皆聽命於他。他以十日行程範圍作爲一個行政區和行省，派王族子弟前去管理，藉此加強對地方的控制。他還挑選蘇美人的菁英到政府中任職，以達到緩和蘇美人情緒的目的。

阿卡德－納拉姆辛（Naram-Sin）石碑

阿卡德王朝時期的一件大型石雕作品。以紅砂石雕刻，石碑最高處站立著高大的納拉姆辛王（Naram-sin）——薩爾貢一世的孫子，他在號召戰士們向山上衝鋒。

園丁出身的薩爾貢十分重視農田水利建設，他下令興修水渠，引水入田，在兩河流域建立起了龐大的灌溉網絡。桔槔汲水工具也首次出現在圓筒印章的雕刻中，顯示出灌溉技術的進步。

爲了掃除國內貿易的障礙，薩爾貢以十進制爲單位統一了全國的度量衡。阿卡德城位於兩河流域南部偏北方，是商道的集中點，地理位置優越。成千上萬塊泥版文書記載著各種類型的商業往來，阿卡德的神廟擁有大片的土地和難以計數的財寶，神廟管理者利用這些財富經營貿易牟取暴利。私營經濟規模也不小，阿卡德人經商時與祈禱時一樣，都全神貫注。阿卡德商人一度遠赴印度河流域，與當地人民建立起貿易關係。薩爾貢曾率一支遠征隊進入小亞細亞東部地區，因爲那裡的一個商賈定居點向他請求援助，這些受到土著虐待的商人很可能是阿卡德人，可見阿卡德的貿易範圍十分廣闊。

在軍事上，薩爾貢征服了周邊文明程度較高的民族，但在文化上，他們卻是被征服者。閃族阿卡德人來自阿拉伯沙漠地帶，他們定居巴比倫時，「腳著草鞋，面有黑鬚，肩掛重枷」、「居無定所，逐水草而得苟安」，十分落後。

薩爾貢幾乎全盤接受了蘇美文化，包括文字乃至宗教。他借用蘇美的楔形文字作爲自己的文字，只是稍稍改良了一下字體和綴音而已。大多數阿卡德神就是蘇美神，只不過他們都有閃族的名字。蘇美人的天文曆法、數字、文學也被採用，他們把這方面的著作編目，收藏於書庫，成爲兩河流域最早的圖書館。人們並不能說阿卡德人只善於剽竊抄襲而無創造能力，他們把蘇美人的圓形泥版改進爲方形，便於存放；另外，他們雕刻圖章的技藝也後來居上。

薩爾貢以武力終結了兩河流域的分裂割據狀態，但他的統治並不穩固，許多不甘心的亡國貴族都在蠢蠢欲動，圖謀東山再起；被征服地區的人民不堪沉重的徭役和賦稅，怨聲載道；阿卡德的人民也因連年征戰，負擔繁重，大量淪爲債務奴隸。國家內部矛盾叢生，危機四伏。根據文獻記載，在薩爾貢晚年，國內曾爆發了大規模反抗，「全國各地都起來反對他，並把他圍困於阿卡德城」。

可是，人們不能因此抹殺薩爾貢偉大的歷史功績，阿卡德作爲首次統一兩河流域的王國，意義深遠。兩河流域的農業要求大型水利灌溉系統，這只有統一國家才能完成。此後，許多君王都以薩爾貢爲楷模，把統一兩河流域作爲奮鬥目標。

古巴比倫的太陽——漢摩拉比

「漢摩拉比，值得稱讚的人君，諸神的虔誠者，你當使正義傳播四方，你當剷除邪惡、抑強扶弱……你當教化萬民、增進福祉……你滿足了百姓的需要；你保全了巴比倫的生命財產，你的確是我們的忠心奴僕。你的所作所為，使我們深感高興。」

——《漢摩拉比法典》序言

西元前二〇〇六年，烏爾第三王朝滅亡，兩河流域分裂爲伊新（Isin）、埃什努納（Eshnunna）等六個國家，各國爲爭奪土地、水源，割據稱霸、征戰不休。

作爲一個彈丸小國，巴比倫不得不時而依附這一鄰國，時而投靠另一邦國，以圖生存。西元前一七九二年，漢摩拉比接過老國王手中的權杖，登上巴比倫的國王寶座，兩河流域的歷史翻開了新的一頁。

韜光養晦，六年磨一劍

滿腹韜略的漢摩拉比不甘寄人籬下，讓巴比倫做他國的附庸。但苦於勢單力薄，不宜輕言戰事。審時度勢之後，漢摩拉比忍辱向北方的強國亞述稱臣納貢，承認自己附屬於亞述國王。有了亞述做靠山，巴比倫就無外患之憂，漢摩拉比開始大刀闊斧地整頓國家。

漢摩拉比深知，要使巴比倫居於群雄之上，應當確立法制和發展經濟。他將即位的第五年命爲制定國法之年，透過制定法律，各種紛爭迎刃而解，國內的秩序變得井井有條。巴比倫位於幼發拉底河上游，扼守西亞貿易要衝，南來北往的商賈匯聚於此。借助得天獨厚的地理優勢，巴比

漢摩拉比法典

《漢摩拉比法典》是古代第一部保存下來的成文法典。

倫得以經營中轉貿易，牟取暴利。同時，漢摩拉比鼓勵農業、手工業和商業的發展，各行各業在他的治理下欣欣向榮，國家日漸富強。

爲建設一支常勝之師，漢摩拉比給予士兵農地，士兵平時務農，戰時出征。爲使戰士忠心爲國，漢摩拉比規定軍官霸佔士兵土地將處以極刑，士兵土地不得買賣。如此一來，士兵的生活就有了保障，軍隊戰鬥力大大提高，兵源也變得充足。

經過六年的養精蓄銳，巴比倫的國力已經今非昔比，不僅兵強馬壯，國庫也堆滿金銀，有強盛的國力作爲後盾，漢摩拉比終於可以放手一展雄才偉略。

戎馬半生，一統兩河流域

在統一兩河流域的過程中，漢摩拉比展現出靈活多變的外交策略，先弱後強、各個擊破。他先與南方的拉爾薩（Larsa）結盟，使江河日下的伊新和烏魯克遭受南北夾擊、自顧不暇，然後揮師南下一舉征服這兩個國家。初戰告捷，漢摩拉比躊躇滿志。

時值亞述老國王去世，漢摩拉比當機立斷，出兵遠赴瑪裡，推翻了亞述王子在瑪裡的統治。瑪裡國王對漢摩拉比感恩戴德，兩人在信件裡稱兄道弟，兩國也成爲唇齒相依的盟國。此後漢摩拉比每次征戰，瑪裡都出兵相助。

不久，拉爾薩君主與漢摩拉比反

漢摩拉比法典石碑

目成仇，氣氛一時變得劍拔弩張。漢摩拉比並不急於征討，他先徵集人力使河水改道，河流下游的拉爾薩得不到水源，耕地無法灌溉，糧食連年歉收，國力漸衰。西元前一七六二年，看到時機成熟，漢摩拉比調兵遣將，大軍沿幼發拉底河順流而下，猛攻拉爾薩。在耗費數月攻下最後一個要塞之後，拉爾薩國王逃往東方的埃蘭。同時，他還於西元前一七六四年出兵奪去了東北方向的埃什努納（Eshnunna）。

看到漢摩拉比南征北戰、節節勝利，瑪裡國王擔心巴比倫最終會把矛頭轉向自己，反戈一擊，在巴比倫攻打拉爾薩時沒有派兵。不出瑪裡國王所料，西元前一七五九年，漢摩拉比率軍北伐瑪裡。瑪裡地狹民寡，自然難敵巴比倫的常勝之師，於是在一年之後，瑪裡的軍隊被徹底擊垮，瑪裡淪爲巴比倫的屬國。接著，漢摩拉比不費吹灰之力便蕩平了底格里斯河一帶的國家。

漢摩拉比懷有高超的戰爭智慧，法典中記載「衝擊敵人的勇猛的金牛」，以強大的威力，所向無敵，驅逐兩河流域上下之敵。漢摩拉比用三十五年時間統一了兩河流域，結束了兩河流域長達兩個半世紀兵連禍結、分裂割據的局面。統一的兩河流域邁步走向輝煌的古巴比倫時代。

第一王朝拉薩爾祈禱銅像

這一祈禱青銅像據考證是根據漢摩拉比的形象塑造的，是獻給其王室守護神阿姆魯（Amurru）的一件禮品。整個塑像以青銅、黃金、白銀製成，底座前方的容器是用來放置祭品。

建設富強的巴比倫

漢摩拉比不僅善於運籌帷幄打天下，而且還有治國安邦的韜略。兩河流域的統一，拆除了阻礙各地經濟文化交流的藩籬，爲古巴比倫的繁榮打下根基。漢摩拉比躊躇滿志，宣稱要把古巴比倫建設成爲「其根基與天地共始終」的「萬王之最強大者」、「四方的庇護者」。

漢摩拉比重視農田水利建設，他在位的第八、九、二十四、三十三年的年名都是灌溉水利之年。巴比倫境內土壤肥沃，水源充足，他多次下令開鑿河渠，引水灌溉農田。最大的一條運河命名爲「漢摩拉比——萬民之福，」可以澆灌萬頃土地。他在銘文中表示，這是爲了「變運河兩岸爲沃土」、「聚糧成堆」。發達的灌溉農業使巴比倫糧食連年豐收，小民衣食無憂，國家也積累大量財富。

漢摩拉比一改前朝土地集中管理的模式，將耕地劃爲每塊不超過八．五公頃的小片土地，分給各個階層的人耕種。在全國出現大量中小土地所有者，他們安居樂業，擁護漢摩拉比的統治，王國的根基得以鞏固。國家保護私有土地，抑制兼併，官吏掠奪土地會受重罰。

私人作坊也已頗具規模，法典中記載僱傭匠人的作坊有冶金、織布、造船等十餘種。青銅器已被廣泛使用，醫生開始使用青銅刀具給病人做手術；工匠把播種機附加在經改良過的耕犁上，大大提高了耕作效率。

農業、手工業的發展刺激了商業的繁榮，古巴比倫藉助便利的水運，與古埃及、裡海、小亞細亞等地貿易。大量的穀物、石油、椰子、皮革輸出國外，換來古巴比倫稀缺的金、銀、木料還有奴隸。隨著對外貿易的發展，大量白銀作爲交換手段。雖然大宗貿易由國家壟斷，但城市裡私人經營的店舖、貨攤也不少，農村也出現了定期的集市。私人經商必須遵守法紀，不許私抬物價，酒販擅自抬高酒價，便要投水淹死。

繁榮的經濟推動著租賃、借貸、賠償和僱傭等關係的發展。漢摩拉比深知假如任其發展，將會助長兩極分

第一王朝獅身雕像

造型古樸可愛的獅身青銅雕像從千年的廢墟中被挖出，向人們展示了一個古老民族所創造的文明。

化，王國的根基也必將腐蝕。必須設法把稅收限定在一定範圍內，如他規定佃租爲收成的三分之一到二分之一，以達到抑制土地集中的目的。

經過漢摩拉比的整頓，古巴比倫日益繁榮，人民生活富足，國庫也變得充盈。漢摩拉比在位的四十餘年，是古巴比倫王國的極盛時期。經濟獲得實質性進展，巴比倫也由一個弱小的國家發展成爲兩河流域政治、經濟和文化中心。

一部法典耀千古

漢摩拉比在他執政第三十年的時候，將王國法典刻在一根二公尺高的黑色玄武岩石碑之上，昭告天下。他將石碑豎立在馬爾杜克神廟即最高法庭所在地，以示法典具有最高法律效力，神聖不可侵犯。

在石碑的上半部，是一幅精緻的浮雕，太陽神沙馬什端坐在寶座上，將象徵帝王權力的標誌——權柄授予畢恭畢敬站在他面前的漢摩拉比。石碑的下半截，則使用楔形文字刻著法典全文。

法典由序言、正文和結語三部分組成，序言主要宣揚君權神授，頌揚漢摩拉比的歷史功績。結語則是警告巴比倫子民要世世代代遵守法典，否則就會遭到天譴。正文多達二百八十二條細則，包括租佃關係、盜竊處理、債務奴隸、婚姻家庭、訴訟審判等方面的詳細規定。其中頗具爭議的便是同態復仇法：即「以眼還眼，以牙還牙」的方式來解決上層自由民之間的糾紛，造成許多傷殘甚至死亡，以今天的標準看來過於殘酷。儘管如此，該法典在歷史上仍然有著廣泛而深遠的影響，之後的歷代帝王仍不時提到它，以它作爲榜樣。

漢摩拉比宣稱法典是「爲使強不凌弱，使孤寡各得其所……爲使國中法庭便於審訊，爲使國中審訊便於決定，爲使受害之人得申正義」。他還要求有法律糾紛的自由民，「務必誦讀」石碑上的法典，以使案件得到公正的審判。這就保護了人民的利益，即使是貴族也不能像往常那樣隨意曲解法律。

這部法典洋溢著法治精神，這在三千七百年前的社會實屬難能可貴，「使國家得享太平，人民棲息之所有所庇護，而無驚恐之虞」。兩河流域坦蕩如砥，易攻難守，分化瓦解的力量總是大於凝聚的力量，漢摩拉比建立的王國能夠延續近兩百年，《漢摩拉比法典》功不可沒。

漢摩拉比用他智慧的光芒照耀著古巴比倫王國，四十餘年的勵精圖治使國家秩序井然，盛極一時。後來，古巴比倫被等同於兩河流域南部，其文明也稱爲「古巴比倫文明」。

古代科學的奇葩——古巴比倫的科學成就

穿過時光的軌跡，踏上文明的漫漫之旅。讓我們駐足在蔥鬱的「空中花園」裡，品味那醉人的花香；讓我們徜徉在浩瀚的星空下，遙望著掌管星座的神靈；讓我們坐在椰棗樹下，聆聽這神奇的古老傳說。

神的天空

當人們談及星座的奧祕時，很難想像沿用至今天的黃道十二宮，來自於西元前二千年的美索不達米亞。自從美索不達米亞人發現了金星的運行週期，黃道的概念也就應運而生。古巴比倫發達的天文學，總是帶著浪漫的神話色彩。黃道帶的十二星座，是與神話傳說中的神和動物緊密相連，並用特殊的圖案表示。此外，他們還總結了日月星辰的運行規律，可以預測晝夜長短、月相盈虧以及一些行星運行的變化情況。

古巴比倫擁有非常精確的天文曆法。從西元前一千年一直到西元前三百年，美索不達米亞人沿用一種曆法，規定一年有十二個月三百五十四天，每隔一段時間就設置一個閏月，這樣可以使決定季節的太陽月與太陽年相符合，有利於當地的農業生產。

奇怪的符號

從一八七〇年代起，歐洲的古文字學家在解讀泥版文書時，遇到了大量奇怪的符號。長久以來，人們對這些符號的解讀，始終莫衷一是。一九六二年，美國數學家在對一批奇怪的泥版文書進行研究之後指出，這些古怪的符號是人類最早的計數表。驚奇之餘，人們不得不對古巴比倫的數學成就刮目相看。

原來，古巴比倫人很早就採用了十進制與六十進制並用的計數法。直到今天，我們仍然在使用。古巴比倫人不但編製了乘法表、平方表、立方表、平方根表、立方根表，還能夠解出多元一次方程式和一元二次方程式，甚至對特殊的高次方程也有研究。在幾何學方面，古巴比倫人把六十進制引入圓周之中，將圓周分為

用作占卜的羊肝黏土模型

製作於西元前一八三〇年至西元前一五三〇年巴比倫第一王朝時期。

三百六十等份，一度爲六十分，一分爲六十秒。這一成就直到十六世紀，才被歐洲人系統應用於數學計算和天文學領域。同時，古巴比倫人對畢氏定理也有了初步的認識。此外，他們還會計算簡單平面圖形的面積和簡單立方體的體積，對相似三角形和立體幾何學也有獨到的見解。

夢幻之城

古代巴比倫的建築，由於戰亂的原因，保存下來的極爲稀少。然而在歷史學家眼裡，古代巴比倫建築帶有很多的夢幻色彩。比如迦爾底亞城，「世界七大奇蹟」之一的「空中花園」，以及《聖經．舊約》中的巴別塔，都是很好的證明。

迦爾底亞城建造於尼布甲尼撒二世（**Nebuchadnezzar II**，西元前六〇五年至西元前五六二年）時期，他是迦爾底亞王國最著名的國王。據說迦爾底亞城佔地一萬二千六百畝，周長二十二．五公里，方形的城牆上有三百六十座塔樓，城牆外還有幾十公尺寬的護城河。全城有一百多座銅製城門，上面布滿精美的浮雕，其精美程度令人歎爲觀止。

除了重建巴比倫城外，尼布甲尼撒還爲心愛的妃子米底亞（Medes）公主修建了神奇的「空中花園」。傳說中，「空中花園」的主體結構呈正方形，邊長一百二十公尺，高二十五公尺，共七層，由杜石堆砌而成。建築上層模仿米底亞山區的景色，上面種滿了奇花異草。爲防止滲水，建築還使用了柏油和鑄鉛。巴比倫人還在花園中央修建了城樓，遠遠望去，宏偉壯觀，因此被古希臘人稱爲「世界七大奇蹟之一」。

與「空中花園」齊名的是巴別塔。據《聖經．舊約》記載：人們想建一座可以通往天堂的高塔，這一舉動激怒了上帝。上帝爲人類的虛榮和傲慢所震怒，決定讓人類語言不通，這樣就無法溝通建塔。神話畢竟是神話，而巴別塔的確存在過。根據納波勃來薩（**Nabopolassar**，尼布甲尼撒之父）時期的銘文記載：「巴比倫塔已經損壞，天神馬爾杜克令我重建，我要把地基插入大地的胸膛，讓塔頂直入雲霄。」然而納波勃來薩的心願並沒有完成，剩下的工作交給了兒子尼布甲尼撒。傳說，巴別塔有八層九十公尺高，螺旋狀階梯通向塔頂，頂部高臺修有馬爾杜克神廟。然而今日的巴別塔，只剩下方形的地基，訴說著往日的輝煌與榮耀。

時過境遷，今天的古巴比倫文明已經湮沒在歷史的塵埃之中，但是人類對自然界的探索從來沒有停止過。科學思想的種子已隨著人類的成長，逐漸生根發芽。

戰車上的王國——西臺帝國

約西元前一千九百年中葉後，小亞細亞的東部高原上出現了一方霸主——西臺。西臺人駕著輕巧靈活的戰車征服了一個又一個的小國，建立了赫赫威勢的西臺帝國。然而，也是在戰爭的車輪下，曾經輝煌一時的西臺帝國從人類歷史的長河中就此消失。

帝國建立

西臺王國位於小亞細亞東部哈里斯河（Halys）流域的中上游地區，大約相當於今日土耳其安卡拉（Ankara）以東的克孜勒河（Kizil Irmak）中上游一帶。這裡的民族成分比較簡單，以當地的西臺人和隨後遷徙來的涅西特人爲主，語言以屬印歐語系的涅西特語爲主。西臺人是一支勇猛慓悍的遊牧民族，牧養了大量的良種駿馬，再加上獨特的鐵製戰車，在好動不安的民族特性驅使下，他們一年之中有大部分時間都是在馬背和戰車上度過的。

西元前一千九百年中葉以前，西臺境內是一些相互獨立、彼此爭戰的小國。後來，庫薩爾（Kussara）在幾位賢明統治者的領導下，經過數十年的沙場爭戰，用武力實現了統一。接著，他們充分發揮自己的戰略優勢——優良戰馬和輕便靈活的鐵製戰車，在沙場上所向披靡，令敵人聞風喪膽，最終建立起了一個統一的大帝國，雄霸一方。

西臺小女孩

土耳其東南部出土的九世紀浮雕。描繪西臺人安適的家庭生活。西臺小姑娘左手執隼，右手執筆，站在媽媽的膝上玩耍。

由盛而衰

大約西元前一千六百年前期，

西臺王國的繼承者們爲了爭奪王位，相互廝殺。西臺國王鐵列平（Telepinus）爲了平息諸位王子之間的相互殘殺，結束同室操戈的局面，針對王位繼承的問題進行了一系列改革。他確定了王位繼承原則，穩定了國內政治秩序，進而使國家集中精力對外擴張，締造霸業。

西元前一千五百年末至西元前一千三百年初，西臺臻於鼎盛。她運用有利的國際局勢，在馬背和鐵戰車上展開了一系列征服擴張活動。在當時，戰車基本上都是木製的，西臺人率先發明出冶鐵技術，獨家壟斷，成爲一大「軍事機密」。他們的鐵製戰車，再套上馴養出的良種馬匹，勢不可當，將對手的木製戰車打得一片狼藉，大片的領土被他們征服，對周邊國家構成了極大的威脅。

古埃及是當時一大強國，不甘心屈居第二，尤其在拉美西斯二世出任法老時，更是雄心勃勃。卡疊什一戰，西臺實力大衰，再加上周圍國家的進一步崛起和強大，愈發顯得不堪一擊。西元前一千三百年末期時，「海上民族」活動猖獗，席捲了整個東部地中海地區，西臺的良馬和鐵車也抵擋不住這股風暴，國家四分五裂。西元前八世紀時，西臺帝國已是江河日下，加上「密技」——冶鐵技術早已傳播開來，終被日益強大的亞述帝國徹底毀滅。從此，西臺王國從歷史的長河中消失了。

特色文化

西臺文明中，最值得一提的便是冶鐵技術了。約西元前二千年左右，西臺發明了世界上最早的冶鐵技術，金屬「鐵」出現了。然而，人類此時遠未進入鐵器時代，鐵的首次出現，使它成爲了一種貴金屬，其價值甚至高出黃金許多，這令今人詫異不已。西臺人這一獨特的技術祕而不宣。當時由於技術原因冶煉出來的鐵很少，因此，西臺人對鐵的使用非常審慎，基本上都用在軍事或關乎民生經濟的器具上，如鐵犁、戰車，其他兵器等。正是靠著獨有的鐵製戰車，西臺成爲了顯赫一時的高原霸主。

西臺王國還爲後世留下了一部《西臺法典》，雖然殘缺不全，但仍能從中依稀看出上古時期西臺人的生活風貌。法律是來維護社會秩序的，規定了賠償的原則，罪犯可以透過支付金錢、奴隸、房子等獲得自由。婦女可從事與男子一樣的職業，享有一定的權利和自由。

西臺地處小亞細亞東部地區，爲兩河流域與西亞北非地區、愛琴海地區之間的文明交往發揮了媒介作用。無論是透過暴力的戰爭方式，抑或和平的貿易方式來擴張，都促進了這些地區文明的交融與發展。

崛起的航海民族——腓尼基人

這個民族既像詩一般柔美，發明了美麗的紫色染料，創造出一種優美的字母文字體系；她又像劍一般剛烈，橫衝直撞於地中海沿岸各個地區，在那裡建立了一座又一座商業據點。然而，這個傳奇的民族存續了上千年後，卻一夜間灰飛煙滅——她便是腓尼基。

紫色的國度

在歷史上，腓尼基並不是一個國家的名稱，指的是敘利亞和巴勒斯坦的沿海地區，是地中海東北部的一塊狹長的沿海地帶，大約相當於今日的黎巴嫩地區。這裡的最初居民一般認爲是胡利安（Hurrians）人，約西元前三千年左右，迦南人（Canaanite）遷入，與胡利安人逐漸混合而居，相互交融。

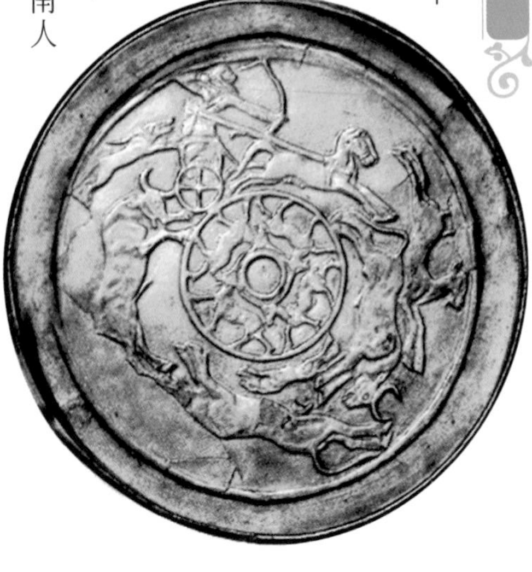

烏加里特是腓尼基北部的一個地區，這是一面刻有腓尼基人狩獵場面的金盤。

腓尼基的河谷和平原地帶的土質較爲肥沃，適合農作物和經濟作物的生長，因而種植業和經濟作物種植相對發達。橄欖、葡萄和椰棗種植尤爲常見，腓尼基的山中還盛產雪松（Cedrus）等名貴木材。此外，腓尼基人常從海底打撈一種奇特的海貝，從這種海貝中可以提取出一種能夠作爲染料的紫紅色顏料，經這種染料染製過的毛、麻等製品，顏色鮮艷奪目且不易褪色，這類紡織品在地中海沿岸各國都享有盛譽。因此，當時的外域人便將「腓尼基」這一稱呼送給了這個地區的人們，因爲「腓尼基」，是古希臘語的音譯，意思是「紫色之國」。

航海的民族

大約西元前五千年左右，腓尼基

出現了新石器時代的居民，約西元前三千年末葉至西元前二千年初葉，腓尼基出現了一些互不統屬的小國家，較為著名的有烏加里特（Ugarit）、畢布勒（Byblos）、西頓（Sidon）和泰爾（Tyre）等。這些城邦之間相互為敵，缺乏團結意識，城中居民也總是以「某某地人」自稱，如來自泰爾的人稱自己為泰爾人，西頓的居民則稱呼自己為西頓人等。這樣腓尼基人便很容易為外族所征服，他們先後為古埃及、亞述、迦爾底亞、波斯等帝國統治過。即便出現過較為短暫的獨立時期，這些小國之間還是紛爭不已，一直未能形成一個統一的國家。西元前三百三十二年，率軍遠征的亞歷山大摧毀了泰爾城，腓尼基城邦時代結束。

腓尼基雖地小人少，且常處於外族統治之下，但這並沒有影響她的文明發展。腓尼基以造船業、航海業和商業著稱，再加上得天獨厚的眾多優良港口，使她如魚得水。腓尼基人運用嫻熟的航海技術，駕馭著自家製造的優良船舶，游弋於四周海域之上。他們乘船到過許多地方，據說到過英吉利和愛爾蘭。據史料記載，古埃及法老尼科（Necho）就曾僱傭腓尼基人乘船環繞非洲航行取得過成功。

腓尼基人趁此時機大力發展與地中海周邊國家的對外貿易，他們從古埃及進口亞麻，從塞浦路斯輸入銅，從小亞細亞買進錫和鐵；而自己則輸出象牙、青銅、銀器、玻璃等製品，同時還輸出雪松，以及用自產的紫紅色染料製成的紡織品等。他們還與地中海周邊的諸多國家，如北非沿岸的國家、地中海西部的邦國等，建立了廣泛的海上貿易往來。此外，腓尼基人還在海外大肆建立商業殖民地，以拓寬貿易往來，其中著名的北非城市迦太基（Carthage）便是腓尼基人建立的商業殖民地之一。

文字的傳播者

腓尼基人對古代世界文明最大的貢獻並非他們自製的紫色染料，也不是航海殖民，而是他們創製出的一套字母文字體系。這套文字體系總共有二十二個字母，都是線形符號，只有輔音而沒有元音，這便是著名的「腓尼基字母」。腓尼基人在航海殖民與貿易活動之餘，也將自己的文字體系傳播開來。

腓尼基字母向西傳入古希臘，古希臘人便在這套字母的基礎上加上元音，形成了古希臘字母；古羅馬人在希臘字母的基礎上創造出拉丁字母，構成現今西歐各國字母的基礎；斯拉夫人在古希臘字母的基礎上發展出斯拉夫字母，成為東歐各國字母的原型。之後，腓尼基字母向東傳入阿拉米人（Arameans）的區域，形成了阿拉米字母，而阿拉米字母又發展出後來的印度、阿拉伯、亞美尼亞、維吾爾等字母。因此，把「腓尼基字母」說成是歐洲各國文字的始祖，一點也不誇張。

迦太基古城

遺址位於首都突尼斯（Tunis）城東北方十八公里處，迦太基在腓尼基語中意爲新的城市。據文字記載，迦太基古城建於西元前九世紀末期。城市興建後，國力逐漸強盛，版圖不斷擴大，成爲當時地中海地區政治、經濟、商業和農業中心之一。腓尼基人的強盛與羅馬帝國發生了直接的衝突是在第三次普尼克戰爭中，腓尼基人被羅馬人擊敗。按照羅馬元老院的堅決主張，迦太基被羅馬軍隊夷爲平地。西元前一二二年羅馬又在這裡重建城市，並使其發展爲僅次於羅馬城的第二大城。西元六九八年，被阿拉伯軍隊徹底毀滅。

迦太基古城遺址
戰爭和時間使迦太基古城擁有了一種殘破淒婉的美。

上帝的選民——猶太人

曾有人說，猶太人是世界上最聰明、最善於理財的民族。這話不假，如偉大的科學家愛因斯坦是猶太人，傑出的心理學家佛洛伊德、思想家馬克思也有猶太人的血統，當今美國的很多商業鉅子是猶太人，他們對美國的經濟，乃至政治都有著舉足輕重的影響。然而，在古代歷史上，猶太人卻是一個多災多難的民族。

與上帝立約

一般認爲猶太人的故鄉在阿拉伯沙漠中，但他們最早出現的地方卻是在兩河流域的美索不達米亞平原上。約西元前二千年至西元前一千八百年之間，猶太人在先知亞伯拉罕的帶領下跨河來到了迦南，即巴勒斯坦地區。因此，當地的迦南人稱這批不速之客爲「希伯來人（Hebrew）」，意爲「從河那邊來的人」。

後來迦南地區連年大旱，寸草難生，這對於靠牛羊生存的牧民來說是一個巨大的挑戰。於是，他們又在當時的首領，亞伯拉罕的孫子——雅各的帶領下，遷居埃及。猶太人在埃及生活了約四百年，他們在那裡勤勤懇懇，任勞任怨，但總歸是「外鄉人」，因此似乎總比埃及當地人低一級。他們做的是最卑賤且最勞累的工人，但往往遭受不平等待遇。

在埃及的四百多年間，猶太人飽受了埃及法老及其政府的奴役之苦。約西元前一千三百年左右，他們實在無法忍受這種奴隸般的悲慘生活，在首領摩西的帶領下逃離了埃及。據《聖經．舊約》記載，埃及新任法老上臺後，看到猶太人人丁興旺，人數很快就會超過埃及人。因此，埃及法老下令：接生婆在爲猶太人接生時，若發現男嬰便丟於河中，只存留女嬰。摩西在這個時候誕生了，母親爲了保全他的生命，萬般無奈之下將他裝在一隻木箱中，放在尼羅河上，讓其沿河而下。摩西的姊姊跟隨著箱子，看著箱子流往何方。恰巧法老的女兒來河邊洗澡，撿起了箱中的摩西，將其視爲自己的兒子，在埃及的王宮中將摩西撫養成人。

摩西長大知道自己的身世之後，毅然放棄了王子的奢華生活，向埃及法老請求帶走自己的同胞。法老大爲不悅，百般阻撓，摩西在上帝耶和華的啓示和幫助下，與法老進行了一系列的鬥法，出現了種種的神跡後，法老心中的恐懼與不安日益加劇，責令摩西迅速帶領他的子民遠離埃及。猶太人的逾越節（Pesach）便產生於摩西與法老的鬥法中。

逃離埃及後，猶太人到達西奈山（Sinai）區，摩西隻身登上西奈山頂朝見上帝耶和華，上帝與他立約，即《摩西十誡》（*Ten Commandments*）。《摩西十誡》中第一條也是最重要的一條便是「只可信仰耶和華一人」，由此，確定了猶太人的一神信仰。

求先知立王

猶太人在摩西的帶領下逃離埃及後，又回到了巴勒斯坦。但後來，「海上民族」席捲而來，其中的一支——腓力斯丁人（Philistines）不斷地進犯迦南地區。猶太人這時還沒有形成國家，仍處於宗教領袖治理下的氏族部落狀態，北方是以色列人諸部落，南方是猶太人諸部落。面對強敵腓力斯丁人的咄咄逼人，以色列猶太人請求當時的先知撒母耳（Samuel）爲他們選立一個王。起初撒母耳不願意，擔心猶太人會再次遭受奴役，他對猶太人說：「管轄你們的王必這樣行：他必派你們的兒子爲他趕車、跟馬，奔走在車前；又派他們做千夫長、五十夫長，爲他耕種田地，收割莊稼，打造軍器和車上的器械；必取你們的女兒爲他製造香膏，做飯烤餅；也必取你們最好的田地、葡萄園、橄欖園，賜給他的臣僕……」。儘管如此，猶太人還是央求先知爲他

十誡

傳說上帝在西奈山授給摩西「十誡」，於是摩西帶領猶太人逃出埃及，開始了他們尋找理想國度的艱難旅程。

示巴女王覲見所羅門王

所羅門統治時期，是猶太王國最繁榮的時期，民富國強。因他有大智慧，因此示巴女王（Queen of Sheba）就帶了許多香料、寶石和黃金去覲見，用難題考驗所羅門的智慧。最終所羅門王將她所問的都答上來了，沒有一句不明白、不能回答的。

們立一個王，撒母耳遵循耶和華的旨意，便應允了。

撒母耳選中了北方以色列人部落中的掃羅（Saul），於是猶太人便進入了王國時代。掃羅得到了大多數以色列猶太人的認可，建立了一支強大的軍隊，率領以色列猶太人與腓力斯丁人進行了頑強的抗戰，並取得了一連串勝利。

然而，還有許多南方的猶太人不肯臣服掃羅，他們仍緊緊圍繞在自己的首領大衛的周圍。大衛和掃羅之間發生了尖銳的衝突，他們各自帶領自己的子民與腓力斯丁人展開鬥爭。大衛年輕英勇，不斷地取得勝利；而掃羅運氣似乎不太好，在一次敗北後自殺身亡。此後，大衛當上了以色列猶太人的國王，建立了南北統一的以色列——猶太王國，定都耶路撒冷。

大衛死後，他的兒子所羅門（Solomon）繼承王位，主動修好與周邊國家的關係，積極發展海外貿易；但同時大興土木，大肆建造宮殿樓閣，橫徵暴斂，激起民憤。第一聖殿（Solomon's Temple）便是在這一時期修建的。西元前九三五年所羅門死後，以色列猶太王國又分爲南北兩部分。北方十個部落合稱以色列（Israel）王國，南方二個部落合爲猶太王國，但兩個王國苟延殘喘了約二百多年，便又開始了被奴役的苦難歷程。

辛酸血與淚

所羅門死後，以色列、猶太王國又走向了分裂，而且南北之間經常相互爭戰、同室操戈，大大削弱了彼此的實力，爲接下來的一系列的外族奴役埋下了伏筆。西元前七二二年，亞述滅了以色列王國，猶太王國以大量金錢買得附屬國的地位。西元前五八六年，迦爾底亞國王尼布甲尼撒二世攻陷耶路撒冷，將城中居民集體遷往巴比倫，猶太亡國，史稱「巴比倫之囚」。

西元前五三九年，波斯滅迦爾底亞後，將巴比倫城中的猶太人放回耶路撒冷，允許他們重建家園，重修聖殿，由此進入猶太教歷史上的「第二聖殿時期」。西元前三三二年，亞歷山大大帝東征消滅波斯後，猶太人又淪入古埃及托勒密王朝統治下。

西元前六十三年，古羅馬攻陷耶路撒冷，在城中大肆擄掠，燒殺搶奪無惡不作，並屠殺了大批的猶太人。此後，猶太人便陷入了古羅馬人的殘酷統治之下，雖也發起了一次又一次的反抗，但換來的卻是愈加沉重的統治枷鎖。大批猶太人不堪忍受古羅馬的暴虐統治，遠走他鄉，開始了猶太人的大流散時期。此後，猶太人便分居在世界各地，他們以信仰猶太教和行割禮，作爲民族認同的標誌。

虔誠的信仰

在猶太教形成之前，猶太人信仰的是各個部落的守護神，耶和華便是其中的一個神。逃出埃及期間，摩西在西奈山上代表眾猶太人與耶和華立約，是爲《摩西十誡》，主要規定爲：一、只可尊耶和華一神，二、不能有偶像崇拜，三、不可妄稱耶和華之名，四、當守安息日，五、當孝敬父母，六、不可殺人，七、不可姦淫，八、不可偷盜，九、不可作假證陷害人，十、不可貪戀別人的妻子、財產等。

「十誡」的頒布，使猶太人有了具體的教義。「巴比倫之囚」時期，猶太人的宗教獲得進一步發展。被囚巴比倫期間，寄人籬下的生活使猶太人默默祈禱能有一位「救世主」出現幫助他們脫離苦海。這時，被囚的猶太人中有一位名叫以西結（Yehezke'l）的先知預言：猶太王國將會在耶和華的神權之下復興。這一預言在猶太人中間不脛而走，使大家備感興奮。後來，波斯滅了迦爾底亞之後，將猶太人遣回耶路撒冷，允許他們重建家園。猶太人認爲這是耶和華的庇護與保佑，因此將耶和華奉爲至高無上、獨一無二的眞神，猶太教由此產生。

猶太教的基本信仰歸結起來主要有四點：一、絕對的一神教信仰。只崇拜上帝耶和華爲至高無上、獨一無二的眞神，認爲他全知全能，是宇宙萬物的造物主，是全世界的主宰。二、堅信以色列人是與神立約的選民。認爲耶和華從萬民之中揀選出以色列人作爲自己的「選民」，因而，以色列人優於其他任何民族。三、認爲神的旨意體現在祂所啓示的律法書中，遵行神的旨意就是要遵行猶太教的法律「摩西十誡」。四、救世主的信仰。猶太人相信救世主會拯救猶太民族，乃至全人類。

猶太教的經典是《塔木德》（*Talmud*），最初名爲《塔納赫》（*Tanach*），編訂於西元前二世紀左右，約西元五百年時，猶太教將《塔納赫》至當時的七百多年間的文獻，加以彙集整理，形成《塔木德》。《塔木德》中不僅包括民法、刑法、教法、規章條例、傳統風俗、宗教禮儀，還囊括了社會道德等各方面問題的討論、辯論，以及著名猶太教師的生平傳略等。

征服與擴張——亞述帝國

猶如洪水猛獸的亞述軍隊席捲而來，劫掠和屠城也接踵而至。這個信奉戰神的民族曾經四面受敵，依恃野蠻殘暴的征服締造起鐵器時代的第一軍事帝國，但嗜血的屠殺和恣意的掠奪也深深埋下了毀滅霸業的種子。

尚武好戰的民族

亞述地處今伊拉克境內的美索不達米亞地區，位於底格里斯河和幼發拉底河流域北部，東北靠扎格羅斯山（Zagros），東南以小扎布河（Lesser Zab）為界，西臨敘利亞草原。亞述的鄰國有古埃及、西臺、巴比倫、烏拉爾圖（Urartu）。從地理環境上看，亞述不但要面對國內土地和資源有限的困境，還要面對時常被進攻的威脅。這些都無疑讓亞述的生存蒙上了陰影，也養成了亞述人好戰的性格。他們奉戰神為亞述宗教的最高神，其精神影響力和號召力十分巨大，戰爭在亞述人看來是「神的旨意」，是一種「神聖的事業」，參加戰爭是身為亞述人與生俱來的職責，更是無上的光榮，對戰事的冷漠將被認為是對神的褻瀆。在這樣的觀念影響下，戰爭的本質被模糊，剩下的只有對戰爭的無限熱情和慾望。流傳至今的亞述時期的壁畫、銘文、泥版圖書裡，戰爭都是重要的主題。

西元前一千年，亞述四周的強敵大多失去了昔日的耀武揚威，散

尼尼微城遺址

古亞述帝國都城，位於伊拉克的北部，底格里斯河的東岸，佔地約七・五平方公里，呈不規則形。一八四六年起開始發掘，一九五〇年代後修復了部分城牆、城門和王宮。目前已發掘出五座城門。

發出衰弱的氣息。而亞述從西臺引進鐵器後便大力推廣，鐵器在生產和軍事上的普遍應用，使亞述的生產力大爲提高，爲發動戰爭提供了有力的物質保障。同時，鐵器也使亞述武器的先進程度和殺傷力有了飛躍的發展。

從這一時期開始，亞述常備軍的規模不斷壯大，遠遠超過西亞的其他民族。國內外的局勢對亞述而言，昭示著一個絕佳的擴張時機已經來臨。經過整軍經武之後，龐大鋒利的戰爭機器踏上征程，自納西爾帕二世（Nasir-Pal II）起歷代亞述君主持續了兩個多世紀的對外征服戰爭，逐漸締造起一個地跨西亞、北非的大帝國，也成就了亞述鐵器時代第一軍事帝國的地位。

締造輝煌的君主

在亞述擴張之路上，有四位君主最爲功勳顯赫、聲名遠播：

提格拉斯．皮雷瑟（Tiglath-Pileser，西元前七四五年至西元前七二七年在位），他是亞述帝國眞正的創立者，在位期間進行的軍事改革使亞述的軍事力量大大增強，打敗了勁敵烏拉爾圖，征服了整個敘利亞，並兼併了巴比倫。他的擴張使亞述在西亞的霸主地位得以奠定。

薩爾貢二世（Sargon II，西元前七二二年至西元前七〇五在位），他被後世稱爲「亞述的拿破崙」，薩爾貢二世起初只是一名下級軍官，因爲在對外戰爭中卓著的戰功，使他迅速得到提升並且獲得顯赫的權勢，篡奪王位之後，他成爲了一位治國才能和軍事才能同樣優秀的君主。他在位時期，亞述打敗了以色列、古埃及，鎮壓了古埃及支持的敘利亞和腓尼基等地的反抗，與米底亞王國進行了戰

亞述國王征伐鄰邦

亞述城邦遺址出土的方尖碑局部。以浮雕和楔形文字結合的形式記錄了亞述國王征討鄰邦的情形。

爭。在薩爾貢二世統治時期，亞述帝國進入了鼎盛時期。

塞納克里布（Sennacherib，西元前七〇四年至西元前六八一在位），他是薩爾貢二世的長子，他以父親爲榜樣，在位時力求建立更輝煌的戰果。史料中記載了他爲此作出的諸多努力，包括八十九座城鎮、八百二十個鄉村，俘獲七千二百匹馬、十一·一萬頭驢、八萬頭牛、八十萬頭羊以及二十萬八千個俘虜。

伊薩爾哈東（Esarhaddon，西元前六八〇年至西元前六六九年在位）在他統治期間接受了上、下埃及之王和衣索比亞之王的稱號，亞述疆域地跨西亞、北非，帝國達到了極盛。

極盛之後不過五十多年，美索不達米亞歷史上這個第一軍事帝國就走向了滅亡。亞述帝國未能避免盛極而衰的輪迴，西元前六一二年，新崛起的迦爾底亞王國與米底亞人聯合攻陷了亞述首都尼尼微（Nineveh），帝國遺產也被兩國瓜分。

強大先進的軍事實力

回顧亞述的征服歷程，自擴張之初，亞述的軍事實力就已經十分強大，在隨後近兩個多世紀的征戰中，亞述的軍事實力更是在實戰中迅速發展，逐步走向完備，終不負「軍事帝國」之稱。

數量龐大的亞述軍隊對兵種進行了專門的劃分，包括戰車兵、騎兵、步兵等主力部隊和工兵、輜重兵等輔助部隊。多兵種密集方陣作戰就是從亞述開始使用的，在日後波斯、古希臘、古羅馬等國的對外戰爭中，多兵種密集方陣作戰都發揮了巨大的功能。由此可見，亞述在軍事方面的成就對其後來者的軍事發展影響深遠。

進入鐵器時代的亞述透過掠奪、自產、徵收貢賦等方式掌握了大量的「鐵」，再加上亞述冶金匠人先進的技術，製造出了一批高品質的鐵製武器，亞述軍隊武器的先進性和殺傷力自是不言而喻。另外亞述軍隊的盔甲、武器、攻城器械等裝備在當時也已處於世界領先水準。

亞述在征服一個地區前一般都要經過精心的準備，很早會先派出間諜刺探情報，正式進攻的時候則多使用「閃電戰」，常以迅雷之勢給敵人來個措手不及，迅速取得勝利。頻繁使用大規模的「閃電戰」，使得亞述騎兵的強大至關重要，亞述人發明馬鞍後，騎兵戰鬥力大幅提高，逐漸取代戰車兵成爲戰場上的急先鋒。

在騎兵迅速發展的同時，作爲主力的步兵也有了巨大的發展，組織方面分成矛手和弓箭手兩大類，弓箭手再分爲四類，即重裝弓箭手、次重裝弓箭手、輕裝弓箭手和最輕裝弓箭手。多兵種的密集方陣協同作戰時，裝備最好的部隊被置於方陣的最前方，增加了進攻的銳勢，弱兵和沒有完善護衛裝備的部隊則部署在後方，這樣充分發揮了各兵種的作用。此外亞述人還發展出設計巧妙的野戰營壘和四通八達的驛道。

總之，亞述人在征戰時中透過各種因素的有效組合，使得亞述軍隊在美索不達米亞平原攻城略地所向披靡，令對手聞風喪膽。

野蠻殘酷的征服

當亞述的軍隊所向披靡，鑄造起輝煌的戰功時，帝國的首都尼尼微也開始被稱爲「血腥的獅穴」。從目前所知的一些有關亞述君王的銘文、壁畫、石碑、泥版文書中就可以看到許多涉及亞述軍隊暴行的記載。

納西爾帕二世的銘文中曾寫道：「我用敵人的屍體堆滿了山谷，直達

亞述爾塔廟遺址

在亞述帝國的聖地亞述爾（Ashur），如今還聳立著一座塔廟遺址。

頂峰；我砍掉他們的首級，我用他們的人頭裝飾城牆；我把他們的房屋付之一炬，我在城的大門前建築了一座牆，包上一層由反叛首領身上剝下來的皮，我把一些人活著砌在牆裡，另一些人沿牆活著插進尖木樁，並加以斬首。」

還有一段有關塞納克里布的銘文以自述形式描述了塞納克里布在一場大戰中的行動：「敵人像一群群遮天蔽地的蝗蟲」，「他們腳踏起的塵土，像暴風雨之前的蔽天濃雲」。「我身穿戰袍，戴著王盔——這是我軍勝利的標誌；我憤怒地乘著戰車，把敵人紛紛撞倒。我一手握阿述爾神（Ashur）給我的弓，一手持尖銳的長矛，高聲大呼，如春雷滾滾。我像雷神一樣咆哮著，怒吼著，抵擋住敵人的攻勢，成功地包圍了敵人。埃蘭軍的司令官和其他貴族身佩金劍，手戴閃閃發光的金鐲，我急速殺死他們，像割繩子般砍斷他們的喉嚨和手臂。」據這段銘文稱：雖然亞述軍隊在戰爭中傷亡慘重，但卻殺死敵方十五萬人。

後人從這些銘文中可以窺見亞述征服之殘暴血腥，讀來令人觸目驚心。此外塞納克里布還做過一件著名的事，在攻破巴比倫後，他下令將巴比倫城全部夷爲平地，燒成灰燼。據說是因爲他痛恨或是嫉妒古巴比倫城的繁華奢侈而怒火中燒。

亞述軍隊所到之處，城鎮村莊無不遭到大肆洗劫，廬舍爲墟，居民多被屠戮，慘絕人寰，即使一些倖存的殘餘居民，大部分也因缺少生存物資而凍餒死去。

亞述極具破壞力的征服戰爭讓被征服方的生產力迅速下降，但亞述並不會因此就減少對他們的剝削壓榨，於是各地的反抗風起雲湧，而亞述則變本加厲，進行更加殘酷的鎮壓，反抗與鎮壓就這樣循環反覆，直到提格拉斯．皮雷瑟三世（Tiglath-Pileser III）起，亞述才開始改變其一貫實行的血腥屠殺政策，取而代之的是將被征服地居民全部擄走，遷移到距亞述較近的地區，讓不同地方、不同種族、不同語言的人雜居在一起，使其不便交往聯絡，以防造反。

顯然，血腥征服和殘暴統治只能引起被征服地區頻繁的反抗，而亞述王室的王位之爭使得國家政局混亂，這些都大大削弱了帝國的統治能力。而亞述的宿敵——米底亞和迦爾底亞則趁此良機，組成聯軍殺進了尼尼微。聯軍採取了「以其人之道還治其人之身」的做法，致使尼尼微城內血流成河，亞述的末代國王在焚燒的宮殿中喪生。這個強大的軍事帝國就此轟然倒塌，灰飛煙滅。

最後的輝煌——復興的迦爾底亞

正如流星劃過天際，短暫卻絢麗耀眼，雖然迦爾底亞僅僅存在了八十八年，但尼布甲尼撒二世不畏強敵的決心和他所向披靡的軍威，都為迦爾底亞王國增加了神祕的光彩，還有「空中花園」令人驚歎的奇蹟，再加上巴別塔「通天」的氣魄，和長期被後人所稱道的巴比倫城的富麗堂皇，都向世人昭示著它的強大與富有；然而巴比倫的迅速坍塌，也不禁使後人扼腕長歎。

迦爾底亞的崛起

亞述帝國橫掃美索不達米亞平原之際，面對銳利的軍團，眾皆屈服，但殘暴的統治卻讓各地的動亂和反抗此起彼伏，連綿不絕，迦爾底亞人（Chaldaean）就是這股洪流中的一支。西元前六二六年，亞述派迦爾底亞人的首領那波帕拉沙爾（Nabopolssar）駐守巴比倫，接著迦爾底亞人在此反抗亞述殘暴統治，並以巴比倫爲都建立迦爾底亞王國。隨後迦爾底亞與米底亞結成同盟，於西元前六一二年滅亡了亞述，瓜分了其土地和人口。迦爾底亞得到了包括兩河流域南部、敘利亞、巴勒斯坦及腓尼基的大片地盤。亞述帝國崩潰後，美索不達米亞平原上各股勢力繼續混戰，迦爾底亞自然也不甘示弱，極力開疆闢土，國力日強。

尼布甲尼撒年少時就跟隨父王那波帕拉沙爾作戰，他才智過人，身先士卒，深得父親的信任和重用，後來那波帕拉沙爾專注於內政，把軍事全權交由兒子負責。尼布甲尼撒也不負眾望，功勳卓著，繼任王位之後，這位雄才大略的君主將迦爾底亞推向了鼎盛。

伊什塔爾門

修復後的伊什塔爾門（Ishtar Gate），兩側整齊排列著各種動物的浮雕。

富強的國度

兩河流域南部一直以來就是社會經濟發達的地區，尼布甲尼撒將敘利亞、巴勒斯坦地區牢牢控制在自己手上之後，兩河流域和地中海之間的聯繫更加暢通，這裡的農業、手工業本來就擁有良好的基礎，商路的暢通進一步促進了商業貿易的發展。當時迦爾底亞境內的巴比倫、尼普爾（Nibru）、烏魯克、西帕爾（Sippar）、波爾西帕（Borsippa）等城市都是發達的手工業和商業中心，不但享有免稅特權，還擁有自己的自治組織。

伊什塔爾門上的角龍

迦爾底亞王朝時期的伊什塔爾門上的釉面磚鑲嵌角龍，線條流暢，造型誇張，極富藝術表現力。

迦爾底亞的奴隸人數增多，並且廣泛用於經濟生活的各個領域。奴隸獨立經營的方式很流行，他們爲主人代理行事之餘，還經營自己的經濟。奴隸可以獨立租佃土地、經商、從事手工業、開錢莊放債等，有極少數的奴隸相當富有，甚至自己擁有奴隸。不過在當時，身爲奴隸再怎麼富有仍舊是屬於主人的一件財產，主人可將其隨意買賣、轉讓、作爲陪嫁。王室、軍事貴族和商人、祭司兩大集團擁有的奴隸最多。

這一時期的商品貨幣關係發達。如埃吉貝（Egibi）商家是迦爾底亞的著名大商家，其廣泛的經濟活動延伸至巴比倫、西帕爾、基什、烏魯克等城市及其他國家。該家族的業務活動有銀錢借貸、商業活動、土地、房屋的買賣、租賃、奴隸的買賣和出租等。商業經營的品種有椰棗、穀物、啤酒、金屬、金銀項鏈、寶石等。埃吉貝商家不僅自己直接經營各種業務，而且還由奴隸代理人去經營。

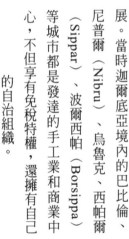

無與倫比的巴比倫城

尼布甲尼撒二世在位時期，國力最爲強大，他對巴比倫城大興土木，使巴比倫城成爲兩河流域最爲繁華富麗的城市，被譽爲「上天的門戶」，特別是都城內的「空中花園」和巴別塔（Tower of Babel），讓當時和後世的人都爲之讚歎。

當初爲了鞏固與米底亞王國的聯盟，尼布甲尼撒二世迎娶了米底亞公主。可是公主到了迦爾底亞後卻由於思鄉心切而鬱鬱寡歡，日漸憔悴。爲了幫王后排解思鄉之情，讓她心情愉悅，尼布甲尼撒二世召集了幾萬名能工巧匠，建起了一座七層的巨大假山，假山在建造之時就採取了嚴密的防滲水措施，填上肥沃的土壤之後種植了眾多的奇花異草，再運用機械的提灌設備透過螺旋泵從幼發拉底河源源不斷地取水澆灌花木。假山上還建有豪華的宮殿，可俯瞰全城。而於假山之外再看假山的話，綠樹成蔭，繁花盛開，絢麗的花木如同生長於空中一般，於是得到「空中花園」的美稱。「空中花園」被譽爲古代世界七大奇蹟之一。

此外尼布甲尼撒二世新建、修復了許多宗教建築。其中最浩大的工程是重建巴別塔（也稱「巴別塔」），巴別塔一共七層，看上去雄壯莊嚴，塔頂建有神廟，供奉巴比倫人的主神——馬爾杜克。巴別塔高聳入雲，當時人們就認爲巴別塔足以「通天」，是天上諸神前往凡間途中的落腳處，就像諸神的「驛站」或「旅店」。三百年後，面對巴別塔的殘跡，亞歷山大大帝曾想再現它的雄姿，不料，光是清除廢塔的磚瓦就動用一萬人，花費了兩個月，隨後亞歷山大大帝的突然離世，使重建計劃被永遠擱置。

巴比倫之囚

從歷史來看，尼布甲尼撒二世是位雄才大略的君主，但在《聖經．舊約》中他卻被描述爲上帝懲罰猶太人的罪惡工具。這一切都源於著名的「巴比倫之囚」。

迦爾底亞自從崛起以來，就與一直覬覦西亞霸權的埃及摩擦不斷，以致兵戎相見，這自然苦了夾在兩強中間的小國猶太王國，在西元前六〇一年，尼布甲尼撒二世與埃及交戰落敗，本來臣服於迦爾底亞的猶太國王約雅敬（Jehoiakim），立即趁機脫離迦爾底亞，投向埃及的懷抱。由此尼布甲尼撒二世對猶太王國痛恨異常，必欲將其置於死地而後快。

西元前五九八年底，猶太王約雅敬去世，他的兒子約雅斤（Jeconiah）繼任王位。尼布甲尼撒二世認爲時機成熟，親率大軍進攻耶路撒冷。經過兩個多月的反覆圍攻，猶太國王率眾臣出城投降，約雅斤被廢黜，尼布甲尼撒二世扶植齊德啓亞（Zedekiah）爲傀儡政權。西元前五八八年，埃及再次進攻巴勒斯坦地區，猶太國王以及這一地區其他小國，出於對迦爾底亞的憎恨，又轉而紛紛倒向埃及。於是尼布甲尼撒二世再次對耶路撒冷發起圍攻。歷時一年半後，耶路撒冷陷落，猶太王國遭受滅頂之災：聖殿再次被洗劫一空，城牆被拆除，全城都遭到焚燒，尼布甲尼撒二世下令在猶太國王面前殺死他的幾個兒子，然後剜去他的眼睛，將這位雙目失明的國王用銅鏈鎖住押往巴比倫示眾，耶路撒冷倖存的兩萬多居民全被俘往巴比倫，淪爲「巴比倫之囚」。

浮華之夢的破滅

巴比倫城人口眾多，經濟繁榮，地處交通要道，雲集各國商人，是當時西亞最著名的商業和文化中心，但是富麗堂皇、歌舞昇平的浮世之下已經危機重重，被擄掠淪爲奴隸的外族人對巴比倫人的仇恨日增，反抗不絕，而迦爾底亞人本身貧富差距也日漸拉大，很多人破產淪爲奴隸，社會

通天塔

尼德蘭（Nederland）畫家勃魯蓋爾（Pieter Bruegel）所繪製的巴別塔，塔尖高聳入雲，雄偉壯觀。

衝突不斷加劇，上層統治者內部爲了爭權奪利，也是內訌不斷。尼布甲尼撒二世死後，迦爾底亞政局一直動盪不安，六年中廢了八個國王。迦爾底亞在忙於內鬥的時候，新崛起的波斯帝國已經征服了米底亞王國這個迦爾底亞昔日的盟友，下一個征服的目標就是迦爾底亞了。

西元前五三九年，建國僅八十八年的迦爾底亞不戰而亡。對於當時的情況有不同的說法，一是說波斯軍隊與城內商人約爲內應，從幼發拉底河悄悄潛入城內，佔領了巴比倫城。另一說是國王與神廟祭司衝突白熱化，祭司打開了城門拱手讓波斯軍隊進了城。波斯兵不血刃佔領了巴比倫城後，巴比倫馬上成爲波斯帝國最大的財源地，僅巴比倫繳納的稅金就佔整個波斯帝國稅金的四分之一。此外還供應波斯軍隊四個月的糧食，包括小麥、大麥、小米、芝麻油、橄欖油、無花果、葡萄、蜂蜜、椰棗等。而波斯帝國其餘地方的糧食加在一起才夠供應大軍八個月。巴比倫的富庶爲居魯士（Cyrus）的擴張提供了有力的物質保障。

西洋占星術的起源

西洋占星術的起源可遠溯至距今五千年前。當時，在這塊號稱肥沃月灣的美索不達米亞平原上，相繼崛起的民族有蘇美人、巴比倫人、迦塞人、亞述人等，這些古代民族的原始宗教觀，大多建立在崇拜天體上，也因此具備了對天文現象的觀察、計量，以及繪製的基本能力，此時的天文學本質上即是占星術。

接著將早期的占星術系統性的歸納，並臻於完備，成爲現今占星術的雛型，是在西元前六一二年，以巴比倫爲首都，橫跨美索不達米亞，建立統一帝國的迦爾底亞人。他們在天文曆法上的成就相當大，以七天爲一週，一天分十二時辰，與時辰分一百二十分鐘的計時方法，便是他們所創。迦爾底亞人並熱衷於繪製天體圖與蒐集天文資料，在雄厚的天文學基礎支持下，迦爾底亞人所擅長的占星術，獲得空前的發展，「黃道十二宮」的占星基礎被確定下來，可以說現代占星術的體系是在迦爾底亞人的手中完成的。

占星術逐漸發展成獨立的學問之後，占星學家又把人體的某些部位和星座來相對應，來預卜人的健康。占星學家認爲千變萬化的物質世界和人的命運、性格，也和十二宮的變化有關，因此，根據特定時間內，日、月、五大行星在黃道十二宮的位置，及他們之間複雜的幾何關係，算出行星的影響力，再利用占星天宮圖，找出上述各種因素與人世間事物的對應關係，就可以找到占星的結果。

世界第一大帝國的締造者

——居魯士二世

預言他將成為亞細亞霸主的夢，讓剛出世的居魯士二世險些命喪黃泉，死裡逃生的居魯士帶領波斯一鳴驚人，開創了帝國。他成就霸業的過人才智，令敵人都欽佩的強烈個人魅力，還有讓各族臣服的開明寬仁，都無愧「宇宙四方之王」之稱。

在居魯士二世的手中，波斯改變了歷來只能對大國俯首稱臣的窮弱命運，煥然一新，開創出一番盛世偉業，成爲地跨亞非歐三洲空前強大的帝國。居魯士二世，是奇蹟的創造者，更是波斯帝國的奠基人。

多舛的童年

雖然擁有高貴的血統和地位，但是居魯士卻有著多舛坎坷的成長歷程。從母親懷孕起，死神就一直在這個小生命的身邊徘徊，使他陷於這種危險境遇的源於外公的兩個噩夢。居魯士的外公是米底亞國王阿斯提亞格斯（Astyages），在一次夢中，他見到女兒曼丹妮（Mandane）撒的尿變爲滔天河水，淹沒了整個西亞。解夢的祭司聲稱，這預示公主將對王國造成極大的威脅，於是國王決定把女兒嫁給性格溫順老實的波斯貴族岡比西斯（Cambyses），這樣既可讓女兒遠離米底亞政權，又讓女兒處於一個無力與米底亞抗衡的國家。

可是不久之後，另一個噩夢讓國王憂心更甚：這一次他夢見從曼丹妮的肚子裡長出一枝葡萄藤，它茂盛成長，最後枝葉遮住了整個西亞。對此，祭司聲稱，這個夢預示著公主的孩子不但要摧毀米底亞王國，還將成爲整個亞細亞的霸主。爲了免除後患，國王急忙將已經懷孕的女兒召回國，並決定孩子一旦出生，就立即處死。國王將殺嬰的任務交給管家哈爾帕哥斯（Harpagus），管家又交給牧人，牧人卻用妻子剛產下的死嬰將孩子掉了包，於是公主的孩子以奴隸的身分存活下來。

十年後，在一次扮演國王的遊戲中，被夥伴選爲「國王」的小居魯士懲罰了一名不聽號令的貴族小孩，小居魯士的身分被揭穿，國王大發雷霆，不僅處死了管家的獨生子，還讓管家吃下用親生兒子做成的菜餚，巨大的悲痛與憤怒在管家心裡幻化成強烈的復仇種子。相比之下小居魯士這次就幸運得多，他被歡蹦亂跳地送回了波斯，因為祭司認為：小居魯士在遊戲中扮演過國王之後，就不可能在現實中再次成為國王，他對米底亞王位的威脅已經解除。

波斯帝國

在西元前三世紀以前，中東地區一直是世界文明發展的重心，這一地區的發展沿著從城邦到地區性王國到洲際大帝國的軌跡前進。波斯帝國是上古中東諸文明的集大成者，作為歷史上第一個地跨亞非歐三大洲的大帝國，她的出現也是世界歷史的一個篇章的總結。波斯的創立者居魯士以其一生不斷的征戰、征服和他對被征服者的寬容而在歷史上留下濃重的印記。波斯帝國的崛起還有另一個歷史意義，就是確立了印歐語系人種在中東地區的統治，曾經輝煌的閃族等其他人種不得不接受長達十二個世紀的印歐人的統治。

宇宙四方之王

西元前五五八年，居魯士成為波斯首領，舉起了反抗米底亞的大旗，阿斯提亞格斯得知後立即調兵迎戰，哈爾帕哥斯被任命為統帥，隱忍多年的管家早已和居魯士達成密約，率領大軍陣前倒戈，米底亞王國元氣大傷，之後兩者的戰爭雖延續了三年，但米底亞王國的敗局早已注定。西元前五五〇年，阿斯提亞格斯兵敗被俘，米底亞滅亡，由此居魯士正式建立波斯帝國。外公被居魯士奉養於宮中，親眼目睹在居魯士的帶領下，波斯帝國猶如滾滾洪流席捲西亞，波斯勢力遮蔽了西亞的天空。

這位足智多謀的國王，幾十年內不只滅了米底亞、呂底亞（Lydia）、迦爾底亞三大王國，還使猶太、腓尼基、地中海東岸至中亞的廣闊地區臣服於他腳下。在遷都巴比倫之時，這位偉大的君主還自稱為「宇宙四方之王」。

古波斯的波斯波利斯（Persepolis）王宮的浮雕。

霸主的尊榮

在征服的廣袤地域上，居魯士用寬厚胸襟對待被征服地區的人民，這與亞述帝國的殘暴征服和血腥屠殺形成鮮明的對比。居魯士推行開明的宗教政策，尊重各地的宗教和風俗，讓被征服地的民族繼續信奉自己的神祇，他還讓在迦爾底亞時代淪爲「巴比倫之囚」的猶太人重回聖城耶路撒冷，讓他們重建聖殿，編纂經典。這件事被猶太人載於《聖經》中，他們稱居魯士爲「上帝的工具」、「使列國降伏在他面前」、「使城門在他面前敞開」。就連長期與波斯敵對的古希臘人也承認居魯士是令人佩服的君主。因此，在居魯士的統治之下，波斯帝國一直繁榮穩定，沒有出現亞述帝國那種此起彼伏的反抗。

西元前五二九年，居魯士率兵想要征服馬薩格泰人（Massagetai），在波斯人的眼中，這個遊牧民族貧弱落後，還由一個寡婦率領（國王死後，他的妻子繼承了王位）。不料女王採取了強硬的態度，誓與波斯軍隊對抗到底。戰爭的結果不但波斯全軍覆沒，居魯士的頭顱還被女王割下放在盛滿鮮血的皮

帕薩加德

帕薩加德是波斯帝國居魯士大帝時代的首都。帕薩加德建於西元前六世紀，爲波斯人的故鄉、阿契美尼王朝第一座都城，出自於統治波斯的偉大君王居魯士二世之手。遺址內的皇宮、花園以及居魯士陵墓不僅爲早期的阿契美尼藝術與建築之傑出典範，亦是波斯文明的卓越見證。帕薩加德爲西亞最初的多文化帝國之都，帝國涵蓋範圍從東地中海、埃及一直到印度河流域，其尊重不同種族與文化的理念爲世界之先驅，也顯見於風格迥異的阿契美尼建築上，例如居魯士大帝陵墓本身的建築風格便明顯來自小亞細亞的波斯屬地呂底亞省。二○○四年帕薩加德入選爲世界遺產。

由翼獸身人面像守衛的萬國之門東入口
後面的柱子是笛形柱，柱礎帶稜紋，柱頭有鐘形凸基座和渦卷飾。

囊中，以報復居魯士的殺子之仇。

最後，居魯士被安葬在帕薩加德（Pasargada），至今已有二千五百年的陵墓旁，刻有銘文的柱子上寫道：「我，居魯士，世界之王，偉大的王。」

波斯波利斯宮殿

波斯波利斯（Persepolis）是波斯人阿契美尼德王朝的國都，由大流士一世（Darius I）建於西元前五○○年左右，後來毀於亞歷山大大帝之手。

「波利斯」原意是「都市」，「波斯波利斯」意爲「波斯國的都城」。其宏偉的古蹟距離伊朗法爾斯省（Fars）的色拉子（Shiraz）東北五十一公里一座當地人稱爲善心山（Mountain of Mercy）下一座天然石平臺上。其入口設在城西北角，入口有一條坡度平緩、裝飾精美的寬闊石階路，即使策馬亦可循階入城。宮殿內主要建築有萬國之門、覲見廳、玉座廳、百柱廳、大流士宮、薛西斯（Xerxes）宮、寶庫等。薛西斯一世建造的「萬國之門」（Gate of the Nations），入口前有大平臺和大臺階，石階兩側牆面刻有二十三個民族朝貢隊伍的浮雕像，反映了波斯帝國繁榮的景象。

波斯波利斯宮殿是一組風格華麗的宮殿，牆面都貼上了黑白兩色大理石或彩色琉璃磚，琉璃磚上還裝飾有浮雕。大廳內部布滿色彩鮮艷的壁畫。柱子更是華貴異常，柱頭上雕刻著覆鐘、仰缽、渦卷和一對雄牛。柱礎是覆缽形，刻著花瓣，柱身上刻著凹槽，極盡精巧。

從大流士一世本人開始，中經其子薛西斯一世，下至其孫阿爾塔薛西斯，爲建新都皆全力以赴。一九八○年波斯波利斯被列入世界文化遺產之一。

大流士宮殿入口

其階道由兩道獨立台階構成，上面的浮雕刻劃著猛獅撲牛或行進中的士兵。登上階梯後是門廊，再進去是有十二根柱子的中央大廳。

第四章

古希臘的榮光

西方文明的源流

——愛琴海及愛琴文明的發現

美麗斑斕的愛琴文明是西方文明的源頭，那動人的傳說令人魂牽夢繞。人們堅持不懈的探索與發掘，終於使沉睡千年的文明重煥光彩，當年的雄渾氣魄得以重見天日，它將希臘文明向歷史深處延伸了一千餘年。

愛琴海的美麗傳說

根據希臘傳說，邁諾斯是天神宙斯（Zeus）與腓尼基公主歐羅巴（Europa）之子。他長大成人後，做了克里特島的王，常以神明自居，剛愎自用、殘暴不已。宙斯爲了懲罰他，化身爲公牛誘引歐羅巴，生下了牛首人身的米諾牛。對此邁諾斯深感恥辱，他請來著名的藝術家戴達羅（Dédale），建造了一座設計巧妙的迷宮，將米諾牛囚禁於此。米諾牛食量驚人，並且專吃活人活畜，每天消耗大量食物。有一次，邁諾斯戰勝了雅典，雅典王被迫答應每九年進貢童男童女各七名，供米諾牛食用。第三次進貢的時間到了，雅典民眾在一片哭泣的悲哀聲中，送別七對童男童女。

雅典國王愛琴（Aegeus）的王子忒修斯（Theseus）爲了拯救人民，毅然決定親赴克里特，殺死米諾牛。老國王依依不捨地送別兒子，叮囑他如果能夠取勝就把船上的黑帆換成白帆，這樣人們就能早早知道他成功歸來。忒修斯帶上隨從出發了，他是個身材魁梧、容貌俊美的英雄，到達島上後，克里特公主對他一見鍾情。她把一個線團交給他，並將找到米諾牛的方法告訴了他。忒修斯闖進迷宮，把線頭拴在入口處，邊走邊展開線團。走到迷宮深處時，米諾牛向他猛撲過來，忒修斯手持公主贈的利劍，奮力搏擊。

經過慘烈戰鬥，米諾牛被殺死。

忒修斯等人成功返回，經過幾天的航行，他們遠遠地看見了祖國，歡呼雀躍，卻忘記把黑帆換成白帆。翹首企盼的老國王以爲兒子戰死，悲痛欲絕，投海自盡。忒修斯回到雅典，爲國王舉行盛大的葬禮後，登上王位，統一了全國，他就是雅典的奠基人。從此，人們把那片海叫做愛琴海（Aegean Sea），這個淒美的故事也被人們永久銘記。

愛琴海地區以愛琴海爲中心，包括希臘半島、愛琴海中的眾多島嶼、小亞細亞西部濱海地區，主體部分是希臘半島。這裡是典型的地中海氣候，既不像歐洲大陸那樣嚴寒，也不像非洲那樣炎熱。這裡盛產葡萄和橄欖油，大理石、陶土、金屬資源也很豐富，由於港口眾多、島嶼星羅棋布，海外貿易發達。愛琴海還是航海業發展的天然搖籃，也是鍛鍊古希臘勇士的基地。由於古希臘處於亞非歐三大洲的交會處，地理位置極佳，向東可達兩河流域，向南可到埃及，便於吸收各地先進文化，這爲日後愛琴文明的崛起提供了條件。

愛琴文明是指克里特—邁錫尼（Mycenae）的青銅文明，由於歲月的滄桑沖淡了人們的記憶，關於愛琴文明的記載只在《荷馬史詩》（*Homeric Epic*）等神話中有零星反映。但到十九世紀，這段歷史因兩位偉大學者而改變，他們就是考古奇才施里曼（Heinrich Schliemann）和伊文思（Arthur John Evans）。由於他們卓越的智慧與執著的信念，愛琴文明才揭開了神祕的面紗。

一個孩子的執著夢想

愛琴文明的發現最初源於一個孩子對希臘神話故事終生不渝的信念。施里曼（西元一八二二年至一八九〇年）出生在日耳曼，父親是位酷愛歷史的貧窮牧師，經常娓娓動聽地爲兒子講述荷馬史詩的故事。小施里曼聽得如癡如醉、心馳神往，阿基里斯（Achilles）、阿伽門農（Agamemnon）等英雄的形象縈繞在他的腦中，久久不能揮去。

七歲時，父親送他一本葉勒爾編著的《世界史圖解》，其中特洛伊（Troy）城毀於戰火的故事令他如癡如醉。他問爸爸：「特洛伊在什麼地方？它和這幅畫上畫的是一樣的嗎？」父親漫不經心地回答：「只有上帝才曉得。」小施里曼繼續問道：「葉勒爾一定見過特洛伊城，否則，他怎麼能畫出來呢？」父親笑笑，「它早就被燒燬了，那不過是想像的而已。」小施里曼不相信爸爸的話，他不相信那座美麗無比的城市是虛幻的，倔強地說：「它不可能一點也沒留下來，我長大了就去把它從地下挖出來。」

愛琴海還在，克里特島還在，只是這裡曾經輝煌一時的古希臘文明已容顏不在。只有這些兀立的石柱和殘存的牆垣在無言地述說著這裡曾經發生的一切。

由於家境貧寒，施里曼從十二歲開始就賺錢維生，他先後當過售貨員、水手，後來在阿姆斯特丹一家商業事務所謀得一份差事。他一邊工作，一邊廢寢忘餐地自學，掌握了十幾種語言，並經過多年的努力，一八六三年成爲腰纏萬貫的商界富翁。但他從來沒有忘記小時追尋的特洛伊城夢想。

一八七一年十月，施里曼不顧眾人的嘲笑和蔑視，趕著裝有物資的七匹駱駝，帶著荷馬的《伊利亞德》（*Iliad*），到達土耳其，正式開始了發掘工作。經過三年艱苦的發掘，一八七三年施里曼竟在牆體的底層發掘出一批寶藏，其中有美麗的金銀製品和琥珀製品。這一發現使他一夜成名，他又開始尋找新的目標，邁錫尼城堡成爲他的首選。由於施里曼偷偷帶走了特洛伊的寶藏，希臘政府吸取教訓，要求文物全部上交，並派「希臘考古協會」的官員監督他的工作，但這並未阻礙施里曼的勃勃野心。

一八七六年夏天，烈日當空，工作特別艱苦。施里曼苦戰四個月後，獲得了石破天驚的發現，再一次震動了整個歐洲。他挖掘出五座墳墓、十五具骨架，其中既有男性，又有女性，還有小孩。陪葬品更是數不勝數，許多人臉上都帶著金面具，死者的周圍還有許多黃金飾品，如胸甲、護腿、腰帶等。最令施里曼震驚的是，他在一幅金面具下竟然發現了一張清晰可見的臉，但由於接觸到空氣，瞬間就被氧化破壞了。

正當施里曼痛心不已時，他又發現一具臉、頭、雙眼等部位保存完好的屍體，於是他馬上讓藥劑師進行了防腐處理。此次發現使施里曼驚喜異常，他甚至把其中一具屍體當做阿伽門農，並宣稱「我凝視著阿伽門農的面龐」，實際上，施里曼發現的古墓是更早的西元前一千六百年至西元前一千五百年邁錫尼王室的成員。他因此被稱爲「希臘史前考古學的締造者」、「考古學上的哥倫布」。

文明之光的再次開啓

邁諾斯王宮的發現當首推考古巨擘伊文思，他洋洋灑灑幾千萬言的《邁諾斯文明》一書，幾可與邁諾斯王宮相互輝映。

從殘缺的邁諾斯王宮遺址中，仍能想見它昔日的恢弘氣勢。

伊文思（一八五一年至一九四一年），出生於英國，曾祖父與父親是英國皇家學會的會員，優越的家庭使他從小受到良好的教育。一八六八年，他進入牛津大學攻讀歷史，一八七五年前往哥廷根大學研讀。他喜愛冒險及周遊各地，在對克里特發掘之前，已掌握博物館工作、人種學研究和考古工作的豐富學識了。一八八三年，他與妻子到希臘拜會施里曼，立志繼續施里曼的事業。一八九九年，伊文思終於拿到發掘許可證，他精心建立了由專業菁英組成的顧問團。

一九〇〇年三月，伊文思的發掘工作正式開始。與施里曼尋寶式的發掘不同，伊文思進行的是專業性的考古工作。既要詳細記錄，又要進行拍攝，工作極其細緻。四月五日早上，工人們驚叫發現了彩畫，伊文思聞訊快步跑來，只見兩塊邁錫尼壁畫色彩鮮艷慢慢顯露。激動不已的伊文思接過工具，親自動手，小心翼翼地發掘起來，人們屏息以待，仔細地觀賞這曠世珍寶。經過兩個小時的努力，兩幅精美的壁畫呈現在世人眼前。考古現場歡呼一片，伊文思的興奮之情更是溢於言表。他在當天的日記中記下這一重大發現：「一塊上面看得清是頭和頷，另一塊畫中有婦女的腰身和裙子局部。他們的臉部顯得很高貴，厚厚的嘴唇，下唇有稍微彎曲的特徵。兩眼深黑，微呈杏仁形狀。邁錫尼時代最引人注目的人物今天破土而出了。」倫敦《泰晤士報》（*Thames*）評論道：「克諾索斯（Knossus）的發掘，在重要性上如不能說是超越，但至少與施里曼的發現相比之下毫不遜色。」

伊文思大受鼓舞，將工人總數增加到一百多名。他頂著炎炎烈日，在發掘現場來回奔波。一批批重要文物相繼出土，儲藏室、議政廳、浮雕、壁畫重見天日，伊文思還找到了夢寐以求的泥版文字。之後的五年，他風餐露宿，毫無絲毫懈怠，才把王宮的主體基本發掘完畢，整個發掘工作斷斷續續地持續了三十多年。爲了修復王宮中的階梯和樓房，伊文思動用了當時最先進的建築材料：加固的混凝土及鋼絲繩。正是由於他的精心保護，後人才能親身領略神祕的王宮遺址，鮮活的克里特文明才最終完整展現。不過令人惋惜的是，多數文物毀於二次世界大戰的無情炮火下，成爲人類的一大損失。

迷宮與傳說——克里特文明

美麗的克里特島宛若一艘巨輪，游弋在蔚藍的愛琴海上，這座愛琴海世界的天然海港誕生了西方輝煌燦爛的古代文明。在近代考古工作者的努力下，克里特文明終於揭開了神祕的面紗，其建築、繪畫、藝術、宗教等鮮為人知的盛況重新呈現在世人面前，令人讚歎不已。

海島建立的奇妙傳說

克里特島的悠久歷史可以追溯到西元前五千年，這裡是愛琴文明的發祥地，是西方文明的搖籃。克里特島是愛琴海三百餘座島中最大的一個，與古老的埃及隔海相望，它像一艘巨輪，游弋在美麗的海面上。荷馬在《奧德賽》（*Odyssey*）中這樣描述道：「有一處國土克里特，在酒色的大海中央，美麗而肥沃，波浪環抱，居民眾多，難以勝數，共有城市九十座。」克里特島呈狹長的帶狀，東西長二百五十公里左右，南北寬約十二公里至六十公里，這裡海陸相連、地理位置重要、交通便利，是愛琴海地區對外貿易的門戶和重要通道，自古就是歐洲文明的中心之一。

關於克里特島的建立，有段美麗的傳說。傳說中腓尼基國王有個天生麗質、貌若天仙的女兒，名叫歐羅巴。風流成性的天神宙斯也被她的美貌迷得神魂顛倒，寢食難安。有一天，天氣晴朗，萬里無雲，歐羅巴與夥伴們一路嬉笑，來到草地上玩耍。宙斯悄悄地變成一頭滿身金毛的牛，混在牛群當中。待時機成熟，輕輕地走到歐羅巴身邊，依偎在她身邊。貪玩的歐羅巴輕輕地撫摸著牠，和牠一

古希臘紅雕瓶繪，描繪古希臘神話傳說：雅典英雄忒修斯殺死居住在克里特島迷宮裡的牛頭人身怪物。

起玩，不一會兒就不假思索地爬上了牛背。宙斯一見陰謀得逞，便一路狂奔，逕直衝向愛琴海，將歐羅巴帶到了克里特島。

歐羅巴到了克里特島以後，整天哭哭啼啼，茶不思飯不想，動輒以尋短見相要脅，一直持續了很久，但始終無法逃脫，最後在宙斯的威逼利誘之下，歐羅巴只好嫁給了他，並生下了邁諾斯。

邁諾斯英勇無比，經過數年的東征西討，終於在克里特島上建立了一個空前強大的帝國，著名的邁諾斯王宮就是他的府邸。

著名歷史學家修西底德斯（Thucydides）寫道：「根據傳說，邁諾斯是第一個組織海軍的人。他控制了現在希臘海的大部分區域，他統治著希克拉底斯（Cyclades）群島。在這些大部分的島嶼上，他建立了最早的殖民地」。

其實，邁諾斯王宮故事的所在地卻有著眞實的克里特文明。透過考古材料可知，克里特文明是人類最古老的文明之一，創造了建築、宗教、藝術等方面的非凡成就。

約西元前一千五百年，希臘克里特島克諾索斯宮壁畫上的祭司王。

精妙絕倫的王宮文化

邁諾斯王宮是邁諾斯王朝的政治、經濟、文化中心，是克里特文明在建築方面的傑出代表，它凝聚了克里特人智慧的結晶，展現了當時興盛的宮廷生活。邁諾斯王宮始建於大約西元前一千八百年至西元前一千七百年，後經過多次擴建，保存了珍貴的王室公務檔案資料、稅收機關及庫房設施等的原始面貌，目前人們所知有關克里特文明的考古資料，有一半以上都來自這座王宮。

最終建成的王宮是一座面積達二・二萬平方公尺，至少包含一千五百間房屋的龐大而複雜的建築群，周圍環以小型宮殿、商館、劇場和

約西元前一五〇〇年邁諾斯人的遠航圖。希臘桑托林島（Santorini）錫拉宮西廳壁畫。整幅畫以錫拉的宮殿為背景，近處是整裝待發的船隊。

市集等。整個王宮依山而建，呈長方形，以中央庭院爲中心，內部樓層密接，走廊迂迴曲折，建築錯落有致，呈不對稱之勢，初入其中的人極易迷失方向，因此被稱爲「迷宮」。登高遠眺，門窗參差羅列，蔚爲壯觀。西邊樓房、神龕、神壇排列整齊，主要用於國王辦公、祭祀以及貯藏財物；東邊樓房是生活區，以天井取光，包括寢宮、學堂、作坊等。王后寢宮是最吸引人的地方，寢宮的壁畫精美絕倫，有的展現了海豚戲水的優美姿態，有的則栩栩如生地反映了宮廷的豪華生活。

爲解決水源的供給問題，克里特人把距王宮十里外山上的清泉水引入陶瓷管道，還專門在管道結合處裝上稍細的拋物線形飲水溝槽來排水給水。考古學家伊文思對此有過精闢的論述，他說：「這種設計令人佩服，它把水流給以飛速運動，阻止了沉澱

物的聚集。」宮內衛生設備很先進，洗澡所用的浴盆與現代浴盆十分相似，浴室中冷熱水管俱全，廁所還有專門的沖水設備。爲了達到冬暖夏涼的效果，克里特人還在王宮設置了透光天井，還發明了折疊門扇，冬天關門保暖，夏季將其折入門內，以便涼風通過。

別具一格的繪畫藝術

繪畫是克里特人值得稱讚的藝術。在石柱、石碑等大型建築物上，以及金盃、銀杯、匕首等小件物品上，都保留著他們精心雕刻的一幅幅圖畫。邁諾斯王宮的壁畫是克里特藝術最突出的成就，是繪畫藝術中的精品，這些壁畫內容豐富，有些反映了公共儀式、祭祀和娛樂的場面，有些描繪了花草樹木、蟲魚鳥獸等表現自然界的事物。

其中尤以《鬥牛圖》最爲著名，顯示出極高的藝術水準。畫中，一頭暴牛雙角抵向一個女馴手，青筋迸裂，女馴手臨危不懼，欲借勢躍上牛背；一個男馴手站在牛背上，表演驚險刺激的翻跟斗，後面一個女馴手隨時準備接住他。整個畫面極具動感、栩栩如生，重現了當時舉行大型娛樂節目時驚險刺激的場面，是古代壁畫的佳品。

另外，《觀禮圖》、《持杯者》等壁畫也是不可多得的極品。自然主義風格的作品則有《海豚戲水圖》、《貓捉雉雞圖》等，在水中嬉戲跳躍的海豚、狡黠貪玩的貓咪、因驚恐而亂飛的小雞，都被刻畫得惟妙惟肖，甚是可愛。從壁畫和工藝品還可以看出，當時的人們已經可以製造較大的遠航帆船和戰艦，海外貿易進步，且與古埃及建立了密切聯繫。

克里特人信仰「萬物有靈」，花草樹木、蟲魚鳥獸均是他們的崇拜對

黑皂石雕成的祭酒器，用來盛裝聖酒。把牛頭向前傾斜時，酒會從牛嘴中流出。

象，其中牛是重要的崇拜物。牛是勇氣、力量和生殖力的象徵，克里特島孤懸海上，猛獸罕見、野性尚存的公牛便成爲人們頂禮膜拜的對象。每逢重大的宗教儀式、節日慶典等活動，牛都成爲必不可少的聖物，阿基亞．特里亞達（Agia Triada）的石棺壁畫展現了這種祭禮場面。另外，克里特人崇拜雙面斧。起初，斧頭只是作爲宗教儀式上的貢品，並無特別之處。後來人們賦予其神性。

克里特人還相信有冥國，爲了使死者在冥國繼續快樂無憂地生活，他們陪葬了許多過豪華生活的必需品，人祭和人殉在當時也很流行。

克里特沒有宏大雄偉的廟宇作爲宗教祭祀的場所，但其宗教信仰對古希臘有著巨大的影響，古希臘奧林匹斯神中雅典娜（Athena）的故鄉就在克里特島。

灰飛煙滅的歷史命運

克里特文明的毀滅之謎困擾了一批批學者，他們從不同角度進行了長期不懈的研究，但由於線形文字A無法破譯，又缺乏相關史料，各派至今眾說紛紜。有人認爲是異族入侵導致了克里特文明的滅亡，有人認爲當時發生了大規模的社會動盪，城市毀於內戰，伊文思則提出「地震破壞說」。不過，多數學者贊同「異族入侵說」，他們認爲阿卡亞人（Achaeans）是侵略軍的主力，正是在他們連續且大規模的入侵下，克里特文明最終消亡。

阿卡亞人本是歐洲大陸較爲文化落後的民族，在西元前二千年左右迫於其他民族南下的壓力，沿多瑙河步步向南遷徙。經過幾個世紀血與火的殺戮、遷徙，西元前一六〇〇年征服伯羅奔尼撒半島。他們並沒有強大的統一國家，其中邁錫尼是最強大的城邦。邁錫尼人是屬於印歐語系的希臘人，他們與克里特人並非同一民族。當時，克里特文明正處於鼎盛時期，影響遍及整個愛琴海地區，邁錫尼人在與克里特人交流的過程中，如饑似渴地吸收先進文明。後來，邁錫尼經過發展，逐漸發展壯大，組成了規模龐大的聯軍，多次率軍渡海，逐漸控制愛琴海諸島。克里特人單勢薄，在阿卡亞人的窮追猛打下，終於力不能支。

西元前一四五〇年左右，邁諾斯王宮陷落，財寶被搶奪一空，邁諾斯文明進入低潮，王宮燃起了熊熊大火。之後，源自希臘本土的邁錫尼文明代之而起，愛琴文明進入了新的歷史階段。克里特文明從此成爲歷史陳蹟，被埋進了歷史的廢墟，消失在人們的記憶中，直到十九世紀才得以重見天日。

青銅時代的黃金國度——邁錫尼文明

邁錫尼文明繼承克里特文明，將輝煌的古代文明承傳了下去，最終在愛琴海世界異軍突起、熠熠生輝。邁錫尼文明成就斐然，在世界文化叢林中留下了自己的足跡，成為世界文明史上的另一朵奇葩。

壯麗雄渾的恢弘建築

邁錫尼文明以邁錫尼城而得名，其建築成就卓著。約西元前一六○○年左右，邁錫尼出現了豎井墓穴。這些墓穴的建造方法很特別，在地下數公尺深的地方，用石板砌成方形，頂上覆以圓木或石板，地面上建起土堆，然後再豎起刻著各種圖案的墓碑。施里曼就曾驚奇地發現過墓穴中的金印章、金角杯及青銅劍等陪葬品，藝術水準都很高。

大約從西元前一五○○年開始，邁錫尼出現了圓頂墓。它是在地面鑿巖，用砌石築成，墓前有走廊通向圓形墓室，室內形如蜂巢，所以又稱爲蜂巢墓。圓頂墓的建造十分宏偉，其規模遠遠超過克里特國王的陵墓。現存最大的一座圓頂墓的墓門高十公尺，門內甬道以一塊重達一百二十噸的巨石爲蓋，可見其工程之浩大。

除陵墓外，一些大型的建築也極爲宏偉壯觀，無言地展現著那個時代的輝煌與繁榮。邁錫尼城牆周長九百公尺，總面積達三萬平方公尺，城牆厚五公尺，高八公尺。這是一項巨大的工程，城牆由巨石依次疊起，石頭間的縫隙用泥土或小石塊塡塞。相傳

古希臘金牌上的雕像

三位邁錫尼婦女將手中的鮮花送到祭壇上，慶祝春天的到來。

邁錫尼城牆絕非人力所能及，是獨眼巨人所建。整座建築壯麗雄渾，城門包括兩扇門框、一個門檻、一個頂拱，僅頂拱上的巨石就重達二十噸。門楣由四塊巨石組成，上面立有三角形的石刻，兩隻威武雄壯的獅子隱隱可見，牠們的兩爪牢牢地踏在柱基上守衛城門，因此被稱爲「獅子門」。獅子門高大寬闊，騎兵與戰車可在下面任意穿梭，具有震懾敵人的強大功效，象徵著邁錫尼國王不可一世的巨大威力。此外，邁錫尼還有個不顯眼的側門，與獅子門的構造相似，離側門不遠的地方還有一個鬼斧神工的暗門，直通城堡的祕密水源處。邁錫尼城的最東部還修造了兩條狹小通道，用來在危急情況中退守和突圍。

阿伽門農的黃金面具

阿伽門農的黃金面具收藏在雅典國立考古博物館，被認為是歐洲最早的肖像工藝品，雖然最終鑒定是由邁錫尼王室家族成員製作，但面具的名稱還是被保留了下來。

王宮內部自然是富麗堂皇，牆壁、地板上精心地塗上彩色顏料。王宮內房屋鱗次櫛比，令人眼花繚亂，而且極講究對稱。許多房屋的牆壁上繪有精彩絕倫的壁畫，多數是激烈的戰爭場面，表現了邁錫尼人英勇善戰的特點。王宮內的生活設施一應俱全，寢室、浴室、排污設備等設計得精巧實用。站在山頂俯視整座王宮，立刻有「一覽眾山小」的感覺，而且還使人產生一種霸氣十足的豪情壯志。城堡之下便是熙熙攘攘的市區以及富商大賈和市民們的居所。邁錫尼城堡顯示了邁錫尼人的高度智慧，是世界建築史上的不朽豐碑。

神祕莫測的古老密碼

邁錫尼文明的一大特點是神祕的文字，它與華貴的宮殿、恢弘的陵墓、巧妙的金銀器及精美的浮雕壁畫一樣，是愛琴文明的珍品。從另一個層面來說，它更具有史料價值，是開啟邁錫尼文明的一把鑰匙。

邁錫尼人本來沒有文字，但他們虛心好學，在借鑒線形文字 A 的基礎上，創造出了線形文字 B。考古學家在邁錫尼一幢寬大的房舍中發現了由橄欖油浸過的陶瓷罈子，就是在這所房子裡，竟還藏著許多塊文字泥版與印章，印章的背面刻著纖細靈巧的文字，這令人興奮不已。爲了進一步瞭解邁錫尼文明，破譯工作成爲當務之急，許多學者爲此耗費了畢生精力。終於，一九五二年，語言天才文特里斯（Michaed Ventris）與他人合作，成功地解決了困擾世人的難題，這在當時轟動了整個學術界。

現在人們已經知道，邁錫尼時代的線形文字 B 是希臘語最早的一支，它有五十九個常用字符，比線形文字 A 大爲減少。雖然泥版文書記錄的多是王室財物清單，還沒有關於邁錫尼政治與歷史的記載，但大量文書的出現證明了當時的文字書寫已不僅僅局限於王公貴族這一階層，而是深入到民眾之中，這是文明昌盛的一個有力表現。同時，泥版文書也反映了當時的土地佔有情況，國王、貴族佔有大量土地，自由民只有少量土地。泥版文書還揭示了當時森嚴的社會等級，正如荷馬所說的那樣，當時存在大量奴隸，已經有「打穀女」、「羊毛女工」、「女裁縫」等職業的分工。

巧奪天工的藝術珍品

克里特王國滅亡後，許多工匠跋山涉水、不遠千里，將製造工藝一併帶到了邁錫尼。在吸收克里特工藝的基礎上，邁錫尼人創造了許多美輪美奐的藝術品。墓葬中出土了大量精美的陪葬品，如金面具、金耳環、金撥浪鼓等。其中金面具造型各異，活靈活現，完全按照死者生前的容貌來製造，鮮活地體現了人物的面貌特徵。有的濃眉大眼，有的淡眉小眼，有的面部嚴肅，有的喜笑顏開。

青銅文明是邁錫尼文明的又一特色。出土青銅匕首生動地刻畫了狩獵的場面：其中一面刻畫的是五名獵人手執大刀與長矛，正奮力捕殺一頭雄獅，雄獅齜牙咧嘴、怒目以對，做出要進攻的姿勢；另一面描繪的是一隻雄獅正追趕一群羚羊，羚羊在驚慌之中四處逃竄，但還是有一隻不幸落入獅子利爪之下。刀面並不寬，但卻刻畫了驚心動魄的場面，實在是令人難以置信。

值得注意的還有一個鴨形水缽，它是用透明水晶製造的調味瓶，直徑十五公分，造型異常優美。鴨子回頭凝視遠方，形成一個水缽體相連的優美把手，鴨子的尾部成了缽的邊緣，反映了當時人們的審美情趣。另外還有一個精美的鴿子杯，兩邊有長長的手柄，底部有很高的腳，兩個提耳上分別刻有黃金鴿子，正密切地注視著杯內，彷彿是在貪戀那杯中的美酒一樣。鴿子杯的出土還驗證了《荷馬史詩》並非空穴來風，這是個有趣的現象，因爲荷馬曾在《伊利亞德》中寫道：「旁邊放著一個酒杯，是老人從家鄉帶來的，它鑲嵌著金釘，每個提耳上面站著一隻黃金鴿子，好像正在啄飲，提耳下面有兩條長柄支持。」此外，牛頭形和獅頭形的大銀杯也堪稱精品。所有這些工藝品都是世界藝術史上不可多得的珍寶。

文明之星的悄然隕落

經過幾個世紀的發展，到了西元前一千五百年至西元前一千三百年時，邁錫尼文明達到鼎盛時期。他們的足跡遍及埃及、敘利亞、腓尼基、塞浦路斯（Cyprus）等地，與這些地區建立了密切的經貿聯繫。

經過盛世輝煌之後，到西元前一千三百年中葉，邁錫尼文明已是江河日下，像風燭殘年的老人一樣走向了生命的最後歸宿。當時群雄逐鹿，稱霸地中海的霸主像走馬燈似的頻繁交替。西臺、古埃及等老牌強國已經度過繁榮的壯年期，走向衰落，火山噴發似的人民反抗使其統治岌岌可危。更可怕的是，海上民族開始大規模地入侵。結果，西臺王國走向毀滅，埃及雖經浴血奮戰抵抗住了侵略，但已是強弩之末。

在這種險惡的局勢下，邁錫尼等希臘國家亦不能獨善其身。對外貿易逐漸蕭條，人民流離失所，一片哀鴻遍野。邁錫尼文明後期，殘酷的王位之爭愈演愈烈，城邦間更是戰爭不斷。爲轉移國內衝突、掠奪財富，邁錫尼國王振臂一呼，其他城邦群起響應，發動了對小亞細亞的特洛伊戰爭。根據《荷馬史詩》的記載，希臘人血戰十餘年，仍無法迫使其繳械投降。最後，「智多星」奧德修斯（Odysseus）獻出著名的木馬計，特洛伊最終城毀人亡。這是希臘人爲挽救城邦危機而進行的垂死掙扎，並未掠取到多少財富，反而使自身力量受到嚴重損耗。

邁錫尼文明從此一蹶不振，氣息奄奄。碩果纍纍的邁錫尼文明最終走到了盡頭，愛琴文明從西元前二千年克里特到西元前一千二百年邁錫尼的滅亡，顫顫巍巍地走過了八百年的歷程。八十年後，虎視眈眈的多利安人（Dorians）乘虛而入，最終征服邁錫尼等國，希臘歷史展開了新的一頁。後來經歷了荷馬時代的曲折過程，古希臘人才建立了自己的國家，光彩奪目的愛琴文明漸成歷史陳跡。

獅子門（局部）
獅子門由獨石建成門柱，門寬三・五公尺，可供騎兵和戰車通過。是邁錫尼衛城的主要入口。這對位於門過樑上方的石獅，雖然頭已經遺失，但仍不失其威嚴。

古希臘文學的代表作——《荷馬史詩》

歷史記憶是深植在民族魂魄中而永遠毀滅不掉的東西，荷馬這位盲詩人在大地上流浪時吟唱出的史詩，並沒有在千年風吹雨打中褪色，反而因歲月的磨練而愈加博大深沉。那激越高亢的吟哦，顯示出人類的純眞。

「詩人之王」——荷馬

《荷馬史詩》是上古時代不朽的藝術瑰寶，它的光芒驅散了黑暗時代的陰暗，是「希臘人由野蠻時代帶入文明時代的主要遺產」。它哺育了愛琴海文明的子孫，塑造了希臘人的民族精神。它是希臘的一本「神聖的書」，也被視爲歐洲文學的濫觴。

《荷馬史詩》據說是愛奧尼亞（Ionia）的盲詩人荷馬（Homer）所作，他大概生活在西元前九世紀至西元前八世紀。《荷馬史詩》是博大精深、結構嚴密語言簡練生動的鴻篇鉅著，《奧德賽》有一．六萬行，《伊利亞德》也有一．二萬行之多，不可能一股腦兒地湧現自荷馬的頭腦。

《荷馬史詩》是荷馬對先前衆多吟遊詩人們對希臘的神話、傳說和英雄事跡充滿詩意的口述詩歌的藝術加工，進而形成的希臘民間吟遊詩人集體智慧的結晶。有人說荷馬未必眞有其人，也有人評價說《荷馬史詩》是虛構的，但這一切絲毫無法抹殺《荷馬史詩》高超的藝術價值。《荷馬史詩》以整個古希臘及四周的汪洋大海爲主要情節的背景，展現了自由主義，並爲日後希臘人的道德觀念（進而爲整個西方社會的道德觀念），立下了典範。繼此而來的，首先是一種追求自我實現的人文倫理觀，其次是一種人神同性的自由神學，剝除了精神世界中的神祕恐懼。

《荷馬史詩》於是成了「古希臘的聖經」。荷馬史詩是西元前一千一百年到西元前九百年古希臘唯一的文字史料，因此這一時期的希臘史便被稱作「荷馬時代」。

高亢激昂的《伊利亞德》

《伊利亞德》描述的是特洛伊戰爭最後五十一天的故事，據說特洛伊戰爭是由於特洛伊王子在阿芙洛黛特（Aphrodite）女神（編註：古羅馬人

根據傳說，偉大的盲詩人荷馬不但寫出了流傳千古的史詩，而且他還能一邊彈奏豎琴，一邊吟唱史詩。

稱之爲維納斯 Venus。）的幫助下騙走了斯巴達（Sparta）王后——美貌絕倫的海倫（Helen），激起了斯巴達人的憤怒，引起了這場長達十年的戰爭。兩軍互有勝負，但到了戰爭的最後關頭，卻發生戲劇性的轉折，古希臘的統帥阿伽門農強佔了英雄阿基里斯的女俘虜，阿基里斯憤怒地退出了戰場，這樣就拉開了史詩的序幕。

阿基里斯離開戰場後，古希臘人群龍無首，被特洛伊人打得丟盔棄甲、落荒而逃，一直退到海岸邊。眼看大軍就要全軍覆沒，阿基里斯的好友帕特羅克洛斯（Patroclus）挺身而出，借了阿基里斯的盔甲去戰鬥，雖然打退了特洛伊人的進攻，但卻被特洛伊王子赫克托爾（Hector）殺害，命喪戰場。阿基里斯悲痛萬分，決心出戰，爲自己的好友復仇。英勇的阿基里斯打敗了赫克托爾領導的大軍，殺死了赫克托爾，把他的屍體拴在馬尾上繞特洛伊城跑了三圈，大肆侮辱他的屍體以洩心中之恨，最終以特洛伊國王贖取兒子的屍首，暫時進行休戰，爲其子舉行盛大的葬禮結束。

《荷馬史詩》全書二十四卷，是一部描寫宏大無比的戰爭的英雄史詩，全詩三分之二的篇幅都是在描繪兩軍的戰事，以恢弘的神來之筆描繪了氣勢磅礡、氣貫長虹的戰爭場面：

「熊熊大火吞噬了整個森林
在山岡，在遠處，火焰遙遙可見，
而他們仍在遠征，
青銅徽光閃爍，直逼雲霄。」

同時也塑造了光輝的英雄形象，如剛愎自用的阿伽門農、英勇善戰的阿基里斯、身先士卒的赫克托爾、英勇無畏而又正義凜然的帕特洛克羅斯，謳歌了戰士

圖爲奧德修斯讓人把自己綁在桅桿上，以免自己被海妖優美動聽的歌聲引誘。

們英勇無畏、奮勇殺敵的精神。

浪漫奇異的《奧德賽》

《伊利亞德》和《奧德賽》是荷馬的兩部代表作但風格迥異，前者是高亢激昂的戰爭史詩，展現了西元前一千二百年古戰場厮殺的磅礡場面，洋溢著英雄主義。而《奧德賽》則描寫了主人公離奇的驚險故事以及對自然風光的描繪，充滿了浪漫主義的色彩，對家庭生活的生動細緻的敘述又具有現實主義的風格，展現了荷馬時代的社會風貌。

《奧德賽》寫的是古希臘足智多謀的英雄奧德修斯在特洛伊戰爭中巧設木馬計，幫助希臘人最終攻陷特洛伊城，立下赫赫戰功之後歸國的故事。奧德修斯的歸國之途可謂一波三折、險象環生，他帶領部下先是吃了迷蓮，忘記了故鄉。後來誤登巨人島，被獨眼巨人關在山洞裡，眼看同伴被巨人一個個地吃掉，奧德修斯想到了一個計策，他先用酒將巨人灌醉，然後用燒著的木棒灼傷巨人的眼睛，躲在羊肚下，混出了山洞。途經風神島，好心的風神送給他們一個風袋，助他們回家。

眼看故鄉近在咫尺，但貪心的同伴打開了風袋，大風把他們遠遠地吹離了故鄉。奧德修斯並沒有絕望，他繼續尋找回家的路。此後，他躲過了女妖迷惑的歌聲，在赫爾墨斯神（Hermes）的幫助下，逃過怪物卡律布底斯（Charybdis）和斯庫拉（Scylla）化險爲夷。後來他又經歷許多磨難，游冥府、歷海上劫難不死、經仙女呂卡普（Calypso）滯留，終於在菲埃基亞（Phaeacia）國王的幫助下回到了故鄉。

他喬裝成乞丐，巧試妻子的忠貞，探聽家庭情況，然後與兒子聯手殺死了那些窺覬他的妻子和財產的求婚者，最終重登王位。

詩作的豐碑

《荷馬史詩》雖然是口頭傳說的彙編，但進行了文學和藝術的加工，無論從語言文字上，還是寫作手法和情節結構上都顯得獨具匠心而又巧妙精緻。

荷馬史詩雖是口述文學，然而其中並沒有使用日常用語，而是用了一種精緻的、特殊的措辭，專用於英雄史詩的格律六步短格，兼具格式性和靈活性。當然，荷馬史詩還保留有口述詩歌的語言特點，就是大量重複性的詞組的運用，如「飛毛腿阿基里斯」、「人之主宰」、「死人垂首」、「凌晨啓，玫瑰指」等，這些詞句不止一次地出現在篇幅中，但並不顯得累贅，而是透過恰如其分、希臘語多變的詞形變化，使其極富多樣性和韻律感。

最具荷馬特色也被後人模仿最廣泛的是他詩中明喻的大量使用，精彩的如「他就把它抽出來，振作起精神，一個迴旋掃上去，彷彿一隻飛得高高的老鷹從黑雲裡到地面上來撲一頭稚嫩的綿羊或是一隻蹲著的兔子一般。」；「像那海裡的水，忽然受到一片陰雲底下的一陣東南風，激盪得巨浪軒然而起，又像一片稠密的麥田裡，刮來一陣狂暴的西風，翻騰得那些麥子都垂頭倒穗。」這些比喻多半是與古希臘人的生活生產息息相關的事物和現象，除各種動物外，還有大海、波濤、風暴等等。所以《荷馬史詩》的語言又是那麼地淳樸、自然和簡約。

《荷馬史詩》在情節結構上的巧妙設計令後人刮目相看，長達十年的戰爭集中描述最後五十一天的事情，透過倒敘、插敘的手法，注重情節的構架，一個個引人入勝的情節，既完整縝密，又詳略得當，將這場波瀾壯闊的戰爭和個性鮮明的英雄們描繪得宏偉大氣、栩栩如生。奧德修斯十年驚險歷程，也是濃縮在四十天內，詳略得體，細膩生動地描繪了最後五天的種種事件。《奧德賽》是一系列冒險經歷的彙集，之所以不顯得零亂，是因爲這一切都發生在一個主人公身上，而且這些事件也充分表現出奧德修斯是一個足智多謀、遇事鎮靜、性格剛強而又多才多藝的完美英雄形象。

人類的遺產

《荷馬史詩》是古希臘人給人類留下的最重要的遺產，它是一座無所不包、博大精深，後人取之不盡、用之不竭的寶庫。

它點燃了詩人心中的激情，給予作家們無窮的創造靈感與素材，維吉爾（Vergil）、但丁（Dante）、彌爾頓（Milton）、托爾斯泰（Tolstoy）和歌德（Goethe）等人正是受到《荷馬史詩》的影響，成爲文壇上的巨人，創造出優秀的著作。

《荷馬史詩》還爲西元前一千二百年至西元前九百年古代希臘的政治、經濟、軍事、社會生活、宗教、神話提供了寶貴資料，是歷史學家探索古希臘世界的一面歷史眞實的鏡子，是考古學家按圖索驥的手中「藏寶圖」。

《荷馬史詩》自古就是古希臘教育的基石，有學者認爲：「歷史文獻上還沒有看到有哪一個民族的詩歌對本民族的精神像荷馬詩歌那樣具有直接的、巨大的教育力量。」這也就是何以柏拉圖高聲讚美荷馬爲「希臘的教育者」的緣故。

激情與浪漫的碰撞

——古希臘詩歌與寓言

古希臘人追求美與智慧的精神凝固在宏偉典雅的建築與雕塑藝術作品中，更洋溢在字裡行間裡。詩歌如果是古希臘人優雅、浪漫而又激情澎湃的情懷寫照，那麼一則則妙趣橫生而又發人深省的寓言則是古希臘人浪漫而不缺乏智慧，單純但絕不幼稚的一面。

悲壯的英雄史詩

若要追溯古希臘詩歌的源頭，就非《荷馬史詩》莫屬了。《荷馬史詩》相傳是盲詩人荷馬所著，但實際上是古希臘民間吟遊歌手集體智慧的結晶。《荷馬史詩》成書於西元前七五〇年，包括《伊利亞德》和《奧德賽》兩部分，《伊利亞德》說的是特洛伊戰爭最後幾十天的故事，描寫了希臘英雄阿基里斯的功績。《奧德賽》敘述了特洛伊戰爭後希臘英雄奧德修斯在十年的漫長驚險的回家之旅。《荷馬史詩》構思氣勢磅礡、語言簡練優美、情節生動而形象鮮明，是上古時代傑出的文學作品。

柔美的詩人心曲

隨著時代的變遷，社會生活的發展與豐富，激起人們情感的波濤湧動，他們不再滿足於對縹緲的諸神的回憶，而渴望謳歌現實的芸芸眾生、多情善感的情愫的表達以及人的意志和事業的讚美，這時抒情詩便應運而生了。抒情詩的格律形式、主題、風格、種類奠定了如今西方詩歌的格律、意象、傳統的風格和詩歌類型。

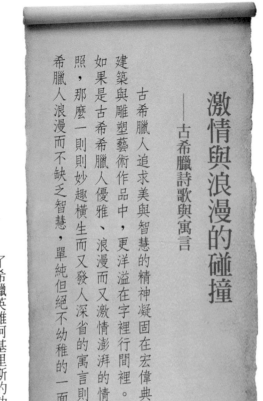

比起氣勢磅礡而又悲壯感人的史詩，抒情詩更加溫柔動人、個性十足，宗教情懷雖屢屢出現，但人們更多感受到古希臘人纏綿悱惻的愛情、對美酒的謳歌和對優美大自然的讚歎與陶醉之情。

整體來說，「希臘詩歌不僅追求美，而且追求智慧：意義並沒有成爲語言修飾或情感表達的犧牲品，合乎理性的判斷始終存在著」。希臘的詩歌力求簡潔、單純，表現出高雅和簡潔的風格，往往截取一個片段作爲主題，但並不缺乏精妙的意義表達，比泛希臘化時代的完美藝術追求更富於暗示性，也更令人愉悅。

古希臘著名的抒情詩人有阿爾可曼（Alcman）、斯特西科羅斯、莎芙（Sappho）、阿爾凱奧斯（Alkaios）、伊比科斯（Ibycus）、阿拿克萊翁（Anakreon）、西羅尼德斯（Simonides）、品達羅斯（Pindaluosi）和巴庫裡德斯（Bacchylides），其中莎芙是古希臘最著名的抒情女詩人，她的詩旋律優美、感情熾烈，表達直率又不失優雅，格律多樣，內容多描寫少女，是對女性美和價值的讚頌之歌。在她的這首詩裡表達得淋漓盡致：

「有人說世間最好的東西
是騎兵、步兵和艦隊。
在我看來最好是心中的愛。
這全部道理很容易理解。
那美麗絕倫的海倫就是
那毀滅特洛伊名聲的人
看做天下最好的人，
她忘記女兒和自己的雙親
任憑愛情誘拐，擺布她去戀愛。」

莎芙還擅長表達強烈的感情衝突構成的複雜心境，這便是她心境的精確描述：

「我看他恰似天神，
翩然坐在你對面聆聽你
呢喃軟語，笑聲歡忭，
激盪起甜蜜迴響，
我胸中方寸難斂。
只消看到你臉龐
令我啞然，
周身唯有情如火，
枯舌道不出繾綣，
雙眼再難見天光，
耳走雷電，
更兼汗如雨滂沱，
面色如紙氣息奄，
只覺得死神將至頭
昏目眩。」

古希臘陶瓶

黑彩描繪，描繪的是英雄奧德修斯逃出特洛伊的情景。

後來，出現了莊嚴華麗的合唱詩，在此基礎上再加上歌舞，就產生了西元前五世紀風靡雅典的戲劇詩，它比史詩更感人，比抒情詩更動人。

充滿智慧的寓言

西元前六世紀的散文作家們同樣發揮了創作才能，他們用筆將口頭敘述的有關古希臘風土人情、社會百態、神話、傳說混合在一起記錄了下來，並進行藝術加工，進而形成了一則則諷刺幽默、閃爍著智慧之光的寓言。人們把這些傑作都歸於到伊索（Aesop）頭上，這樣就形成了《伊索寓言》（*The Tale of Aesop*）。

相傳伊索是奴隸出身，他以自己的才能和智慧獲得了自由，並成爲一名哲學家。《伊索寓言》中的內容有一些是他寫的，但大多數是前人著述的編撰而成。內容短小精悍、形象生動，反映了人民和奴隸的思想感情，給人以心智的啓迪。伊索寓言注重激烈的矛盾衝突、詩的風格、擬人和諷刺手法的運用，這些奠定了古希臘戲劇的基礎。

伊索畫像

雖然伊索被塑造成一個奮筆疾書的智者形象，但他很可能並不識字。因為在他生活的時代，貧民和奴隸通常沒有接受教育的權利。

小國寡民——古希臘的城邦

地中海悠久的海岸線勾勒出美麗的愛琴海，海上的島嶼以及希臘半島曾經湧現出燦若銀河的一個個城邦，這些蕞爾小國閃耀著文明的光輝，照亮了黑暗的歐洲，創造了輝煌的古希臘文明。

城邦是由一個城市控制的區域，通常擁有主權。歷史上的城邦通常是大文化圈的一部份，如古希臘城邦（如雅典、斯巴達）、迦南的腓尼基城邦（如西頓、泰爾）、中部美洲的馬雅（Maya）城邦和義大利城邦（如佛羅倫斯、威尼斯）。

歐洲歷史上有兩個重要的城邦時期——古希臘的城邦和文藝復興時的義大利城邦，今日歐洲的文明都發源自這些時期。然而，這些文明的城邦通常只存活很短時間，因爲他們的土地和實力都不足以抵抗周圍的外敵。此外，這些小區域組織在鬆散的地理和文化個體中互存，成爲大國建立穩固勢力的障礙。他們最終必然融入於更大社會體系，以至民族國家。

荷馬筆下相對廣闊統一的王國消失了，取而代之的是如馬賽克碎片一般、在地球儀上小得連個斑點都找不到的一個個獨立的城邦。那麼他們是如何形成的呢？

自然地理與歷史機緣的結合

多利安人的入侵摧毀了原來統一富庶的邁錫尼王國，使古希臘又倒退到文明時代之前，大批居民被迫背井離鄉，氏族成員被迫分散。這就是爲什麼不同城邦有同一氏族的成員。但無論如何，共同的宗教信仰將各個氏族都緊緊凝聚在一起。希臘半島沒有像埃及和美索不達米亞肥沃月彎的大河流域和廣闊的平原——縱橫的山嶺和分布廣泛的河流、星羅密布的海島，將古希臘人分割在相對孤立的海島和山谷之中。

於是在那個動亂不安的時代，爲了部落的生存，每個隔絕的山谷與海島居民都在地勢較高的小山頂建造了許多堡壘，以抵禦外敵入侵，掠奪他們的土地和財產。堡壘被不斷地加固就形成了一個個「衛城」，以這些衛城爲中心，結合周圍的農村就誕生了古希臘的城邦。

並不是所有的城邦都走過相同的建邦之路，大體上有三種途徑或方式，一種就是在這種移民據點先建城，然後隨著經濟和社會的發展，氏族部落的瓦解、法律的創制，新的國家組織形式——民主政治形成，代表城邦正式產生，如雅典；第二種就是透過征服其他居民，緩和本族氏族部落瓦解的衝突，藉機透過統治其他部族建立寡頭政體的城邦，如斯巴達；還有一種就是向海外殖民形成城邦，如米利都（Miletus）等。

當時古希臘先後有兩百多個城邦，重要的城邦有底比斯（Thebes）、卡爾息斯（Chalcis）、雅典、斯巴達、亞哥斯（Argos）、科林斯（Corinth）、麥加拉（Megara）等。

小國寡民是古希臘城邦的特點之一，柏拉圖《理想國》（*The Republic*）和亞里士多德的《政治學》（*The Politics*）勾畫了一幅古希臘城邦的藍圖，從中我們窺視當時希臘城邦的規模和人口。柏拉圖說理想的城邦應該有五千公民，而亞里士多德提出了更具體的說法：「每個公民目力所及就能看見所有其他人。」他還諷刺地說：「十個人的城邦是不可能的，因爲無法自給自足；十萬人的城邦是荒唐的，因爲無法恰當地治理。」實際上古希臘城邦中比較小的只有一百平方公里，較大的如斯巴達只有八千四百平方公里，而雅典也只有二千五百五十平方公里，其全盛時期的居民共約四十萬人。

民主政治的搖籃

古希臘是西方文明的搖籃，城邦制孕育了民主、自由等寶貴的政治文明。智者普羅塔哥拉斯（Protagoras）曾說：「當雅典人所議之主題含有政治睿智……會傾聽每一個人的見解，因爲他們認爲所有人都應擁有這一美德；否則，便不會有城邦。」

古希臘城邦的政治大致有以下幾種：民主政體（如雅典）、貴族寡頭政體（如斯巴達）和僭主政體等等（僭主是指那些未經過當時合法的政治推選程序而進行統治的人。他們一般都是貴族，但僭主政體並不是希臘城邦的常態）。貴族寡頭政體也是民主政體的特殊表現，斯巴達的雙王制、監察機構是對國王權力的制約，所以「眞正的城邦只能是民主制」。這一點我們從「城邦」的名稱中也可以得出：城邦必然是由「全體公民」參與政治、經濟、文化等各項事務。

古希臘政治家伯里克利斯（Pericles）在國葬上的演講對城邦的民主政治作了恰如其分的說明：「政權是在全體公民手中，而不是在少數人手中」、「每個人在法律上都是平等的」。我們以雅典城邦爲例：公民大會是雅典城邦的國家的最高國家機關，城邦的任何事務都必須由全體公民組成的公民大會的討論後才能做出決定。五百人會議也是公民抽籤選舉產生的，是國家的行政機關負責公民大會議案準備、組織召開、實施具體的決議。國家的最高司法機關則是按選區選舉的公民組成的陪審法庭，負責城邦各項民事、刑事訴訟以及官員的監督。國家的一切官職（除了十將軍之外）向公民放開，沒有

雅典的阿戈拉（Agora）市場是商業的樞紐和民事活動的中心。

投票表決瓶畫
瓶畫體現了雅典民主政體，表現了傳說中的古希臘武士在雅典娜的監視下用石子進行投票表決。

財產、等級的限制，公民都可以透過抽籤選舉各個官職。

爲了保證貧窮的公民得以參政，伯里克利斯首先打破公民擔任公職是盡義務，一律不給工資甚至要自己負擔相關花費的傳統。他爲擔任民眾法庭陪審員的公民發放生活補貼，爲五百人會議的政府官員提供膳食，參加公民大會可領取津貼，甚至還發放觀劇津貼。

如果城邦內有任何才能出眾、野心勃勃，有凌駕「全體公民」的嫌疑，或品行優良素有威望的人想做的事可能會對國家帶來威脅，那麼雅典城邦的「陶片放逐法」（Ostracism）便是對付他們的強有力的武器，他們會被放逐到國外好多年。不光是雅典，在哥拉斯、麥加拉和敘拉古（Syracuse）都有這種「陶片放逐法」，被認爲是民主的典範。

古希臘城邦高度發達的民主政治，從來沒有一個凌駕於公民精神世界之上的宗教祭司集團來限制人們的思想；對現實生活的熱愛，對自然和眞理的狂熱的追求，這些都打開了古希臘人自由思想的閥門。德國歷史哲學家卡爾·雅斯培（Karl Jaspers）曾讚譽說：「古希臘城邦奠定了西方所有自由的意識、自由的思想和自由的現實基礎。」而現代美國史學家伊蒂絲·漢米爾頓（Edith Hamilton）更表示在古希臘人那裡，「世界第一次有了思想自由」。

人與神的契約

城邦最初是建立在血緣基礎之上的，隨著氏族制度的瓦解，這種血緣連結被地域連結所代替，而共同的宗教則是他們永遠也割捨不斷的情緣。古希臘人早在遠古時期就形成了一種獨特的宗教信仰：「她崇奉的是家族的神、部落的神，絕對排外的神，神壇、聖火被家族後人小心守護和延續著，不許家族以外的人染指，神餐等其他宗教儀式不准外人參加，甚至被外人窺見都被視爲不祥。神壇也不許外人跨入一步。」

城邦在古希臘人的心中實際上就是家庭的延伸，所以每一個城邦必定要求其公民祭祀同一個神靈，於是家內神延伸到了奧林匹斯諸神的崇拜。幾乎每一個希臘城邦都有自己的保護神，即使祭祀同一個神，也有各自城邦獨特的祭祀方式。如雅典的保護神是雅典娜女神，斯巴達的是阿波羅（Apollo）太陽神。可以說一個城邦就是一個宗教單位，古希臘人虔誠地相信只要祭壇的聖火不熄，神祇就會永遠存在城邦內庇護著公民，這彷彿像是人與神的契約或約定。神祇是城邦福祉的保障，如果一個城邦就要被征服了，古希臘人會說諸神離棄了它。

城邦是獨立與排外的，神聖的神靈只會保護自己城邦的公民，外邦人不被允許參加祭祀，如果他誤入祭司爲集會所圈定的聖圈中，便會被處死。外邦人得不到神靈的庇佑，當然也無法享受公民的待遇，沒有政治權力、沒有法律的保護、無法成爲房地產所有人，除非在本城內找一個德高望重的庇護人才能享受一定的權利。正如「埃斯庫羅斯（Aeschylus）的悲劇中，一個外邦人對希臘人說的那樣，『我不害怕你們的神靈，我不受其恩惠』。」

古希臘人虔誠地相信城邦的地點是由神選定的，當他們建城時，要去德爾斐（Delphi）求取神諭。建城的慶典上，祭司要點燃城邦祭壇上的聖火，舉行呼喚諸神、唱讚美詩以及預言家解說神諭等儀式。而開闢海外殖民地時還有專門的儀式。城邦是他們信奉的諸神以及祖先靈魂的居所，神聖不可侵犯。爲了城邦的安危，古希臘人甘願服役，甚至犧牲自己的生命，也毫不猶豫。在古希臘與波斯的戰爭中，古希臘這些彈丸小城邦竟能打敗強大的波斯帝國，正是受到「城邦理想」、「希臘精神」的鼓舞。

血肉相連，榮辱與共

古希臘城邦與公民的關係，用「血肉相連，榮辱與共」都難以表達。「他們把城邦視爲一個有機整體，自己是其中的一個組成部分。個人的財產、家庭、利益、價值、榮譽、希望，整個的生活，肉體的生命與精神的生命，甚至死後的靈魂都屬於城邦，繫之於城邦。在城邦中，有個人的一切；失去城邦，便失去一切……淪爲奴隸或外邦人，往往還遭到屠殺。城邦繁盛，首先得益的也是他們。他們最珍愛的自由是唯有在自己的城邦裡才能得到。」

智慧的希臘人知道如何合理地

古希臘葬禮儀式

畫面左側的男子正揮手向死者告別，右側的婦女在為死者做著殯葬準備，她們一邊哭泣一邊撕扯專門剪短的頭髮以示悲痛。

利用公民才智來爲自己的城邦錦上添花。據說在雅典，那些財產超過一定數量的人要按每年的名冊舉行某種「儀式」，也就是投資公共事業。例如提供一定的公民兵裝備、戰船、出資表演戲劇或組織一次宗教遊行等等有利於城邦，同時也使出資者本人絲毫不感到被剝奪了財產的憤怒，而是感到無上的光榮與愉悅。在戰場上，爲了城邦的存亡，無論任何人都奮不顧身，英勇殺敵。據說斯巴達人在得知自己的親屬在戰爭中去世的消息，在公共場合會表現出愉快的樣子，而得知自己的兒子逃脫的母親會痛哭流涕，相反地再也見不到兒子的母親會高興地奔向神廟感謝諸神，由此可見古希臘人對城邦事務的狂熱了。

完美的生活樂土

從某種意義上來說，城邦就是一種生活方式。城邦基本是自給自足的，奴隸勞動爲公民們提供豐裕的物質條件和大量閒暇的時間，便利的海上交通，給予古希臘人開拓進取、積極樂觀的精神和開闊的心胸，同時打開了對外學習和交往的窗戶。

城邦本身就是一種完美的生活範本，它肩負著教育公民、陶冶公民的情操、培養公民高尚的品格的責任。每個公民到了一定的年齡就要被送到學校學習詩歌、音樂、修辭、數學等課程，教師由城邦選定。等他們長大了，他們可以去露天廣場出席公民大會，聆聽別人慷慨激昂的演講，也可振振有詞地發表自己的高見。在這個過程中，公民的判斷事務的能力提高了，演講口才得到了訓練，增強了對城邦政治的關心與熱愛。

城邦爲每一個公民提供參與政治的機會，任何公職都向他們開放，給他們施展政治才能的平臺；劇院裡上演著震撼人的悲劇和詼諧幽默而又機智地揭露政治、生活現實的喜劇供他們觀賞，在愉悅身心之餘，培養他們高尚的情操和對城邦的熱愛；他們還有機會在柏拉圖學院一睹大師們的講學，開闊眼界、探索宇宙和大自然的奧祕、領悟人生哲理；如果他們感到累了，漫步在城邦高貴典雅而又簡約莊重的建築藝術之中，在休閒之餘，陶冶了他們的藝術情操；轉眼間可能就踱到了體育館，就去運動一下，鍛鍊體魄，塑造健美的身材，以便戰時從戎，保衛城邦安全。在青蔥的草地上、溪水旁、綠蔭下，三兩成群的古希臘人在討論詩歌、哲學、音樂等；高朋滿座、宴飲之樂更是讓希臘人流連忘返、通宵達旦的樂事。

城邦遠遠不是一個完美的社會，但它的的確確是追求完美的社會。古希臘的城邦爲公民樹立了共同的人生目標與價值標準：熱愛民主與自由、熱愛自然與生活、追求美與智慧、追求卓越與完美是他們不懈的追求。生活在古希臘城邦這塊樂土的古希臘人無論是政治家、藝術家、作家還是手工業者，力求完美與和諧，進而在哲學、自然科學、政治學、文學、建築與雕刻等方面有驚人的創新，他們用智慧照亮了西方的星空。由此可見，西方人文精神的這粒種子，是因爲有了城邦這個肥土沃壤才得以生根、開花、結果。

傾聽哲學家們的辯論也是雅典人生活的樂趣所在。

天下無敵的國家軍隊

——古希臘的海軍與步兵

地中海悠久的海岸線勾勒出美麗的愛琴海，海上的島嶼以及在古希臘城邦中，提起海軍，就不得不提雅典；說到陸軍，斯巴達驍勇善戰的步兵更是軍事史上的一個奇蹟。一海一陸，古希臘的海軍和步兵共同譜寫了輝煌的篇章。

強大的海上艦隊

古希臘是由半島和島嶼組成，徜徉在寬廣的愛琴海和地中海之上。出於保護商業貿易和自衛的需要，古希臘的海軍建立得很早，其中最爲強大的是雅典艦隊。

目前，我們所能知道的較早關於戰船的記錄來自於《荷馬史詩》。眾所周知，雖然史詩講的是西元前一千二百年的一場戰爭，但其背景卻是作者荷馬所處的時代——西元前八百年，所以史詩中描述的船隻，幾乎可以肯定地說就是古希臘城邦建立初期的戰船。

當時的戰船主要分兩種：二十槳的輕型船和五十槳的戰船，只有船首和船尾有甲板，槳手們坐在椅子上面對船尾划槳。船上配有桅桿和四方帆，桅桿、索具和帆都是可以拆卸的，等到作戰的時候便會將這些設備拆下來以減輕重量。這種戰船輕便靈巧，但是穩定性不高，很容易翻船。

西元前七百年，鄰國從事商業和貿易的腓尼基人發明了兩層槳戰艦，

正準備參加戰鬥的古希臘步兵

因爲划槳手分上下兩層坐在船體內而得名。這一先進造船技術很快被古希臘人採用。古希臘人在此基礎上進行革新，在戰艦上又加上一層槳手座位，即三層槳戰船。船體前方呈尖銳狀，固定在戰艦艦首用以撞毀敵船的突出物叫做「撞角」，外面用金屬裹住以增加堅硬度，用以撞擊敵船。船頭畫上眼睛，具有威懾的作用。三層槳戰船因爲行動靈活，牢固耐用，到了西元前六百年，已經成爲了海軍的主要裝備。

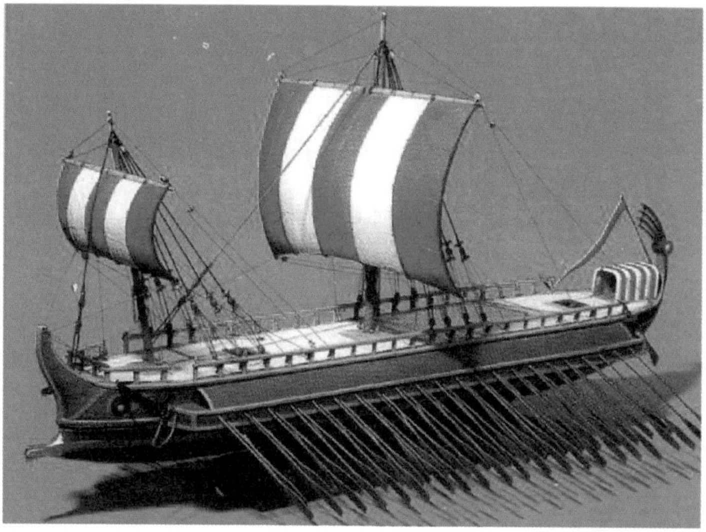

三層槳戰船模型

海上戰爭

一旦準備開戰，雙方會選擇一個比較開闊的海域，面對面呈「一」字型排開。在正式開戰之前，雙方都在艦上舉行儀式，祈求神靈（雅典娜、戰神亞瑞斯 Ares 或其他城邦保護神）的保佑。

古希臘最常見的海軍戰術有三種。一種是快速繞到敵艦後方，從

五十槳戰船模型

後面用撞角衝撞敵艦。因爲船的後部沒有防禦，成功撞沉對方的機率比較高。第二種是快速划動，從敵艦旁邊側身擦過的一瞬間提起船槳，撞破對方的船槳。這種戰術需要極快的速度和全體船員的配合，否則自己的船槳也會被撞破。第三種是朝對方衝過去，在關鍵時刻轉向，撞擊敵艦的側翼，使其失去戰鬥力。

戰船的造價非常昂貴，當時水手的薪資也不低，因此養活一隻艦隊很不容易，只有非常富裕的城邦，例如雅典、科林斯才有足夠的財政預算組編大量的戰船，其他不太富裕的城邦就只能在陸軍方面下工夫了。

步兵的王者

西元前八百年，正規陸軍初建時，騎兵是軍隊的主體部分。他們需要準備馬匹和武器裝備，甚至要自己負責補給，所以只有具備一定財力的貴族才能當騎兵，窮人只能擔任步兵。但是希臘半島多山多丘陵，少平原，不太適合騎兵作戰，所以到了西元前七百年，人們逐漸注重步兵在戰爭中的運用。步兵分重裝步兵和輕裝步兵兩種，其中重裝步兵是古希臘軍隊的主要兵力。

重裝步兵全身裝備有：頭戴青銅頭盔，身穿由皮革和青銅製成的鎧甲，小腿上裹著脛甲，左手拿著圓盾，右手執青銅長矛。重裝步兵與騎兵一樣，裝備也需要自己出錢購買，所以成員大多是上層公民。有些貧窮的公民買不起盔甲和武器，只好成爲輕裝步兵，他們的裝備有輕矛、標槍、弓箭、投石器等等，輔助重裝步兵進攻並負責後勤。

薩拉米灣海戰

波希戰爭是上古時代波斯帝國爲了擴張版圖而入侵希臘的戰爭，薩拉米灣海戰（Battle of Salamis）是其中一場經典戰役，也是這場戰爭的轉折點。

西元前四八〇年九月，波斯軍隊直趨雅典，雅典議員第米斯托克利（Themistocles）指揮古希臘海軍，將大約六百艘波斯軍艦誘入雅典外的薩拉米灣，然後予以一舉殲滅。贏得自馬拉松戰役以來，雅典對波斯的又一次輝煌勝利。也樹立了以後一個世紀的雅典海上霸權。

薩拉米灣海戰的勝利，開創了雅典的黃金時代。在這個時代，雅典人取得了海上實力和商業方面的優勢，他們的知識分子和藝術家們也取得了卓越的成就——進而爲西方文明奠定了基礎。薩拉米灣海戰是世界上第一次大規模槳船隊之間的較量，也是世界海戰史上以少勝多，以弱勝強的典型戰例。現代希臘海軍爲紀念這一勝利，於每年九月十二日舉行紀念慶典。

酒神的狂歡——古希臘戲劇

普羅米修斯（Prometheus）被孤寂地留在了荒蕪的高加索山頂，但他並不後悔和屈服。宙斯把火鑾橫地從人類手中奪走了，然而，喜愛人類的普羅米修斯卻設法偷偷地竊走了天火並帶給人類。他被一條永遠也掙不斷的鐵鏈鎖在陡峭的懸崖上，一隻神鷹每天去啄食他的肝臟，但被吃掉的肝臟隨即又會長出來。他備受煎熬，直至一位名叫海克力士（Hercules）的英雄將他解救出來為止。這則感人的神話故事是古希臘三大悲劇家之一，埃斯庫羅斯（Aeschylus）的作品《被縛的普羅米修斯》（*Prometheus bound*）。

酒神頌歌

狄奧尼索斯（Dionysus）是酒神和植物神，在古希臘神話中他是宙斯和人間女子施美樂（Semele）的兒子。相傳，宙斯愛上了凡間女子施美樂，經常和她月下相會，而且還對她百依百順。天后希拉（Hera）知道後，就化成凡人來到人間，假裝對施美樂說：「你何不讓宙斯化作他的本來面目來見你呢？那樣才能顯出他的眞誠嘛。」施美樂覺得有道理，於是就要求宙斯這樣做。宙斯沒辦法就變回霹雷和雷電的本來面目，施美樂瞬間化成了灰燼。然而施美樂已有六個月的身孕，宙斯從大火中取出胎兒，放在自己的大腿肉中，直到嬰兒出生。

狄奧尼索斯出生後被交給施美樂的兩個姊妹撫養。天后希拉知道後把這兩個姊妹也變成了瘋子。於是，宙斯把狄奧尼索斯變成一隻小羊，交給一位女子撫養，狄奧尼索斯慢慢地長大了。有一次，他登上一條船，船員見他僅一個人，就給他戴上腳鐐和手銬。但是這些東西都自動脫落了，船帆上還垂下了葡萄籐。狄奧尼索斯長大後，天后希拉依舊不放過他。狄奧尼索斯在老師西勒諾斯（Silenus）和一大群山羊神的陪伴下遊歷了古埃及、波斯和古印度後回到歐洲，所到之處，他教人們種植葡萄樹，配製葡萄酒，受到人們的喜愛，尤其是受到婦女們的崇拜。

在歷史上，葡萄是古希臘最重要的作物之一。由於狄奧尼索斯教會了希臘人釀造葡萄酒的技術，他所受到的崇拜也就可想而知了。在《荷馬史詩》中，狄奧尼索斯並不是主神之一。但是，平民和新貴族們卻非常喜歡他。他們認爲奧林匹斯山（Olympus）上的諸神是貴族的神，似乎高不可攀。而狄奧尼索斯與山羊神和狂女相伴，他們不分彼此，載歌載舞，沉浸在歡樂的境界之中。這樣的平民形象正是他們所需要的。

雅典最早的戲劇表演就是紀念酒神狄奧尼索斯的活動。當人們舉行酒神祭祀時，舞蹈者披上山羊皮像眞的雄山羊一樣傻叫，以裝扮成酒神的隨從，歡歌狂舞地紀念酒神，這些舞蹈者便被稱爲「羊人」。他們的頌歌也就被稱爲「山羊之歌」。「悲劇」一詞在古希臘文的原意就是「山羊之歌」，而「喜劇」在古希臘文的原意是「狂歡之歌」。

悲劇巨匠

古希臘文學最偉大的成就是悲劇和喜劇。古希臘的悲劇具有世界性的意義，它將歷史與時代意義完美地融合在了一起，其內容之豐富，語言之華美在古典時代其他文明中都屬罕見。古希臘喜劇大多是政治諷刺劇與社會諷刺劇，貼近生活，輕鬆自由。古希臘成就最高的悲劇作家就是埃斯庫羅斯、索福克勒斯（Sophocles）和歐裡庇得斯（Euripides）。值得注意的是，雅典是古希臘城邦文明的代表，古希臘的戲劇大師們大多數都是雅典公民。

埃斯庫羅斯（西元前五二五年至西元前四五六年）是古希臘悲劇的眞正創立者，他被認爲是上古時代最偉大的悲劇作家。他出生於雅典近郊厄琉西斯（Eleusis）的一個古老貴

歐裡庇得斯悲劇《美狄亞》

阿爾戈（Argus），與美狄亞一起，帶著金羊毛逃離科爾基斯（Kolchis）。伊阿宋召集尋找金羊毛的英雄阿爾戈斯建造了一艘船，名為「阿爾戈」號，英雄們乘坐此船在黑海遠東海岸的科爾基斯王國找到了金羊毛，在女巫、國王的女兒美狄亞的幫助下奪得金羊毛回歸。

族家庭。傳說，埃斯庫羅斯幼年時非常喜歡在葡萄園中看葡萄。有一天，他在一棵葡萄樹下睡著了，結果酒神狄奧尼索斯托夢給他叫他寫悲劇。埃斯庫羅斯年輕的時候目睹了雅典的僭主統治，他支持民主政治運動。後來他參加了反抗波斯侵略的馬拉松戰役（The Battle of Marathon）和薩拉米海戰（The Battle of Salamis）。埃斯庫羅斯在表演中引入了第二個表演者，一改古希臘戲劇一個演員的傳統模式，使劇情更加生動。

埃斯庫羅斯一共留下了九十多部劇作。他的悲劇只有七部完整地流傳至今，另外三部部分保留了下來。這七部是《俄瑞斯忒亞》（*Oresteia*）、《乞援人》（*Supplices*）、《波斯人》（*Persians*）、《七將攻底比斯》（*The Seven Against Thebes*）、《被縛的普羅米修斯》、《阿伽門農王》（*Agamemnon*）、《祭酒人》（*Bacchae*）和《報仇神》（*Retribution*）。後三部是流傳下來的唯一一個完整的三部曲，合稱《俄瑞斯忒亞》（*The Oresteia*）。《波斯人》以希波戰爭爲題材，是現存的唯一一部以當時的現實生活爲內容的悲劇，其他的作品都來源於神話故事和英雄傳說。埃斯庫羅斯是希臘戲劇的第一位大師，他的作品充滿了英雄主義的氣息和愛國熱情，其作品對整個西方戲劇藝術的發展產生了深遠的影響。

索福克勒斯（西元前四九六年至西元前四〇六年）是雅典民主城邦政制全盛時期的悲劇作家，希臘悲劇藝術的完成者。他出生在雅典西北部的科羅諾斯（Colonus）。索福克勒斯曾當選爲雅典十將軍之一，是一個溫和的民主派，和伯里克利斯的關係非常要好。索福克勒斯享譽雅典戲劇界數十年之久，有戲劇藝術的「荷馬」之稱。他最初學習埃斯庫羅斯，但很快形成了自己的特色。他首先引進了第三個演員，加強了戲劇的舞臺作用，減少了合唱隊的作用。

索福克勒斯一生共寫過上百部戲劇，可惜只有七部傳世，他們是《埃阿斯》（*Ajax*）、《安提岡涅》（*Antigone*）、《俄狄浦斯王》（*Oedipus*）、《厄勒克特拉》（*Electra*）、《特剌喀斯少女》、《菲羅克忒斯》（*Philoctetes*）、《俄狄浦斯在科羅諾斯》（*Oedipus in Cronus*）。其中成就最高的是《安提岡涅》和《俄狄浦斯王》。《俄狄浦斯王》被認爲是古希臘悲劇的典範之作。索福克勒斯的一生正是城邦制度最繁榮的時期，他透過悲劇作品來探索理想邦國的公民形象，他的悲劇在藝術上追求完美，在風格上莊重典雅，在敘事上氣勢磅礴，反映了伯里克利斯時代雅典文明的繁榮與昌盛。

歐裡庇得斯（西元前四八五年

至西元前四〇六年）被認爲是雅典最後一位偉大的悲劇作家。他所處的時代正是雅典城邦國家危機全面爆發的時代。歐裡庇得斯出身於阿提卡（Attica）一個擁有地產的大貴族家庭，他從小就對各類藝術進行過全面而系統的學習。在政治上歐裡庇得斯雖然是民主派的擁護者，但他一生幾乎從來沒有參加過任何政治活動，而是沉迷於哲學思考，被稱爲舞臺上的哲學家。

歐裡庇得斯特別注重寫實和激情，對人物的心理進行深度刻畫，他經常在其作品中提出一些發人深省的問題。他十分注意下層人民的疾苦，同情窮人，奴隸和婦女。他一生共創作了八十餘部悲劇，有十八部傳世。其中最優秀的包括《美狄亞》（*Medea*）、《特洛伊婦女》（*The Trojan Women*）等。《美狄亞》在西方文學中第一次以婦女爲主角，它描寫了異邦女子美狄亞與希臘男子伊阿宋（Easun）的愛情故事。對於歐裡庇得斯的評價，古往今來一向褒貶不一，有人說他是最偉大的悲劇作家，也有人說悲劇在他的手中衰亡。

喜劇大師

據記載，雅典在西元前四八七年開始出現正式的喜劇。雅典曾產生過三位著名的喜劇詩人，克拉提諾斯（Cratinus）、歐波利斯和阿里斯托芬（Aristophanes），不過只有阿里斯托芬有作品傳世。

阿里斯托芬（西元前四四六年至西元前三五八年）出生於雅典小康家庭，他生活的時期正逢古希臘城邦內部的伯羅奔尼撒戰爭（The Peloponnesian War）打得如火如荼，古希臘城邦開始全面出現危機，雅典的文明開始走向衰落。此時，雅典社會兩極分化甚爲嚴重，派系衝突不斷。

阿里斯托芬一生共寫過四十四個喜劇劇本，但完整流傳下來的只有十一部。其中著名的作品有：暴露政治野心家的《騎士》（*Knights*）和《馬蜂》（*Wasps*），描寫文壇上不良現象的《雲》（*The Clouds*）和《蛙》（*Ranae*），反映黨派鬥爭和貧富差距的《公民大會上的婦女》（*Ecclesiazusae*），諷刺冒險家爲雅典人帶來災難的《鳥》（*Birds*）。

阿里斯托芬站在中小貴族的立場上，主張停止非正義的伯羅奔尼撒戰爭。阿里斯托芬的作品政治傾向性極強，他以豐富多彩的語言和想像力，深刻地揭露了當時的社會問題，直接批評了一些同時代的思想家和政治家，嘲弄貧富差距和社會不公的現象。阿里斯托芬的作品是一幅雅典社會、政治、思想文化生活的畫卷，他以詼諧幽默的文學手法觸及了最嚴肅的社會問題。

ꝏ《伊底帕斯與司芬克斯》

法國畫家莫羅的名畫《伊底帕斯與司芬克斯》，描述的是劇中伊底帕斯（Oedipus）猜謎的場景。畫面的背景是懸崖和古代燈塔柱的遺跡，散發著濃郁的遠古氣息。

奧林匹斯山眾神——古希臘神祇

世界上沒有哪一個民族像古希臘人那樣對神和神話如此地陶醉於其中。也沒有幾個民族會產生出如此多絢麗多彩、膾炙人口的神話故事。古希臘人對於神的崇拜與敬仰也是其他民族所難以理解的。從天空到大地，從山川到河流，世間的一切都被他們化作了戰神、愛神、酒神、命運之神、復仇之神還有智慧之神和文藝之神等。這些神靈無處不在，支配著每個希臘人的生活。

奧林匹斯山上的眾神

古希臘是人神「共存」的國度，在古希臘人的眼中，神與他們同在，就住在希臘半島北部的奧林匹斯山上。神與人同形同性，有男有女，既有人的體態，也有人的七情六慾，他們會嫉妒，會戀愛，會結婚，也會產生婚外情。神喜歡干涉凡人的活動，神和神之間存在紛爭，他們也有「宮廷政變」。神與人唯一的區別僅僅在於前者永生不死，青春常保；後者生命有限，有生老病死。

古希臘的神可以分爲兩種，一種是想像中的天神，他們是世間萬物的主宰者，控制著一切自然的力量和人類無法主宰的機緣，人們對他們充滿了敬畏；另一種是傳說中的英雄，他們原本是早期的部落首領或亂世英雄，人們爲其力量、勇氣、智慧和品格所傾倒，在世代流傳的故事中漸漸賦予了他們更強大的能力、更動人的容貌和更熾烈的情感。

其實，古希臘人自己也經常被如此浩繁的神系搞得暈頭轉向。到西元前八百年左右，在偉大的詩人荷馬和赫西奧德（Hesiod）的幫助下，他們才把諸神的世系弄清楚。即便如此，由於古希臘邦國眾多，他們往往各執一詞說法各異。雖然有許多的矛盾和出入，但各邦卻沒有因爲信仰問題大動干戈。

古希臘的神具有自然神的屬性。古希臘人意識到神祕的大自然養育了世間萬物，於是產生出強烈的崇拜心理。他們把自己的這些感覺化爲了神祇，這種感覺是連綿不絕的，所以古希臘的神明也是無處不在的。在古希臘人眼中，每樣東西都具有神的意味，都會向他們表達其存在的意義。不過嚴格地來說，古希臘的神是具有

奧林匹斯山眾神
在古希臘神話中，那些主宰人類、統治世界的諸神就住在奧林匹斯山上。天神們平時居住在各自的領地內，過著無憂無慮的生活。當聽到「眾神之王」宙斯召喚時，他們就會從四面八方紛紛趕來，齊聚宙斯的神殿。

地方性的，一個神代表一個城邦，神與他的城邦是一體的。古希臘人喜歡敬神靈，敬重神明的宗教活動是古希臘各城邦公民生活中最重要的一項內容。宗教在古希臘人那裡不是空洞的說教和抽象的教義，而是全面地融入到人們的日常生活之中。

創世神話和新老神之爭

相傳，在世界產生之前，宇宙中一片虛無，沒有光和影，也沒有天和地，一切都處於混沌當中。大地之母蓋亞（Gaia）生下了天神烏拉諾斯（Ouranos），烏拉諾斯後來成爲世界的主宰者。蓋亞與烏拉諾斯結合生出了六男六女共十二位強大的泰坦（Titan）巨神，分別掌管天、地、日、月、星辰、海洋等，此外還生了三個獨眼巨人和三個百手巨人。

烏拉諾斯懼怕權力被兒女奪去，於是把他們全部囚禁在暗無天日的地底，這激怒了疼愛孩子的蓋亞。在她的幫助下，最小的兒子克洛諾斯（Cronus）將兄姊們解救出來，並聯合他們殺死了父親，推翻了他的統治，克洛諾斯取而代之，成爲第二代主神。這兩代神祇便是希臘神話中的「老神」。

克洛諾斯成爲眾神的領袖後，和姊姊瑞亞（Rhea）結合，生下了三男三女。克洛諾斯親手推翻了父親的統治，因此內心十分惶恐他的孩子也會反對自己。爲了防患於未然，瑞亞每生下一個孩子，他都要把孩子吞到肚子裡去。瑞亞生了五個孩子，他就連續吞了五個。瑞亞在生第六個孩子也就是宙斯時，她不忍這個孩子再被丈夫吞食，於是用布裹住一塊石頭冒充是嬰兒讓克洛諾斯吞下。克洛諾斯被瞞過了，於是宙斯倖存了下來。

宙斯長大後具有了強大的神力，他悄悄把毒藥放進克洛諾斯的酒杯裡，使他劇烈咳嗽，吐出了被他吞下的兒女。於是宙斯領導他的兄姊們重演了上一代的「宮廷政變」，將父親從高高在上的神座上推了下去，宙斯成爲了新的神王。他與妻子希拉搖身一變，成爲奧林匹斯山至高無上的統治者，伴隨著改朝換代，新一代的神也產生了，即「新神」，又稱「奧林匹斯眾神」。

大力神海克力士

顯赫的衆神系譜

在奧林匹斯山眾多神靈中，有十二位最爲重要，他們分別掌管世間萬物，被尊稱爲「十二主神」。他們分別是眾神之王宙斯、天后希拉、太陽神阿波羅、月神阿特米斯（Artemis）、智慧神雅典娜、愛神阿芙洛黛特、戰神阿瑞斯、神使赫爾墨斯、農神狄密特（Demeter）、火神赫菲斯托斯（Hephaestus）、海神波賽頓（Poseidon）和冥神哈得斯（Hades）。

宙斯是傳說中的眾神之王，他擁有至高無上的權力，可以決定人間的秩序和法律，主宰人間的禍福興衰，判定戰爭和競技的成敗輸贏，監督風俗習慣和宗教儀式的正常運轉。他的武器是霹靂閃電，這使他的威力在天地間無人可擋。但是他的威嚴和威力並不成比例，關於他的風流故事在古希臘傳說中多如牛毛。不論是天上的女神還是人間的公主，只要是美麗的女子他都有興趣。因此他也就有了許許多多的子女，而他的子女們也分別具有不同的神力和曲折的際遇。

科林斯國王薛西佛斯（Sisyphus）對宙斯的行徑十分不滿，結果被宙斯關入地獄，接受懲罰。他必須每天把一塊巨大的圓石推向山頂，但是快到山頂時石頭又會滾下來。就這樣，薛西佛斯要一直不停地進行這種重複而枯燥的勞動，永無休止。

由於有了宙斯這樣不能讓人安心的丈夫，希拉成了嫉妒心極重的女神。其實這位天后原本是宙斯的姊姊，她和宙斯一樣擁有風雨雷電的威力，除此之外她還是婚姻的保護神，尤其是保護那些已婚的婦女。

在古希臘的傳說中，她似乎總在不停地忙著收拾宙斯的那些情人和子女，嫉妒和仇恨讓她在報復時分顯得格外冷酷無情。

在古希臘神話裡，還有一些就是上百名的其他神祇，非人生物、人類和半神人。例如，其他神祇中的命運女神，其掌管大地上所有人的命運，共有三位，克羅托（Clotho）紡織生命之線，拉刻西斯（Lachesis）決定生命之線的長度，阿特洛波斯（Atropos）切斷生命之線。還有藝術女神，也稱爲繆斯（Muse）女神，共有九人，分別掌管雄辯與敘事詩、歷史、天文、悲劇、喜劇、舞蹈、愛情詩、頌歌和抒情詩。非人生物中的厄喀德那（Echidna），它是半人半蛇的怪物，生了許多著名的

宙斯和忒提斯

宙斯與女神忒提斯（Thetis）曾熱戀，但後來宙斯卻下令將忒提斯下嫁給凡間一男子為妻。畫面上端坐在奧林匹斯山上的宙斯，對忒提斯女神的苦苦哀求毫不動心，仍保持威嚴莊重的神態。這是法國畫家安格爾（Jean-Auguste Dominique Ingres，一七八〇年至一八六七年）根據古希臘神話故事所繪的一幅油畫作品。

妖怪像勒耳那水蛇（Lernaean）、涅墨亞獅子（Nemean Lion）、咯邁拉（Chimera）、司芬克斯等。人類和半神人中著名的有潘朵拉（Pandora），她是赫菲斯托斯用泥土造成的女人。還有特洛伊戰爭中希臘最偉大的英雄阿基里斯以及少女歐羅巴，她是一位美麗的人間女子，爲宙斯所引誘，是宙斯最著名的情人之一，歐洲的全稱「歐羅巴洲」便來源於此。這些神靈可以說是來源廣泛，人數眾多，關係複雜。

神人之間

古希臘神話中許多是在講英雄的故事。英雄是神人結合的產物，他們甚至比神更加地勇敢和無畏，更加重視朋友和友誼，更加地忠心於國家，更加地令人敬佩。由此便能看出古希臘神話的兩個基本特點：神人同形和同性。神不是比人道德上更加崇高，也不是比人更加聰明，他們只是有著更完美的肉體罷了。他們也會犯錯誤，他們也會耍小脾氣，他們一樣有著七情和六欲，一樣有著悲歡與別離。他們有男有女，一樣要結婚生子，繁衍後代。宙斯甚至半公開地和其他神靈或者凡間女子偷情。他們一樣鉤心鬥角，談論鄰居家裡的醜事，有著和人間一樣的社會組織。這些神明是如此地可愛和親切，對於他們的感覺不是更多的威嚴和神祕，而是更多的情趣與熱情。當失去愛情的時候他們一樣會感覺很委屈，當失去朋友的時候他們一樣會傷別離。神與人最重要的區別僅僅在於人的生命是有限的，而神是永存不滅的。

總之，「人性至上、以人爲本」是古希臘神話最突出最與眾不同的特點，因爲每個神都有自己的私心，與其他神話宗教裡那些神祕莫測、高不可攀的神靈明顯不一樣。以人爲神的形象，以人的精神爲神的意志，這是古希臘有別於其他民族的一個不可忽視的特點。沒有異端審判，沒有宗教迫害，沒有信仰紛爭。不能否認，絢麗多彩的神話與富於人性的宗教乃是造就古希臘文明非凡魅力的重要因素。

中古世紀的文藝復興就是在復興古希臘文化的大旗下展開的，而人文主義的思想就是受人性至上的古希臘神話的影響。古希臘神話形成了最初的希臘人本主義觀念，它成爲整個希臘文明的靈魂，以至於成爲整個西方社會精神文明的內核。

「或得桂冠或捨生命」

——古代奧林匹克聖會

你是純種的希臘人而非異邦人嗎？你是自由人而非奴隸嗎？你是男人而非女人嗎？看來，想參加一屆古代的奧運會可不是那麼容易！古代奧運會有十分鮮明的民族色彩和宗教色彩，賽前要對運動員進行仔細地檢查。當檢查合格後，他們的名字就被掛到奧林匹亞最顯眼處的一塊木板上。從這時起，他們便不能以任何理由退出比賽，並且要為了奪冠而全力奮鬥。

奧運之源

古希臘首都雅典，位於希臘東南部的阿提卡半島西側，三面環海。氣候宜人，是古希臘政治、經濟和文化的中心。古希臘是歐洲文明的搖籃，而雅典就是這個搖籃的中心。在距離雅典西南約二百公里的地方，有一塊丘陵地帶，這就是馳名世界的古代奧林匹克運動會的發源地——奧林匹斯（Olympus）。

有關古代奧運會的起源的傳說很多，有一種就認爲古代奧林匹克運動會是爲祭祀宙斯而定期舉行的體育競技活動。傳說，宙斯成爲眾神之王後便在奧林匹亞舉行了盛大的慶典活動，這就是最初的古代奧運會。

也有人認爲奧林匹亞運動會來自於佩洛普斯（Pelops）娶親的故事。古希臘伊利斯（Elis）國王爲了幫自己的

摔角比賽

女兒挑選一個理想的駙馬，便提出應召的青年必須和自己比賽戰車，結果十三個勇士都戰死了，第十四個青年佩洛普斯為了愛情，以智慧擊敗了國王。佩洛普斯與公主在奧林匹亞舉行了盛大的慶祝活動，這些活動就發展成了後來的奧運會。

其實，古代奧運會的產生與古希臘當時社會的政治、經濟、文化和宗教有著密切的關係。古希臘氏族社會瓦解後，建立了幾百個小城邦，這些城邦各自為政，混戰不斷。各個城邦都想利用體育鍛鍊來培養所向披靡的士兵，斯巴達城邦的兒童從七歲起就由國家撫養，並從事體育鍛鍊和軍事訓練，古代奧運會的比賽項目也帶有明顯的軍事烙印。另外，古希臘人每逢重大節日，各城邦都要以唱歌、舞蹈和競技等方式祭祀諸神，表達敬意。因此古希臘人對眾神之首宙斯的祭祀也促進了奧運會的產生。

世界上最早的夏季奧林匹克運動會開始於西元前七七六年，這一年也是希臘有確切紀年的開始。連續不斷的戰事使人民感到厭惡，因此運動會的前一個月將會宣布停止各城邦之間的戰爭，神聖的火炬就像是神靈的命令，它傳遞到哪裡，哪裡的戰火就必須熄滅，所以從各地趕來的

古希臘奧運會中的跳高比賽

參賽者不會有任何風險，此即所謂的「神聖休戰」。

體育盛事

奧林匹克運動會運動場地之大，大約能容納觀眾達二萬人。古代奧運會不僅是一種競技大會，在它延續一千多年的時間裡，實際上是古希臘人一個全區域性的節日。西元前五六一年，古希臘哲學家卓羅斯爲古代奧運會起草了一份競賽章程。例如，競技者必須兩代以上是純希臘人，而且還必須是從未受過刑罰的自由人，必須在政治上、道德上、宗教上、法律上沒有污點。女子不能參加及參觀比賽，違者將被扔下懸崖等。

熱烈競賽中的古代奧運會

古代奧運會的主要比賽項目有賽跑，包括短跑、中跑、長跑和武裝賽跑。武裝賽跑要求參賽者身著鎧甲，頭戴盔帽，腿裹皮護膝，左手持盾牌，其場面異常壯觀和激烈。古代奧運會有摔跤、拳擊、混斗、五項競技，五項競技包括賽跑、跳遠、擲鐵餅、擲標槍和摔跤。還有賽戰車和賽馬，賽戰車十分激烈，各輛賽車都絢麗多彩，威武壯觀，競技者們赤身揚鞭，催馬向前，車毀人傷的事故常有發生，能跑完全程者常不及半數。而賽馬的馬匹無鞍、無鐙，全憑競技者的技藝比賽，有一些競技者在比賽中從馬上摔下受傷甚至當場死亡。

值得注意的還有馬拉松長跑。馬拉松長跑是奧林匹克運動會上的一個競賽項目，它的長跑距離是四二．一九五公里。爲什麼會有馬拉松這個名字，又爲什麼是這個距離呢？原來馬拉松是古希臘的一個地名。西元前四九〇年，在古希臘城邦反抗波斯入侵的波希戰爭中，在馬拉松進行了一場重要的戰役。這場驚心動魄的戰鬥關係著雅典乃至整個希臘的生死存亡。在戰鬥進行的同時，雅典人都集中在雅典城的中央廣場上，焦急地等待著最新的消息。戰鬥勝利後，指揮官米太雅德（Miltiades）爲了讓大家盡快聽到勝利的喜訊，便派長跑能手斐力庇第斯（Pheidippides）跑回雅典報信。當時斐力庇第斯已經負傷了，但他還是毅然接受了任務。正當雅典人焦急等待時，傷痕纍纍的斐力庇第斯跑進中央廣場，激動地高喊：「歡呼吧，我們勝利了！」之後便倒地犧牲了。馬拉松一役，雅典人雖然付出了巨大的代價，但卻迫使波斯撤軍，捍衛了自己的祖國。爲了紀念馬拉松戰役和斐力庇第斯便有了馬拉松長跑。

冠軍榮耀

古代奧林匹克運動會是現代奧林匹克運動會的前身，其影響之深遠是歷史上罕見的，現代奧林匹克精神之一是「重在參與」，而古代奧林匹克運動會口號卻是「或得桂冠，或捨生命」。冠軍不但被載入史冊，而且還被繪在陶瓷花瓶上，他們的面容被鑄成雕像，事跡被編入詩歌中。所以古代奧運會沒有第二名和第三名的說法，每一項競賽只能有一名冠軍。亞軍和季軍是毫無意義的空頭銜，失去了勝利者地位的人都是失敗者。

冠軍的地位很高，他首先被戴上一頂橄欖枝編成的冠，這是一名奉命砍枝條的少年去聖橄欖園用金刀砍取的，橄欖枝編織的橄欖冠是最神聖的獎品。爲什麼是橄欖枝呢？這是因爲在古希臘橄欖具有特殊的地位。橄欖可以釀酒、榨油和食用，還可提煉香料和藥材，用途非常廣泛，經濟價值也非常高，人民的生活與橄欖息息相關，所以人們對橄欖是格外地重視。

對冠軍的所有優待都是一般人可

火炬接力跑

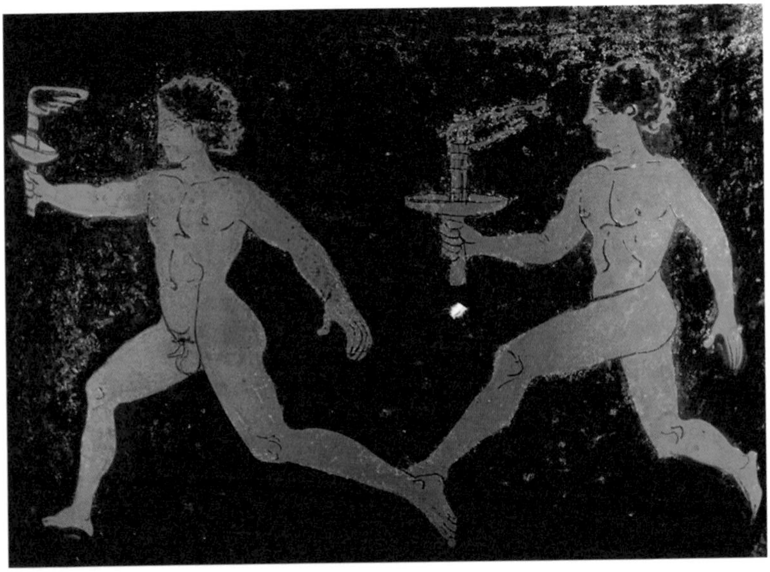

望而不可及的，各城邦將爲他們的優勝者組織盛大的凱旋慶典活動。冠軍的事跡被當時最優秀的詩人編成文詩詠唱，他的名字被載入史冊，他的面容被繪製在陶器、青銅和大理石上。他有資格與國王一齊在戰場的最前列同敵人戰鬥。他在所有的劇院都享有前排的位置。

除此之外，在奧林匹克運動會上奪冠的人有權在所有城邦的公共食堂內享用一輩子的贈餐，免去他對國家的各種義務，個別城邦還給冠軍發放終身津貼。當時著名的詩人品達（Pindar）曾寫過如下壯麗的詩篇：「他突然贏得一些高貴的獎勵，在青春豐饒的歲月裡，希望將他高高擎起；勇氣插上了羽翼，在他心中有比財富更美好的東西」。

歷史遺產

伯羅奔尼撒戰爭以後，古希臘各個城邦開始走向衰落。後來，馬其頓帝國逐漸吞併了古希臘，亞歷山大大帝自己雖然不喜愛體育活動，但還是很支持奧運會。

此後，歷史上許多重要人物都對古代奧運會仰慕至極。例如羅馬帝國的皇帝尼祿（Nero），他爲了使自己能夠參賽，竟故意讓運動會推遲兩年。據載這位皇帝在西元六十七年舉行的奧運會上竟奪得六項冠軍。不過尼祿皇帝是羅馬歷史上出了名的暴君，這幾個冠軍贏得是否公允令人懷疑。

古羅馬征服了古希臘後，在古羅馬皇帝們的資助下，奧林匹克運動會在西元二百年還是繼續在發展。然而在西元二六七年，奧運會所在地的神廟被外族的哥德（Goth）入侵者洗劫一空。後來，基督教成爲古羅馬的國教，奧運會作爲異教的活動受到壓制。西元三九四年，古羅馬帝國狄奧多西（Theodosius I）大帝爲了維護羅馬對希臘的統治，爲了鞏固基督教的國教地位，下令終止奧運會。舉辦了二百九十三屆，歷時一千一百六十九年的古代奧運會從此消失了。

古代奧運會雖然消失了，但爲人類社會留下了一筆寶貴的文化財富，形成了所謂的「古代奧林匹克精神」。其組織模式與精神理念對現代體育產生了深遠的影響。它留下了和平與友誼的精神，反映了人民渴望和平的意願，還有尊崇公正、平等、競爭的精神。它還表現了人們對人體健美的追求和對自我價值的體現。總之，「奧林匹克精神」催人上進、鼓舞人心，是一筆寶貴的精神財富。

第五章 神奇古印度

文明的發源地——印度河與恆河

古希臘歷史學之父希羅多德曾說過「埃及是尼羅河的禮物」；相對地，古印度文明則是「印度河和恆河的禮物」。豐沛的印度河和恆河孕育了古老神祕的印度文明，成為印度人的生命之源。

印度的地形呈不規則的倒三角形，因此有的學者把印度形象地比喻成一個碩大的牛的乳房。如果說印度是牛的乳房的話，那印度河和恆河就是流淌的牛乳，哺育了印度人。

印度文明的搖籃

如果恆河是印度人的「母親」，那印度河則是他們的「祖母」。在古代印度最早的經典文獻《梨俱吠陀》中，最早提及的是印度河。印度河的名字來源於梵文 Sindhu，是「河流」之意。它的拉丁語拼法 Indus，正是印度國名的來源。

印度河發源於中國境內的岡底斯山，流入印度後經喀什米爾，向南穿越巴基斯坦境內，最後注入阿拉伯海，全長三一八〇公里，流域面積九十六萬平方公里，是世界上最長的河流之一。古印度文明的曙光從這裡輻射到整個印度，對後世產生了深遠而重大的的影響。

印度河文明以農業文明為基礎，高度發達的城市文明為其特點。它產生於西元前三三〇〇年左右，印度河文明包括哈拉帕（Harappa）和摩亨約—達羅（Mohenjo-daro）兩個大城市以及一百多個較小的城鎮和村莊，南自印度河三角洲，北沿印度河直到旁遮普，向東到哈里亞納，東南可達卡提阿瓦半島。這一文明雖晚於古埃及和美索不達米亞，但範圍遠遠超過了他們。

佛經故事雕刻
講述的是謙卑又虔誠的善慧婆羅門，有一次在佛陀經過時見地上有污穢，便俯身在地將自己的長髮鋪在地上，讓佛陀踏著長髮過去。

西元前三千年左右，城市已經出

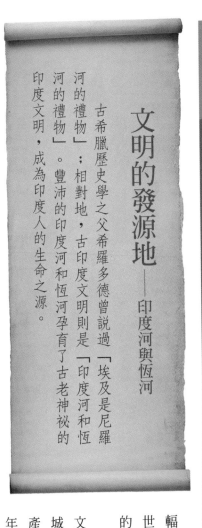

現並發展繁榮起來。城市裡出現了寬闊、乾淨、整潔的街道，浴室、城堡、下水道等地下設施齊全。城市文明的興起，改變了人們的生活方式和生產方式，推動著人類文化的不斷向前發展。

例如，文字在這一時期出現，影響後世的宗教信仰也已萌芽，二進位制和十進位制的運算也在實際生活中得到應用。但遺憾的是，從西元前

恆河被視為「聖河」，被看做是女神的化身，人們虔誠地敬仰恆河。在印度，大多數印度教信徒終生懷有四大樂趣：敬仰濕婆神、到恆河洗聖水澡並飲用恆河聖水、結交聖人朋友和居住在瓦拉納西聖城。

二千年起到其後的二、三百年，印度文明就突然消失了，原因已不可考，但學者認爲，古印度文明的消失與外族入侵和自然災害是分不開的。

印度人的靈魂家園

印度人民稱恆河爲「聖河」、「印度的母親」。占印度人口百分之八十以上的印度教徒親切地稱她爲「恆媽」。據說恆河是從牛嘴裡流淌出來的因此神聖無比，印度教徒堅信只要在恆河裡沐浴，心中的邪惡和晦氣都將洗刷乾淨，要是能在聖河的岸邊壽終正寢，來世必將享福無窮。因此，印度教徒一生中最大的夙願就是到聖河邊的聖地朝聖，喝到無比潔淨的聖水，並沐浴洗刷自己的靈魂。

關於恆河的誕生有一個美麗的傳說：在創世之初，恆河曾是兩條流經天空的巨大河川。有一年大地乾旱成災，民眾苦不堪言。當時的印度王不忍看到生靈塗炭的場面，於是請求天上的女神降雨，以普度眾生。但國王的懇求并未得到答應。後來精疲力竭的國王患了痲瘋病，天神才恩准女神降雨。但是，女神之水來勢洶洶，大地也難以承受，於是濕婆大神就站在喜馬拉雅山附近的恆河上游，讓水從他頭髮上緩緩流下，進而減弱了水勢，既可以洗刷國王祖先的罪孽，又造福了人類。女神之水在他那修長的頭髮間流轉了一千年之久，經喜馬拉雅山中的七個泉眼，降落於大地之上。印度教又賦予了它神祕的宗教來歷，說恆河是從毗濕奴腳下流出來的，而毘濕奴是印度教三大主神之一。他們把這一傳說還雕刻在摩河巴力普羅的斷崖上，進而奠定了恆河千古不變的神聖權威。

聖河哺育的文明

恆河發源於喜馬拉雅山南麓的岡戈裡冰川，向東流經印度斯坦平原，最後注入孟加拉灣。全長二千七百公里，流域面積一百○六萬平方公里。肥沃的恆河三角洲平原孕育了燦爛的恆河文明，恆河文明的全盛期爲西元前二千三百年至西元前一千八百年左右。這一文明的創造者是達羅毗荼人，他們在雅利安人入侵之前已經形成了農業文明，但雅利安人的入侵打斷了他們的文明創建。進入恆河流域的雅利安人將政治重心也移到了這裡，開創了後期吠陀文明。這一時期的印度出現了國家體制，農業生產大大提高，社會經濟得到很大發展，婆羅門教興起，奠定了印度主流文化的基調。

印度文明的「第一道曙光」

——哈拉巴文化

哈拉巴文化的神祕面紗揭開，猶如幽谷裡照射進幾縷陽光，打開了古代印度塵封的歷史。它被譽為印度文明的「第一道曙光」，將印度文明向前推溯了整整一千五百多年，為多彩的現代世界添加了一筆濃重的色彩。

「第一道曙光」出現

在揭開哈拉巴文明神祕面紗的過程中，來自英國的一個逃兵詹姆斯·劉易斯功不可沒。這個詹姆斯·劉易斯對建功立業不感興趣，探索古老神祕的印度文明才是他來印度的初衷。他於是從軍營裡逃出來，漫遊印度。有一天，他來到今天的旁遮普地區發現沙丘裡有一個廢墟，他細心觀察，從毀壞的磚石牆和壁龕等遺跡得出這可能是一座廢棄的古城，於是猜測這很有可能就是古羅馬歷史學家所說的東方之城桑加拉，他把這些都詳細地記錄到日記中，爲後來的考古學家提供了靈感。

西元一八七三年，坎寧安帶領英國的考古隊根據詹姆斯·劉易斯日記的記載，在這一地區經過辛苦地發掘，因爲破壞嚴重只獲得一枚寶貴的印章。比他幸運的英國考古學家約翰·馬歇爾，歷經十年於一九一九年在印度河沿岸的挖掘中，令人興奮地發現了大量的文物，包括印章、銅器、石像、黃金飾品和磚造建築。

一九二〇至一九四〇年代，在哈拉巴和信德地區的摩亨佐·達羅，取得了重大的考古發現，發掘出一批遠古的遺址和類似的古物和印章。就這樣，人們借助考古發掘逐漸地揭開了印度河流域上古文明的神祕面紗，使一個比雅利安人的文明更爲古老有著印度文明「第一道曙光」之稱的哈拉巴文明重見光日。

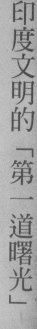

城市文化的基石

從印度河流域已發現的兩百多處城市和村落遺址的情況來看，當時已經形成許多個城邦國家。城邦的經濟基礎是農業，每個城邦都是由幾個農村圍繞一個中心城市所組成的。哈拉巴文化時期的居民，主要是從事農業生產。在發掘出的穀倉裡有兩粒小麥、大麥、椰棗和蔬菜的殘跡，顯示那時農業已經發展到相當高的水準。除種植上述農作物外，還種植胡麻、棉花等經濟作物。因此，我們可以肯定印度河流域是世界上最早盛行種植棉花的地區。

在哈拉巴文化末期，居民可能已經掌握了水稻的種植和生產技術，這些殘跡始見於哈拉巴文化末的羅塔爾城。但後來的恆河流域文明時期，可以確定人工種植水稻已經很廣泛了。這一時期的生產工具，還是以石器為主，青銅的工具也在當做翻地的工具使用，數量不多。耕地使用石質鋤頭，還使用裝有燧石犁頭的犁或木犁，水牛和犛牛已用來代替人力拉犁耕地。畜牧業（家養牲畜，確切地說是副業）在當時經濟生活中佔有相當的地位，從已發現的牲畜骨骼遺物來看，當時馴養的牲畜有水牛、豬、象、羊、雞、駱駝等。狗可能也是當時人們喜愛的一種家畜，不但可以看家，還是小孩的寵物。狩獵活動在生活中的作用已不是最重要的了，人們可能偶爾獵取野兔、鹿等加菜。

高度發達的經濟

從印度河流域上古文化遺址中發掘出土的大量文物來看，當時的手工業生產已經發展到相當高的水準，屬於成熟的青銅文化。雖然石製工具仍然繼續使用，但青銅器已經廣泛用來製造生產工具、武器和家庭生活用具了，主要是斧、鐮、鋸、小刀、漁鉤、匕首、矛、箭等。作戰武器通常都是用銅或青銅製成，矛頭有孔，裝上木柄就是冷兵器時代的先進武器了。手工業者已經掌握了金屬熱加工和冷加工技術，對金、銀、銅、青銅、錫、鉛等多種金屬的冶煉和性能都有所掌握，他們還能用焊接法製造金屬器物。

紡織業、玉器業、製陶業的技術也已有了較高的水準，在當時手工業

哈拉巴人的繁華街市

在這裡，行進著裝有成壇穀物的牛車。收穫季節，人們把小麥和大麥從邊遠的田地運到城市，存放在穀倉裡。

階層中，陶工、織工、石工、木匠、泥水匠、金屬匠、寶玉匠等居於重要地位。陶器、象牙、印章等器物上常常被飾以幾何圖案或者是動、植物的花紋，這些反映了當時人們對生活的熱愛和追求美的心理。在用陶瓷或是象牙製成的印章上面，一半是文字，一半是動物的雕像，這些動物主要是與生活密切相關的如公牛、象、羊等。發掘出土的金、銀、銅首飾有項鏈、戒指、手鐲、臂鐲、足鐲、耳環等，可見當時工匠的精巧技藝。

農業和手工業的發展，促進了哈拉巴文化的商業發達。哈拉巴顯然是重要的經濟貿易中心，從出土的印有船隻的印章和各地發現的印度的印章以及本土出土的兩河流域風格的盒子、圓柱形印章和金屬製品，說明當時有海路運輸，哈拉巴與兩河流域、古埃及、中亞、波斯、阿富汗、古吉拉特（Gujarat）、中國和南部印度有著廣泛的商業貿易往來。

先進的城市規劃

在哈拉巴文化的幾百個遺址中保存較好也是最大的是哈拉巴和摩亨佐·達羅兩座城市。「這兩座城市在規模和設施、建築藝術、供排水系統及城市規劃和布局都各有特色，並達到了同時期的世界先進水準。」城市一般由兩個部分組成，高崗上的衛城（一般爲六公尺至十五公尺高的平行四邊形土丘）和地勢較低的下城，衛城和居民區之間有一條人工河，或是依地勢而建在河流的旁邊。衛城以雄偉的磚牆環繞，城牆每隔一段就有一座方形堡壘，發揮了強化安全的作用。城堡內都有防禦工事、穀倉、公共浴池、會議廳、作坊、居民居住區等。

摩亨佐·達羅是保存最完整的遺址，建築規模比哈拉巴更爲壯觀，佔地面積二百六十公頃，衛城的四周有高厚

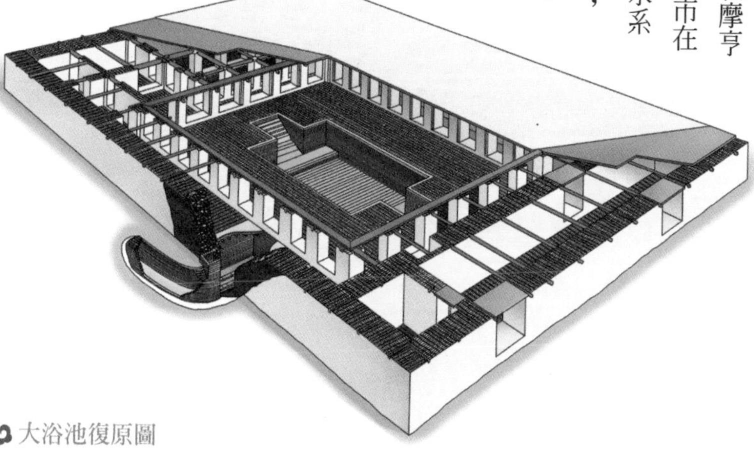

大浴池復原圖

摩亨佐·達羅大浴池結構合理科學，其供水和排水系統設計巧妙。這是根據資料所繪的大浴池復原圖。

的城牆和防禦用的塔樓，高大厚實的衛城建築，保證了城市的安全。衛城的中央有一個大浴池，長十二公尺，寬七公尺，深二．四公尺，大浴池的磚縫和底部都用漿澆鑄，防止漏水。大浴室的兩端都有階梯，由附近的水井供水。

周圍是一系列公共建築物，在西邊緊鄰大浴池的是一個大糧倉，長四十五公尺，寬二十二．五公尺，牆高壁厚，十分牢固，十字形通道結構還保證了通風條件。大浴池的東北有一座很大的長廳，這個大廳是用來做什麼的已無法考證；但也很有可能是一個會議廳，只是參加會議的人的身分和地位不同，所以搭建的會議廳也有層次高低之分。下城居民區是平民居住的地方，是城市的主體建築。街道是直來直去的東西走向或南北走向，都是直角相交。街道整齊寬敞，有九公尺至十公尺寬的主街，可以同

摩亨佐・達羅的磚石廢墟

廢墟後面巍然聳立著一座西元二百年的佛塔。廢墟的發現揭示了在古印度的印度河谷地區一個偉大的城市文明——哈拉巴文明曾經盛極一時。

神祕的大爆炸

一九二二年印度考古學家巴納爾，在印度河下游，就是巴基斯坦信德省的拉爾卡納縣南部，發現了摩亨佐·達羅這個古城。考古學家研究過所有的遺跡之後發現，摩亨佐達羅城有焚燒和曾經發生過一次特大爆炸的痕跡。而在遺蹟裡發現大量骷髏骨，在這些骷髏骨和瓦礫裡，又測出和廣島和長崎核爆和衝擊波相同幅射含量的痕跡。而發現好多骷髏骨的姿勢，都是這些人在街上行走或者是正在做日常生活的東西，好像是一個突然的災難令所有人死亡。

時並行幾輛大車。街道下面有排水溝，更爲神奇的是街道都有路燈，方便行人夜間行走。

下城區的房屋繁多，大都是由燒製品質較佳的紅磚砌成。房屋有大有小，裡面的裝飾也有明顯差距，有些是宮殿式的大廈，有兩層或兩層以上的大樓房，上層是豪華的臥室，下層是廚房和盥洗室，有地板磚、室內樓梯和一個庭院，勝似一座小別墅，這些設備良好的房屋顯然是富人的住宅。還有一些矮小的房屋或者十分簡陋的茅草屋，而且也沒有排水設備，這應是窮人的住所。可見當時貧富差距已十分明顯。居民區的排水設備與街道下的排水溝相連，將生活污水通過下水道排到河裡。

文明的神祕消亡

印度是一個宗教思想濃厚的國家，哈拉巴文化已經出現了宗教的萌芽，大量的小型女像說明當時以母神爲形式的女性能力崇拜。而在男神中，引人注意的三首塑像的出土使一些學者相信這是後世印度教濕婆神的原型。植物、動物、水、火和太陽的崇拜在遺址中也展現了出來。

文字是人類文明產生的標誌，哈拉巴文化已經有了象形文字，他們鐫刻在印章和陶器上，這些文字符號共約四百個至五百個，但非常可惜的是還沒有被破譯出來。

哈拉巴文化的消亡就如同它的創始者一樣，是留給今人的謎團。有的學者提出氣候異常導致信德地區的沙漠化或河道改道，人口被迫遷移；有的人認爲是地震、泥石流、旋風等自然災害造成的；有的學者認爲由於過度耕作、水利設施破壞、伐林、土壤惡化致使哈拉巴文化衰亡；還有人認爲是雅利安人的入侵導致文明中斷。甚至有些考古學家做出了一個大膽的推測，認爲是核爆炸，因爲在摩亨佐·達羅遺址發現了和日本廣島原子彈爆炸後產生的相似物質，但那時人類有那麼高科技的水準嗎？

東來的征服者——雅利安人入侵印度

一部印度史就是一部征服與被征服的血淚史，自稱「高貴的人」的雅利安人，手持鐵製武器，騎著駿馬，駕著戰車烽煙滾滾的從南俄大草原，一路殺到南亞大陸，征服了印度、創造了印度文化的主流。

雅利安人是生活在亞歐大陸的一支遊牧民族。西元前二千五百年左右，他們來到了印度，以一個文明落後民族的姿態進入一個農耕文明區，並且征服了當地人，開創了吠陀時代。雅利安人視自己是一個高貴的民族，爲了保存自己的高貴種姓，他們建立了「種姓制度」這個對印度影響深遠的等級制度。

強烈的種族意識

雅利安有「高貴的人、高種姓者」的含義。在喜馬拉雅山雪峰中的谷地發現了這個世界上唯一保留下來的雅利安人後裔居住的村莊——瓦底村。幾千年來，這支雅利安人世世代代維護著本民族的高貴性。他們自稱是血統純粹的雅利安人，爲此他們具有一種自豪感。

《梨俱吠陀》中記載了他們的祖先和當地居民的文化差異。他們稱當地人爲「達薩」，說達薩黑皮膚、鼻子扁平、不獻祭、說邪惡語言。而這些雅利安人後裔白皮膚，高鼻樑，寬肩，豐頤，面呈褐色，容貌不俗。婦女和男子都喜歡蓄長髮。由於居住在難以通行的山區，他們長期將自己隔絕於世界之外。直到印度取得獨立，這個種族仍鮮爲人知。

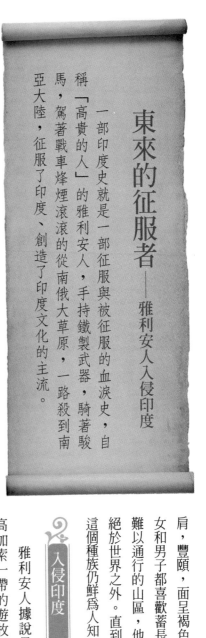

入侵印度

雅利安人據說是起源於中亞和高加索一帶的遊牧民族（但有的學者認爲他們就是生活在印度的本土人），在西元前四千五百年至西元前二千五百年的時間裡，可能是人口增多或者是自然原因，雅利安人的祖先離開原來的居住地，開始了遷移生活。約西元前二千五百年前後，到達今日伊朗的雅利安人分出一部分向東穿越今日阿富汗，侵入印度。他們侵入印度以後，與當地人發生了激烈的武裝衝突。

遊牧民族的驍勇善戰和先進的鐵製武器、騎兵和戰車的使用，使得雅利安人不費吹灰之力就征服了當地的達羅毗荼人。《梨俱吠陀》中，有關於戰爭的精彩描寫：「他使外物變化無常，使達薩屈服、消滅。他像贏得賭金的賭徒，拿走敵人的財產，噢，人們啊，他是因陀羅」。因陀羅是雅利安人的戰神，常被稱爲「城堡的摧毀者」，他能施展霹靂般的力量，把敵人的首級踩在腳下，摧毀城堡與房屋，這首讚歌反映出雅利安人入侵印度後的殘暴性和掠奪性。

雅利安人取得了印度河上游的五河流域後，用劍與火開路，開始向恆河流域擴張，雖然沒有遇到激烈的反抗，但恆河下游茂密的森林還是讓雅利安人步履艱辛，經過漫長時期，雅利安終於征服了整個印度半島。當地居民遭到屠殺或驅趕到恆河流域森林地帶及南印度，留下的變成了奴隸。

生主，印度神話中最初的生命

生主是印度神話中最初的人類或宇宙的巨人。在印度史詩《梨俱吠陀》中記載，他犧牲自我創造了萬物。生主的四分之三是神，四分之一是凡人。

吠陀文明

雅利安人創造了經典的吠陀文明。人們也是透過吠陀文獻來瞭解這一時期的文明，習慣上人們將吠陀文明分爲前吠陀時期和後吠陀時期。在早期吠陀時期，雅利安人還處於部落氏族階段，面臨從遊牧文明向農業經濟過渡的時期。這時，農業生產有一定的發展，宗教信仰單純，種姓制度開始萌芽。在後期吠陀時期，雅利安人已發展到恆河流域，早期的國家出現。農業經濟已經佔據國家經濟的中心。耕作技術比起以前提高了很多，農作物的品種增多，除大麥、小麥外，稻米、豆類和芝麻都已種植。工商業得到了很大的發展，教育文化事業繁榮。

種姓制度這一時期已經定型，分爲吠舍、首陀羅、婆羅門以及剎帝利四個階級。在宗教信仰方面，前吠陀時期的諸神仍受到崇奉，但新的思想出現加上日益僵化的種姓理論導致婆羅門教產生。

在前吠陀時期婦女比較受到尊重，擁有財產和繼承權，與男子一樣接受教育並參加各種學問的討論。但後期吠陀時期，在婆羅門教的影響下，父權加強，印度婦女的地位明顯地下降了，開始出現殉夫習俗。

天神的啓示——《吠陀》

史詩的千古旋律，吟唱讚頌自然、神靈之歌；散文的自由瀟脫，張揚著神祕的宗教神韻；淳樸自然的言辭闡釋了宇宙的奧祕、人生的真諦。它就是「聖書」——《吠陀》，它賦予了印度人源遠流長、割捨不斷的宗教情懷，開啓了印度人的智慧之門。

「吠陀」是一部經典的音譯，在梵文中是指「知識」、「啓示」之意。據說吠陀文獻包括根據吠陀衍生的經典都不是凡人所寫的，而是婆羅門的聖人憑藉「天啓」誦讀出來的，是天神意志的表述，具有不容置疑的權威。

但實際上《吠陀》是印度人集體智慧的結晶，是由許多聖人將早期人們口耳相傳的知識以及思想家的思想彙編而成。「吠陀」有廣義和狹義之分，廣義的「吠陀」指《吠陀本集》、《梵書》、《森林書》、《奧義書》；狹義就是指《吠陀本集》。

《吠陀本集》

《吠陀本集》包括《梨俱吠陀》、《耶柔吠陀》、《娑摩吠陀》和《阿闥婆吠陀》。其中最爲重要的、堪稱經典之中的經典就是《梨俱吠陀》，它是最爲古老的，其他經典只是其衍生物。《梨俱吠陀》產生於約西元前一千五百年至西元前一千年之間，成書於西元前一千年至西元前八百年左右。全書洋洋灑灑共十卷，全部是詩體，比印度著名的史詩《摩訶婆羅多》和《羅摩衍那》要早得多。共計一千〇二十八首詩，奇異壯美的大自然、形象色色的社會百態，都成爲《梨俱吠陀》頌揚的對象。

古代印度人還把自然人格化，賦予他們勃勃生機，當然對神靈的吟誦更是佔了絕大部分的篇幅，光是讚頌戰神、雷霆之神因陀羅的就佔了四分之一詩篇，反映了雅利安人從自然崇拜、多神崇拜再到一神崇拜的過程。整部史詩語言樸素、歡樂，色彩鮮明。有一首讚美太陽的詩：

「在洞察一切的太陽面前，
繁星似竊賊，悄然逃散。
陽光似燃燒的火焰，
遠遠地照亮人間，
……。」

還有一則歌頌曉神的優美詩篇：

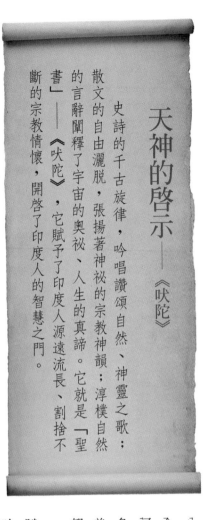

「這個光華四射的快活的女人，
從她的姊妹那兒到我們面前了。
天的女兒啊！
你驅逐了仇敵，歡樂的女人啊！
我們醒來了，用頌歌迎接你。
歡樂的光芒，像剛放出欄的一群母牛，
出現在我們面前。
曙光彌漫著廣闊的空間。」

《梨俱吠陀》對社會現象的描繪，反映了雅利安人入侵印度河流域由軍事民主制的部落氏族向早期社會過渡的歷史面貌，是研究古代印度社會的重要材料，這一時期史學家將其稱爲「早期吠陀時代」。

爲了在祭祀中便於吟唱，婆羅門的祭司們就爲《梨俱吠陀》的頌詩譜寫了曲調和旋律，這樣就形成了一千五百四十九首歌曲集稱之爲《娑摩吠陀》。《娑摩吠陀》也是印度最古老的聖歌與樂章。

悉多和羅摩的兄弟羅什曼那一起，觀看神猴哈奴曼崇拜羅摩的情形。悉多，是掌管農業和植物的女神及戰神因陀羅的妻子中。然而根據印度史詩《羅摩衍那》所記載，她又是毗濕奴的化身羅摩的妻子，國王遮那迦的女兒。

《耶柔吠陀》由韻文、散文混合組成，散文開了梵語散文體裁的先河。它分爲白耶柔吠陀和黑耶柔吠陀（「白」是指本文與釋文區分清楚，「黑」是指本文與釋文分辨不清）。兩者都包含婆羅門祭祀時的禱文，禱文的內容大多重複《梨俱吠陀》的經文。黑耶柔吠陀有如何進行祭祀的細則。如果有人祈求健康長壽，婆羅門的祭司就會念這樣的禱文：

「火神啊，你是身體的保護者，
保護我的身體！
火神啊，你是長壽的給予者，給予我長壽！
火神啊，你是光輝的給予者，給予我光輝！
火神啊，補足我身上的欠缺！」

《阿闥婆吠陀》主要是驅除災害和疾病的名言、咒語和巫術的彙集，共有二十卷，七百三十一首。它雖然具有濃厚的宗教迷信和原始巫術的色彩，但也保留了古代印度的醫學、藥物學的知識、化學、天文學知識。這些詩的語言富有韻律、淳樸自然、琅琅上口，例如有一個治療咳嗽的咒語是這樣的：

「像心中的願望，迅速飛向遠方，咳嗽啊！遠遠飛去吧，隨著心願飛翔。

像磨尖了的箭，迅速飛向遠方，咳嗽啊！遠遠飛去吧，在這廣闊的地面上……。」

《梵書》

大約在黑耶柔吠陀誕生的同時，《吠陀》的另一經典《梵書》呼之欲出。人們把《梵書》編寫的西元前九百年至西元前五百年這段時間稱爲「梵書時代」。《梵書》對這一時期已經變得艱深難懂的頌詩、禱文進行解釋，說明他們的目的和意義；同時把原來不是那麼重要的祭祀提到了很高的地位，具體闡述了祭祀的起源、目的、方法和意義，其中還穿插了許多神話故事和帝王傳說。

原來祭祀只是邀神取寵的方式，在這個時期變成了最高的目的。其地位已經提到了諸神之上，因爲諸神祇有透過祭祀才能取得無盡的能量。「祭祀萬能」成爲婆羅門教三大綱領之一，另外兩大綱領是「吠陀天啟」和「婆羅門至上」。影響以後各個宗教派別的「輪迴轉世」的思想也在「梵書時代」產生了。

《森林書》

據說婆羅門教教徒的一生必須按四行期生活才是最完美的。第一是梵行期，舉行過再生禮後，從師學習；第二是家居期，學業成就後回家，娶妻生子，履行世俗的義務；第三是林棲期，兒子長大後，將家業傳給兒子，本人遁入森林隱居修行；最後是

蘇爾雅

蘇爾雅，印度吠陀神話和印度教裡的太陽神，他在印度被奉為斬妖除魔、為人類帶來益處的大能大善之神。

巡化期，即四處漫遊，乞食行化。

當這些婆羅門或剎帝利的聖人老邁之時，遁入森林隱居。他們已不能從事繁瑣精細的祭祀了，就可以整日誦讀《森林書》，以沉思冥想代替祭祀。《森林書》是這些聖人的精神食糧，但也有的人說《森林書》就是這些隱居在森林裡的聖人們寫的，他們苦思冥想開始對祭祀產生了懷疑與反思，探索祭祀到底有沒有意義，並進一步思考人與自然及神的關係。

《奧義書》

「奧義書」原意是「近坐」，後被引申爲「師徒對坐傳授祕密的知識」，故稱「奧義」。後代的人也稱它爲「吠檀多」，意爲「吠陀的終結」，既可以理解說它是全部吠陀文獻（不包括經書）最末尾的部分，又可以說它所闡述的是吠陀文獻中最深奧，最圓滿的理論。《奧義書》不是一時一人之力完成的，它大約產生於西元前八百年至西元二百年之間。現在保留下來的《奧義書》有二百多種，但最有影響力的有十三種，包括《鷓鴣氏奧義書》、《由誰奧義書》、《歌贊奧義書》和《廣森林奧義書》等。

《奧義書》雖是從《吠陀》發展而來，屬於廣義吠陀文獻之一和婆羅門教和印度教的經典之一，但實際上並不都是婆羅門階層所寫，書中有很多反對婆羅門教和婆羅門祭司的思想。所以說《奧義書》是一種哲學論文或講演錄，討論哲學的基本命題和探索人與自然、神的關係。它成爲印度哲學的源頭，以後各派的印度哲學派別都從《奧義書》中汲取了養分。

詩意的語言、比喻、象徵手法的運用、主題的多變和思想的龐雜，使後人很難對《奧義書》進行系統化、條理化的總結。但它在早期奧義書中還是有一些基本的觀念作爲核心的學說而被突顯出來，其中最重要的也是核心的「梵我合一」的理念。「梵我合一」成爲印度哲學上主要的觀念，一直延續至今，還成爲人們追求的最高的人生境界。

「梵」原指「咒力」、「祈禱」之意，後引申爲「由祈禱而得的神祕力量」，進而引申爲世界的主宰，是世界的本源。由於梵能產生世界萬物，包羅萬象，不可把握，不可認知。所以爲了表達它，哲學家們用否定的形式，又稱「遮遣法」來表述「梵」。如《廣森林奧義》說：「它（指梵）不粗不細，不短不長，不像火紅，不像水濕，沒有陰影，沒有黑暗，不是風，不是空，不黏著，沒有味，沒有嗅，沒有耳朵，沒有語言，沒有感覺，沒有生力，沒有氣息，沒有端，沒有度，沒有內，沒有外，它不消滅萬物，也不被萬物所消滅。」

就如中國道教的「道」的含義。但爲了理解說明「梵」，哲學家們又賦予它三個特性：眞、知、樂。也就是說「梵」是超越時空限制的，是精神而非物質的，是主體而非客體的，它的本質是無限完美和無比幸福的。

「我」，音譯是「阿特曼」，就是自我，簡單地說就是存在的個體。《奧義書》中尤其強調個體的靈魂，如《歌者奧義》說：「阿特曼是我的靈魂，處於我心，小於米粒或麥粒，或芥子，或黍，或黍子核。這個我心中的我（阿特曼），大於天，大於地，大於空，大於萬有世界。」此時的「我」已經昇華到與「梵」同質同等的地位上，《奧義書》的哲學家們認爲人生的最大追求，就是力爭達到「梵我一如」的境地，也就是達到個人內在的靈魂與全宇宙靈魂的高度和諧的契合，超越生死、絕對永恆，而臻至無限幸福圓滿的境界。

風神伐羽

他在吠陀神話中被認為是在伐樓拿犧牲和肢解巨人普魯沙時，應普魯沙的呼吸而生。

百家爭鳴競風流——沙門新思潮

古印度歷史上也存在一個類似中國春秋戰國「百家爭鳴」的時代，人們將其稱為「沙門新思潮」。這一時期印度許多哲學和宗教派別爭奇鬥艷，相互爭鳴，這些門派相容相生而奠定了印度「宗教博物館」的聲譽。

「沙門」的梵文意思是「宗教修行者、修練者」，是對所有反對婆羅門教思潮的哲學和宗教派別的通稱。西元前六百年至西元前五百年是沙門思潮盛行的時期，當時的思想流派相當多，據佛教文獻稱有「六師」、「六十二見」和「九十六外道」等說法。而耆那教說有「三百六十三見」。但眞正有影響的是佛教、耆那教、順世派、阿什斐迦派以及不可知論。各個思想派別的主張可能各有不同，但他們批判反對的矛頭一致指向腐朽的婆羅門教及其種姓制度。

激盪的時代回音

婆羅門教成爲諸家新思潮的眾矢之的，絕非偶然。西元前六百年時，印度屬於列國時代，各國之間戰爭頻繁，區域性的王國出現。剎帝利種姓的王權勢力隨著領土的擴張和賦稅收入增加而不斷強大，與婆羅門氏族舊貴族的衝突日益激烈。這一時期城市文明再度復興，商品經濟發達，商人興起。他們與新興君主制國家政權的掌握者剎帝利一起反對婆羅門教和其種姓制度，支持新興的宗教派別。

婆羅門教自身的墮落也是沙門思潮興起的一個重要原因。婆羅門教發展到這一時期變得腐朽和僵化，人們本來對婆羅門的經典《吠陀》文獻語言已經感到艱深難懂，而這時期大量解釋吠陀的《梵書》和《奧義書》更讓人們覺得晦澀難解。祭司爲了獲得大量的錢財，增加了許多繁文縟節，擴大了祭祀的種類和規模，不僅使用大量的牲畜祭祀，還進行血腥的人祭。他們甚至宣揚神祕簡短的咒語的特異功能，騙取人們的錢財。這種使人們傾家蕩產的獻祭費用和野蠻的祭祀方式，激起人們的反對。於是一股反對婆羅門教的思潮應運而生。

百花齊放，百家爭鳴

順世派

順世派在佛教文獻中又稱爲「順世外道」，意爲流行於民間。順世派產生於西元前一千年，到了列國時代最爲流行，代表人物是阿耆多．翅捨欽婆羅。順世派認爲世界萬物都是由地、水、風、火四大元素組成，否定了婆羅門教的神創論，主張無神論。順世派認爲根本沒有靈魂，也不會有來生。人一死一切都結束了，所以要珍視生命，重視今生。

順世派蔑視吠陀的權威，反對婆羅門的祭祀萬能和靈魂轉世說；主張人人平等，反對種姓制度；最爲重要的是順世派反對各種禁慾主義和苦行，追求現世的快樂與幸福，他們被貶斥爲「斫婆伽派」，意思是「講究吃、穿享樂的派別」。順世派代表了民眾熱愛生活、追求平等和幸福的願望，因此在民間廣爲流傳。

阿什斐迦派

阿什斐迦派的創始人是末伽黎．拘捨羅，據說他是耆那教的代表人物大雄的弟子，因爲和師父學說觀念產生分歧，自己開創了這一新的派別。末伽黎．拘捨羅認爲整個世界就像計算機一樣都按照既定程序安排好了，人的生命歷程也是一樣，不管你是行善還是作惡都改變不了自己的命運，所有的道德倫理毫無意義。他人甚至神靈都不能決定你的命運，你的刻苦修行是命運前定的，不是個人意志使然，修行是命運安排整體過程中已經走到了比較接近解脫的地步而已。阿什斐迦派這一思想雖然否定了各種宗教的善惡各有報應的說教，但同時又是消極的絕對宿命論，使人們安於現狀無所作爲。

不可知論

列國時代，戰亂不斷，社會動盪不安，人們除了萌發消極的宿命論思想外，也認爲自己的命運、前途渺茫莫測，此時產生了不可知論。散惹耶．毗羅梨子是不可知論的代表者，據說摩羯陀的一個國王曾詢問了他四個問題：有沒有來世？有沒有自然化生的生物？有沒有善惡果報？修行完善者死後是否存在？國王聽了他的回答後簡直摸不著頭腦，原來他回答道：可以說有，可以說無，可以說亦有亦無，也可以說非亦有非亦無。散惹耶．毗羅梨子對事物這種模稜兩可的觀點和看法，被視爲「不可知論」。

耆那教

耆那教的創始人是筏陀摩那意爲「戰勝情慾者」，其信徒稱他爲「大

佛經故事雕刻

講述的是謙卑又虔誠的善慧婆羅門，有一次在佛陀經過時見地上有污穢，便俯身在地將自己的長髮鋪在地上，讓佛陀踏著長髮過去。

雄」即「大英雄」之意。「耆那」的意思是「勝利者」，指那些戰勝了情慾而得道的人。從這個宗教的名字我們就可以看出，耆那教反對婆羅門教祭祀萬能，主張透過戰勝自己情慾的方法求得解脫。

在世界觀方面，耆那教反對婆羅門教「神造萬物」的理論，認爲世界是永恆的，只有形式的變化。世間萬物由物質和精神兩個元素組成。他們相信靈魂的存在和輪迴業報，追求的最高理想是使靈魂脫離軀體，超越輪迴，處於無所不知、無所不能的極樂狀態。耆那教認爲要達到這一理想，必須持「三寶」即正智、正信和正行才行。正智，正確地學習和理解耆那教教義；正信，虔誠信仰大雄和他的教義；正行，就是在生活中履行五項戒律：不殺生、不說謊、不偷盜、不姦淫和不貪錢財；耆那教非常重視苦行，包括節食、不貪美味佳餚、閒居獨坐、忍受各種肉體痛楚等等，認爲這樣才能使靈魂潔淨，擺脫輪迴，獲得解脫。

耆那教否定婆羅門至上，認爲種姓平等。耆那教後來因爲戒律的分歧分裂爲白衣派和天衣派（裸體派）。白衣派認爲穿衣服也可獲得解脫，白衣派信徒都穿白衣，不歧視婦女和低種姓的人，允許出家人擁有一定的生活用品。天衣派則不同，主張以天爲衣，以地爲床，不擁有任何財物。

原始佛教

佛教這一時期是影響比較大的流派之一，它是與耆那教同時興起的一個宗教。它的創始人是喬達摩・悉達多。原始佛教的基本教義是包含在「四諦」、「八正道」、「十二因緣說」之中。「四諦」指苦諦、集諦、滅諦和道諦。所謂的「八正道」主要有兩方面的內容，一方面要信徒從領悟教義；另一方面主張讓教徒從靜坐中體驗佛陀宣言的境界，提高信徒的宗教修養。它包括「正見」、「正思維」、「正語」、「正業」、「正命」、「正精進」、「正念」、「正定」。「十二因緣」是佛教對世界觀的認識，反對婆羅門教的神創論以及神主宰一切的理論。

佛教作爲反對婆羅門教的主要代表，婆羅門教的「祭祀萬能」、「婆羅門至上」和大量殺生祭祀等宗教思想也是佛教批判、抵制的對象。佛教主張依靠個人的努力進行精神道德的修養、謹遵戒律，而不是靠祭祀和神靈來拯救靈魂，擺脫苦海。「眾生平等」是對婆羅門種姓制度有力的鞭笞；佛教徒「戒殺」和「素食」兩條重要的戒律是對婆羅門大量宰殺牲畜獻祭的身體力行的反對。

原始佛教與其他沙門思想派別相比有著獨特的個性，如它否定神的存在，不講神也不談神創世界，完全以人生觀爲軸心，向世人解答面臨的人生問題。但它又認爲有彼岸世界和輪迴，向人們宣傳如何擺脫人生的苦海而達到涅盤的境界。佛教還有一個特點是它既不像順世派追求享樂主義，又不主張耆那教的苦行主義，倡導一種不苦不樂的「中道」生活。

沙門思潮的衝擊波

沙門思潮的諸多思想流派有很多流派大同小異、勢力不強，雖盛行一時但猶如曇花一現，驚鴻一瞥，湮沒於其他思潮之中。對後世影響最深遠的是佛教和耆那教。由於資料的缺乏，人們無法探知他們的思想精髓。總之，沙門思潮是印度歷史上的一個轉折點，是一次空前的思想大解放時期，印度的思想花園裡可謂百花鬥艷，百家爭鳴，結出纍纍碩果。

沙門思潮打破了婆羅門教的壟斷地位，導致其跌入了谷底。雖然佛教在印度從來不曾完全代替婆羅門教，但面對佛教和耆那教的挑戰，促使它不得不進行改革以適應時代的發展。沙門思潮在低級種姓和下層群眾中得到了廣泛地傳播，滿足了低級種姓和下層群眾的宗教需求，爲印度培育了深厚的宗教土壤。

埃洛拉石窟

石窟內多為裸體立像，立像兩腿兩臂纏附著攀籐植物，長髮披肩，象徵著耆那教苦行不渝、返璞歸真之意。

菩提樹下的頓悟

——釋迦牟尼和佛教的創立

他出塵脱俗、卓爾不群，塵世的聲色犬馬、兒女情長羈絆不了他對普度眾生的宏遠目標的追求。他就是人類精神的導師——釋迦牟尼，他雖涅盤已久，但至今人類都沐浴著佛光，洗滌內心的煩躁與痛苦，達到心靈的寧靜。

佛祖誕生記

釋迦牟尼出生於西元前六百年，印度喜馬拉雅山麓、恆河之濱的迦毗羅國。他的父親就是迦毗羅國賢明的君主淨飯王，母親是天臂國的公主人稱摩耶夫人。

傳說國王和王后恩愛無比，但唯一苦惱的是多年無子。當摩耶夫人四十五歲那年奇蹟發生了，有一天摩耶夫人在睡覺時夢見一隻長著六顆牙的白象從她的右肋進入她的腹中。國王聽說這個離奇的夢後，就問當時滿腹經綸的婆羅門學者，這位學者說：「陛下，此夢大吉大利啊！預示王子降世的吉兆，這位王子還將給釋迦族帶來光明與榮耀。」國王和王后聽了非常高興。

轉瞬間十月將至，是王后要回娘家的日子了，因爲按照印度的傳統，

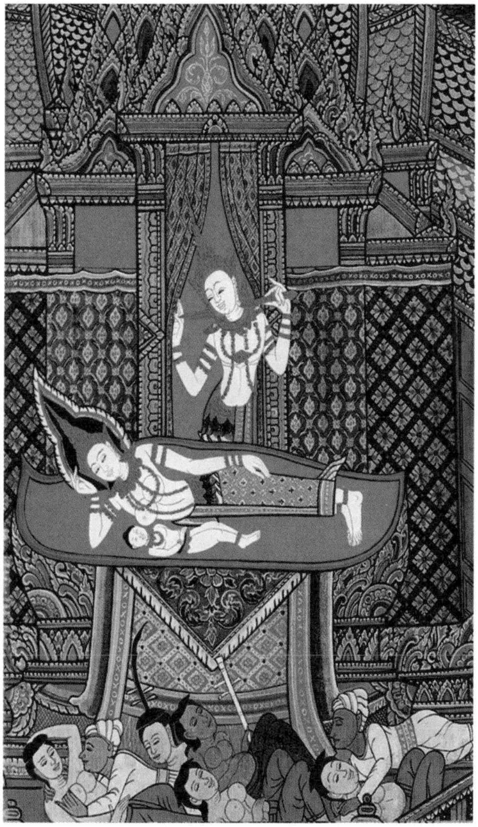

悉達多王子離開王宮

佛經中的故事，講述了悉達多王子離開王妃及王宮的情景。

摩耶夫人要回娘家生產。在途經藍毗尼花園時，摩耶夫人在園中稍作休息，但突然陣痛襲來，此時出現了種種祥瑞，「天上向下飄落著奇花，花雨繽紛，香氣襲人，空中鼓樂齊鳴，讚歌如同仙樂優美動聽。大地上池出芙蓉，諸寶流出……。」這時釋迦牟尼從摩耶夫人的右肋中出來了。更爲神奇的是太子一出生，就會走路，他向東南西北各走了七步，每走一步就踏出一朵蓮花，然後站在蓮花上，一手指天，一手指地，大聲說：「天地之間，唯我獨尊！」這時天上九龍出現，從口中噴水爲太子沐浴。

尼泊爾博卡拉藍毗尼的摩耶夫人祠遺址。

淨飯王得知王子降世的消息，立刻帶領文武百官把夫人和王子迎回宮中，大肆慶祝一番。請著名的婆羅門學者爲王子起名爲悉達多，即「一切美德俱足」的意思。釋迦牟尼是他成佛後，對他的尊稱，「釋迦」是王族的名字，而「牟尼」是「寂默」之意。不幸的是摩耶夫人七天之後就死了，釋迦牟尼是被姨母養大的。釋迦牟尼自幼聰慧過人，喜歡沉思默想，接受過婆羅門教的良好教育。

歷經磨難的修行

成年後，釋迦牟尼娶得鄰國拘利城的漂亮嫻淑的公主爲妻，宮廷裡錦衣玉食、奴僕成群又有年輕貌美的妻子相伴，釋迦牟尼享盡了人間的榮華富貴，但年輕的釋迦牟尼仍然鬱鬱寡歡。於是，他在得到父親的准許的情況下，出外郊遊。在出遊的路上，他看到了許多在宮廷見不到的人生疾苦，他遇到了白髮蒼蒼、行將就木的老人，病入膏肓、末路窮途的痛苦病人，令人毛骨悚然的死屍，讓善於思考的悉達多更加的煩悶和苦惱，難道人的一生就不能免除生、老、病、死的痛苦嗎？

有一天，釋迦牟尼在城外碰到了一個修行者，他衣衫襤褸，手裡捧著一個瓦缽，但卻是一副悠然自得、快樂滿足的樣子。釋迦牟尼感到疑問，他為什麼這麼快樂呢？他趕上去問修道者原因。修行者說：「世事無常，只有出家人才可以得到解脫」。修行者對世俗的超脫令釋迦牟尼十分震驚，他想，出家就能得到生、老、病、死的解脫嗎？回宮後，王子的心久久不能平靜，他總是在想修行者的話，最後便產生了出家的念頭。這時妻子為他生下一個可愛的兒子，這本是多麼令人興奮的事啊！但釋迦牟尼中追求人生眞諦的理想已經超越了兒女情長，二十九歲的他毅然在一個月夜告別了熟睡中的妻兒，踏上了艱辛的求道之路。

菩提樹下的頓悟

釋迦牟尼四處遊學，先後去過吠舍厘子、王捨城，拜阿羅邏•迦羅摩和優陀迦•羅摩子為師學習禪定，到尼連禪河旁的森林中進行苦行，歷經六年，風餐露宿，先是日食一麻一麥，後來七日吃一麻一麥，形銷骨立，瘦的就剩皮包骨了，甚至後來野鳥以為他是一截朽木，在他頭上都做起窩來。

有一天晚上，體力不支的釋迦牟尼昏死了過去，醒來意識到苦修苦行並不能幫他修成正果。於是他在河中洗淨多年的污垢，又吃了好心的牧女施捨的乳粥，恢復了精神和體力後，繼續雲遊四方。

有一天釋迦牟尼走到伽耶的一個菩提樹下，跏趺而坐，沉思冥想了七天，終於頓悟了，悟出了一套擺脫人生痛苦的方法，創造了佛教。

精深的佛法教義

釋迦牟尼在傳教時比較有特色的是，不是像其他宗教先解決世界的起源這類哲學的基本問題，而是從分析人生問題入手。釋迦牟尼創立的佛教，教義博大精深，比較龐雜，但其最根本的教義是「四諦」，即：苦諦、集諦、滅諦、道諦。「苦諦」是列舉人生的各種苦惱，他說人生的「苦」有八種：生、老、病、死、怨憎會苦、愛離別苦、求不得苦、五受陰苦。其實就是說明人的一生到處都是苦，生、老、病、死、喜、怒、哀、樂都是苦。

「集諦」探索「苦諦」產生的根源，指人受苦的原因。在佛教看來，人生之苦都是由貪慾、愚癡引起，人們的愚昧無知，會直接引起生死輪迴之苦。前世之因，後世之果，善有善報，惡有惡報都是講這個道理。「滅諦」就是要消滅苦，說明了佛教的目的。佛教就是教人們消除慾望，達到擺脫輪迴、不生不滅的「涅盤」的妙樂境界。

那麼如何消除慾望，以滅苦境呢？佛教的「道諦」就指出消除苦難、達到解脫的八種正確主張和途徑。一般稱爲是「八正道」：「正見（正確的見解）、正思（正確的思考）、正語（正確的語言）、正業（正確的行爲）、正命（正確的謀生方式）、正精進（正確而不懈怠的修行）、正念（正確的意念）、正定（正確的禪定）。」

佛教既是一種宗教，也是一種哲學思想。釋迦牟尼在世界觀上提出了「十二因緣」說，認爲世界萬物都是「因緣」決定的。「因緣」指「條件」和「關係」。也就是說，萬物是由各種條件和因果關係湊合而成，一旦因緣分散就消失了。

在社會問題上，佛教反對「婆羅門至上」的種姓制度，主張眾生平等。佛經中記載了這麼一個小故事：當佛陀來到孫陀利河岸時，有一個婆羅門問他：「你生在何處？爲何種姓？」佛陀回答道：「不應問生處，宜問其所行，微木能生火，卑賤生賢達。」佛教還反對婆羅門教的「祭祀萬能」，主張透過個人的修行達到擺脫苦海的境界。

佛教反對殺生，對婆羅門教的祭祀動輒殺死大量牲畜非常的反感。佛教主張素食，爲此釋迦牟尼爲教徒制定了嚴格的「戒律」。在家的和出家的教徒都必須遵守「五戒」：不殺生、不偷盜、不邪淫、不妄語、不飲酒。這些主張迎合了各種姓的宗教需求，同時也是反對婆羅門種姓特權的強有力的武器，因此佛教得到了人民和摩羯陀等國君主的大力支持，以及富人大量的布施，勢力逐漸壯大起來。在日後的發展中，佛教的思想和教義在不斷的豐富和完善。

輪迴中涅盤

釋迦牟尼在創立教義後，就開始了他的傳教生涯。他步履艱辛地向眾人傳道，在他眼裡眾生都是平等的，所以上至王侯將相，下至首陀羅等人都是他傳道的對象。他的足跡踏遍了印度的土地，先後在婆羅捺斯的鹿苑、王捨城的竹林精舍、捨衛城的祇洹精舍等處傳教。

他在北上傳道的路上得了重病，在西元前四八五年二月十五日，釋迦牟尼和弟子來到了拘屍迦羅城外的婆羅林，他走到了兩棵婆羅樹中間突然停下，對弟子阿難說：「我就在這裡涅盤了。」弟子們悲痛地爲師父鋪設了一張床，釋迦牟尼頭朝北，面對著西方，右手做枕，側臥，最後叮囑弟子們說：「我一生當中作的法很多，所要度化的眾生，皆已度盡。尚未度化的眾生，都已作了得度的因緣。我涅盤之後，你們如果懷念佛陀，只要用功讀法，依法而行，就使我的法身常在」。說完，他就安詳地涅盤了。釋迦牟尼的遺體火化後，骨灰結成許多五光十色的顆粒，佛教把這種顆粒叫做「舍利」。

後來，有八個國王分取舍利，並在各地建造佛塔保存舍利，以示對佛祖的敬仰之情。佛教並沒有因爲佛祖的去世而停止發展，相反地，佛教傳遍了世界各地，佛塔屹立在世界的每一個角落，生生不息，成爲世界三大宗教之一。

斯瓦布揚佛塔

位於尼泊爾的首都加德滿都西郊的一座小山上，是典型的佛塔建築代表。白色半球體，五層，每一層都形狀不同，象徵著「地、氣、水、火」和「生命菁華」。基座之上是十三層鍍金環塔身，象徵著知識的十三個層次。金色的塔頂四面，都飾有彩繪的釋迦牟尼佛佛眼，代表了能夠參透一切的無上智慧。一排排的轉經輪圍繞著佛塔，信徒們沿順時針方向轉動，象徵著生死輪迴。

國家圖書館出版品預行編目資料

人類的文明：來自大河的恩賜／郭方主編-- 第一版. -- 臺北
市: 風格司藝術創作坊, 2014.11
面；公分.－（西洋通史；01）
ISBN 978-986-6330-72-8（平裝）

1.文明史 2.古代史

713.1 103021125

西洋通史 01

人類的文明：來自大河的恩賜

主　　編／郭方

編　　輯／林佩芳、袁若喬、苗龍

發 行 人／謝俊龍

出　　版／風格司藝術創作坊

106 台北市安居街118巷17號

Tel：(02) 8732-0530　Fax：(02) 8732-0531

總 經 銷／紅螞蟻圖書有限公司

Tel：(02) 2795-3656　Fax：(02) 2795-4100

地址：台北市內湖區舊宗路二段121巷19號

http://www.e-redant.com

出版日期／2014 年 11月　第一版第一刷

定　　價／320元

※本書如有缺頁、製幀錯誤，請寄回更換。

ISBN 978-986-6330-72-8

Printed in Taiwan